控制工程基础

王　东　连　捷　刘全利　编著

科 学 出 版 社
北　京

内 容 简 介

本书全面且详细地阐述了控制工程领域的基础理论知识。全书共 7 章，深入浅出地介绍了自动控制系统的基本概念、控制系统的数学模型、基于传递函数的时域分析与设计、控制系统的根轨迹分析与设计、控制系统的频域分析、控制系统的校正、线性离散系统的分析和校正相关知识。

本书可作为高等学校自动化、航空航天、船舶、化工等相关专业的本科生和研究生教材，还可供自动化领域工程技术人员参考。

图书在版编目(CIP)数据

控制工程基础 / 王东，连捷，刘全利编著. —北京：科学出版社，2024.9
ISBN 978-7-03-076540-6

Ⅰ. ①控… Ⅱ. ①王… ②连… ③刘… Ⅲ. ①自动控制理论－高等学校－教材 Ⅳ. ①TP13

中国国家版本馆 CIP 数据核字（2024）第 002002 号

责任编辑：姜　红　张培静 / 责任校对：何艳萍
责任印制：吴兆东 / 封面设计：无极书装

科学出版社出版
北京东黄城根北街 16 号
邮政编码：100717
http://www.sciencep.com
北京厚诚则铭印刷科技有限公司印刷
科学出版社发行　各地新华书店经销
*
2024 年 9 月第　一　版　开本：787×1092　1/16
2025 年 1 月第二次印刷　印张：12
字数：285 000

定价：69.00 元

（如有印装质量问题，我社负责调换）

前　　言

随着科技的发展和生活水平的提高，人们对自动化水平的要求也越来越高，对与之匹配的自动化技术的需求也越发强烈。自动化技术已经被广泛应用于工业生产、国防军事和航空航天等领域，成为备受瞩目的技术之一。就连当今火热的人工智能、机器人控制、数字孪生和大数据科学都能找到自动控制的影子。本书介绍线性系统分析和设计基础知识，知识点具有普遍性，对于自动化专业和非自动化专业学生工程实践能力的提升有重要的指导意义。

本书以自动控制原理为核心、以线性系统为被控对象介绍经典控制理论知识，包括被控对象的数学建模、基于传递函数的分析、根轨迹分析、频域分析与校正、线性离散系统的分析和校正。这些理论知识不仅存在于自动化学科，也存在于许多其他工程学科，如航空航天、建筑、船舶、机械，甚至经济和管理等学科。尽管不同学科之间的系统控制问题各有不同，但它们之间存在着共性问题，可以使用自动控制原理或者思想进行解决。贯穿本书的“控制”思想是工程领域不可或缺的，没有哪个工程领域能离开控制。从这个意义上讲，控制理论是所有工程学科的一块理论基石。这一事实也说明了不同学科之间存在交叉和融合的现象，通过相互学习和借鉴，不同学科发展可以共同促进学术进步，从而更好地解决复杂的系统问题。本书正是从这一点出发，通过对自动化和非自动化专业知识体系的梳理，汲取国内外同类教材的优点，将知识点用系统、简洁、易懂的方式表达出来。通过本书系统且全面的介绍，我们期望读者在阅读过程中获得启示，书中每一个问题或理论的论证与计算或有益于提高读者数学建模和分析的能力，或有益于提高读者分析和解决工程问题的能力，或有益于培养读者逻辑推理和判断的能力。总而言之，本书旨在充实工科专业读者的控制理论和技术素养，提高读者解决工程实践问题的能力。本书特点鲜明，主要体现如下：

（1）问题驱动式的知识点介绍。从控制系统设计工程需求出发，以提出问题、引出概念、讲解方法和回馈工程为路线，强化对控制工程系统概念的理解，提高学生的控制系统分析和设计能力，激发学生的学习兴趣，培养学生使用自动控制原理的方法解决系统分析和控制综合等工程问题的能力。突出工程实践背景和知识点的来源，对易混淆的知识点从工程角度进行分析，使得本书不仅适用于控制相关专业学生学习，还适用于机械、航空航天、化工等非控制专业相关课程的教学，能让学生对控制工程有完整、正确、清晰的认知，掌握控制领域中的基本理论知识。

（2）理论阐述深入浅出、逻辑性强。加深了基本理论和基本概念的阐述，理论阐述循序渐进，利用通俗易懂的叙述加深读者对理论的理解。在具体原理叙述的过程中，以工程需求为导向——为什么有这种理论？是为了解决何种工程需求？这样使学生在学习过程中能清晰地认识到所学知识在实际工程中的应用，而不是仅停留在理论知识层面。

（3）强化基本理论与工程实践的联系。在对控制系统建模、分析与设计等基本理论进行清晰阐述的同时，突出控制理论的工程背景，强化基本理论与工程实践的联系。每章的内容中穿插各领域的工程实例或仿真案例，使学生在学习过程中深刻地理解控制理论的重要性并熟练地掌握控制系统分析和设计的详细过程，进一步提高学生的学科素养。

本书由王东教授、连捷教授和刘全利教授编著，王东教授负责第 1～4 章，连捷教授负责第 5～6 章，刘全利教授负责第 7 章。王东教授负责全书的统稿工作，连捷教授审阅了全书。作者在此对一直给予帮助和指导的王伟教授表示衷心的感谢，对本书编写过程中帮助整理资料的博士和硕士研究生表示感谢，感谢大连理工大学教改项目的支持！

由于作者水平有限，书中难免有不妥之处，敬请广大读者批评指正。

作　者

2023 年 6 月 22 日于大连

目　　录

1　自动控制系统概述

科技的发展推动人类社会的进步，自动控制技术在科技发展过程中发挥着重要的作用。自动控制技术的目的是将人从繁重的体力劳动、简单重复的工作、恶劣或者危险的工作中解放出来，扩展或者延伸人的功能，提高劳动生产效率。从远古时期使用的漏壶计时装置到工业革命时期发明的蒸汽机调速器，再到百年前发明的飞机和电话，以及数十年前出现的电子放大器和计算机，自动控制技术一直在发展和应用。第二次世界大战时期的雷达和防空系统、20 世纪 60 年代的登月、现在的航天飞机和星探测器，也都直接或间接采用了自动控制技术。特别是电子计算机技术诞生之后，自动控制技术得到蓬勃发展，遍布人类科技发展和社会生活的各个领域，既包括宇宙探索、机器人控制、导弹制导以及核动力等高精尖技术领域，也包括生物、医学、环境、经济管理等社会生活各方面，成为科技发展和社会生活中不可缺少的重要组成部分。

1.1　自动控制发展历史

我国和西方国家在控制技术的发明和使用上取得了辉煌的成就，为自动控制技术的发展奠定了基础。自动控制技术的发展可追溯到人类社会发展初期的计时装置，早在远古时期，中国、埃及和巴比伦相继出现了自动计时的漏壶。我国与西方国家相继出现了自动控制系统雏形的实践。典型的系统有中国东汉时期的漏水转浑天仪和候风地动仪、中国宋代时期的铜壶滴漏和水运仪象台、英国第一次工业革命时期的离心式调速器等。离心式调速器最负盛名，能够有效控制蒸汽机的转速，极大地推动了欧洲工业革命的发展。1868 年，以离心式调速器为背景，英国物理学家麦克斯韦发表了论文《论调速器》，基于微分方程描述分析了系统的稳定性，提出了低阶系统的稳定性判据，开辟了从数学上分析稳定性的方法。随后，英国数学家劳斯和德国数学家赫尔维茨各自提出了高阶系统的稳定性判别准则，给出了著名的劳斯-赫尔维茨判据（Routh-Hurwitz criterion，简称劳斯判据），自动控制原理开始逐步形成。1921 年，俄裔美国数学家米诺尔斯基研制控制船舶的伺服机构，即经典的比例-积分-微分（proportional-integral-derivative，PID）控制器，得到广泛应用。但 PID 参数调整困难，直到 1942 年，美国工程师齐格勒和尼科尔斯提出了齐格勒-尼科尔斯法，依然沿用至今，成为调整 PID 参数的主流方法。1927 年，美国贝尔实验室工程师布莱克提出了负反馈放大器，形成了初期的负反馈控制。1932 年，美籍瑞典物理学家奈奎斯特提出了用回路频率特性图形判别系统稳定性的频率域稳定性判据，建立了以频率特性为基础的稳定性判据。1938 年，美国科学家伯德系统研究了频域响应，发表《网络分析与反馈放大器设计》论文，并提出频域响应的对数坐标图描述方法，形成了经典的频域分析法。1942 年，控制理论奠基人、美国数学家维纳提出了维纳滤波，并于 1947 年完成跨时代意义的著作《控制论》，标志着控制学科的诞生。1948 年，美国科学家埃文斯创立的根轨迹法成为分析系统性能随参数变化的有力工具，用于反馈控制系统分析和设计中。至此，形成了以频域响应法和根轨迹法为基础的经典控制理论，从时域、根轨迹以及频域三方面分析和设计反馈控制系统。1958 年，美籍伊拉克科学家朱利发表了《采样数据控制系统》论文，建立了数字控制和信号处理的理论基础。1967 年，瑞典科学家阿斯特罗姆提出了最小二乘辨识方法和自适应控制的理论模型，解决系统参数估计问题，推动了自适应控制领域的发展。1981 年，加拿大科学家詹姆斯将建模误差引入控制器性能分析中，提出了 H_∞ 控制方法，改善了控制系统的鲁棒性，更适用于工程实际需要，奠定了鲁棒控制理论发展的基础。目前，以控制论、信息论和仿生学为基础的智能控制理论正在蓬勃发展。

1.2 自动控制系统的基本概念

一般来说，控制是指通过某种操作对机器设备或生产过程中的某些物理量产生影响，使之达到预期的目标。当这种操作的主体是人时，称之为人工控制。例如汽车的驾驶中，驾驶员对汽车的速度和方向的控制；无人机勘探过程中，人通过对遥控器的操作让无人机进行飞行和避障。当操作的主体是某种装置时，称之为自动控制。例如空调系统会自动地保持房间内的温度，当房间温度低于或高于设定温度时，空调会自动地加大热风或冷风的输出量；汽车或飞机的自动驾驶系统中，自动驾驶仪会根据当前的路况和自身所处的位置控制速度和转向。

自动控制是指在没有人直接参与的情况下，利用外加的设备或装置，使机器、设备或生产过程的某个工作状态或参数自动地按照预定的规律运行。外加的设备或装置称为校正装置或控制器，机器、设备或生产过程称为被控对象，它的工作状态或参数是被控量。下面以水箱液位控制为例，介绍一下自动控制系统。水箱液位控制系统由水箱、连杆、电动机和控制阀等构成，如图 1.1 所示。当水箱进水量小于出水量时，水位液面下降，低于期望的液位，浮子位置随之下降，通过连杆连接的电位器给出高电压信号，控制电动机使得控制阀增加阀门开度，进水量增大，液位上升。随着液位上升，电位器输出的电压变小，控制阀阀门开度减小。当水箱液位达到期望的液位时，电位器输出电压使得电动机保持当前阀门开度，达到进出水量平衡。当水箱液位高于期望的液位时，电位器输出电压使得电动机阀门开度变小，进水量小于出水量，液位下降。上述过程反复进行，使得水箱液位高度维持期望高度。在这个控制系统中，被控对象是水箱，校正装置是由浮子、连杆、电动机等构成，被控量是液位高度。

在水箱液位控制系统中，通过浮子测量液面的高度，作为系统的输出信号，通过连杆和电位器与期望液位对应的电位值进行比较，得到的电压偏差信号控制电动机驱动控制阀阀门开度变大或变小，液位高度偏差缩小，也是电位偏差减小，直到液位偏差为零。由于有输出量与期望量的比较，水箱液位控制系统能维持期望的液位，这里蕴含着自动控制系统中反馈的概念。反馈是指系统测量元件检测系统输出，并返回到输入端与设定输入量进行比较的过程。反馈控制是指系统依据输出量与期望值的偏差，调节校正装置或控制器的输出以减小或消除偏差，使输出量靠近或达到期望值。反馈控制中没有人的参与，完全依靠系统自身的调节能力。校正装置对被控量施加的控制作用，来自被控量的反馈信息，用来修正被控量与输入量之间的偏差，实现对被控对象的控制目的。

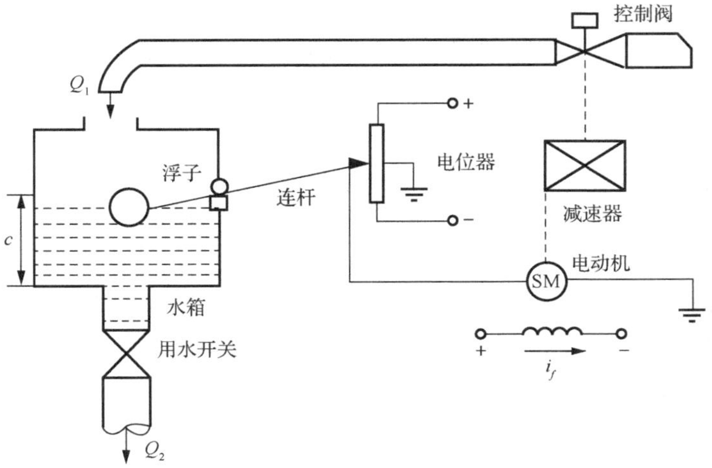

图 1.1 水箱液位控制系统

在自动控制系统中，最常见的控制方式就是反馈控制。反馈控制系统的结构根据被控对象和具体用途的不同，可以有许多不同的结构形式。以水箱液位控制系统为例，该系统的方框图如图 1.2 所示。该方框图是系统工作原理图的简化版本，具有简洁明了的特点，同时还可以表示出系统中不同变量之间的关系，是建立系统数学模型的一个重要中间步骤。尽管不同的反馈控制系统对应的被控对象或控制器不同，但就其工作原理而言，可以用图 1.3 所示的方框图表示一般反馈控制系统的组成。

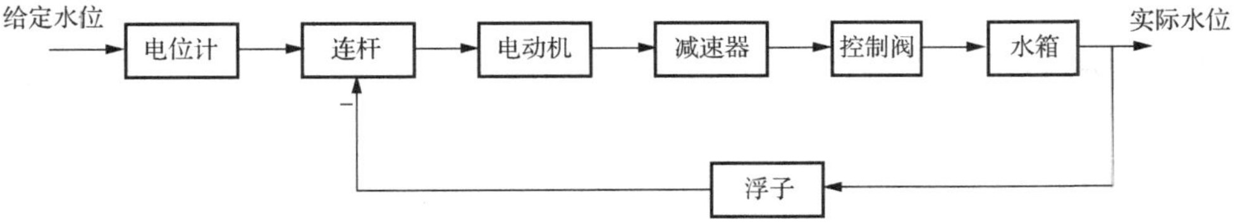

图 1.2 水箱液位控制系统方框图

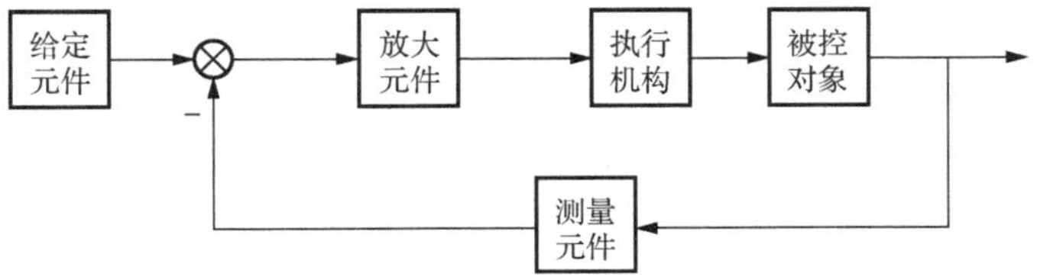

图 1.3 反馈控制系统方框图

图 1.3 中，⊗ 表示比较元件，它将测量元件检测到的被控量与输入量进行比较；负号（−）表示两者符号相反，系统为负反馈控制系统；正号（+）表示两者符号相同，系统为正反馈控制系统，这时正反馈的正号可不标出。

下面解释方框图各部分含义和功能。

（1）被控对象：要实现自动控制的机器、设备或者生产过程。被控对象的输出量作为被控量，要求是能加以控制的物理量，可描述被控对象的工作状态。

（2）测量元件：检测被控量或系统输出量的变化，产生反馈信号。如果被控量为非电量，一般需要转换为电量。

（3）给定元件：产生给定信号或期望的被控量相对应的系统输入。

（4）比较元件：将给定元件的信号与测量元件检测的输出信号进行比较，得出偏差信号。常见的比较元件包括差动放大器、机械差动装置、电桥电路等。

（5）放大元件：将偏差信号放大到需要的幅值或者功率，以驱动执行机构调节被控对象的输出。一般比较元件输出的是弱电信号，执行机构需要强电信号驱动。

（6）执行机构：直接作用到被控对象，改变系统被控量输出。

图 1.3 中的反馈控制系统仅包含一个反馈通道，有时为了达到某种性能需求，也可能包括多个反馈通道。图中的系统没有显示校正装置，反馈控制系统还会存在校正元件，又称补偿元件，是调整结构或参数的部件，以串联或反馈的方式连接在系统中，用来改善系统的性能。

1.2.1 开环控制系统与闭环控制系统

水箱液位控制系统中以期望的液位高度电位作为参考输入，将实际液位高度对应的电位反馈到输入端，与参考输入进行比较，通过缩小比较的偏差实现对系统期望液位高度的控制。将输出量传输到输入端使得系统的被控量构成闭环。闭环控制系统是采用闭环方式进行控制的系统。常见的闭环方式是反馈控制，即利用输出信号与参考输入信号偏差进行控制，并使得偏差变小，直到系统输出达到期望值。闭环控制系统是以偏差信号消除偏差的控制，能够抵抗系统闭环内部的各种扰动，有较好的抗干扰能力。闭环控制过程不需要人的参与，不会发生危险，自动调节达到期望要求，广泛应用于各个领域。但这也从一定程度上导致了闭环控制系统需要使用较多的元件，如测量元件、比较元件等，系统结构比较复杂。

与闭环控制系统相对应的是开环控制系统，是指使用开环控制方式进行控制的系统。开环控制方式是系统控制输入不依赖输出，即控制装置与被控对象之间只有顺向的交互，并没有反向联系。在开环控制系统中，无须将输出量反馈到系统输入端而影响输入量，系统不需要那么多的元件，结构简单，也得到了广泛的应用。交通路口的红绿灯控制以及自动售货机等，都是开环控制系统。在水箱液位控制系统中去除浮子等装置，仅通过固定进水阀门开度控制也是开环控制。但是否真的有水或者水满溢出等就无法控制了。在所有的开环控制系统中，对于每个参考输入量均有一个固定的工作状态与之对应，因此，系统的精确度仅取决于标定的精确度。这也就说明了当系统中某个环节出现了外部的扰动，开环控制系统便不能准确地按照指令完成任务了。在实际中，只有当输入量和输出量之间的函数关系已知，且不存在任何扰动时才可以使用开环控制。

1.2.2 自动控制系统的分类

（1）按系统中是否含有非线性元件分为线性系统和非线性系统。非线性元件是指元件的输入输出关系为非线性的元件。例如热敏电阻，其阻值会随工作环境的温度变化而变化，即不同温度时，其工作的电压-电流曲线斜率不同。如果系统中存在一个或多个这样的非线性元件，则称该系统为非线性系统。如果组成系统中的所有元件均为线性元件，则称该系统为线性系统。在目前的控制理论中，对于线性系统的分析方法已经比较成熟，而非线性系统的分析比较复杂。然而组成实际物理系统的元件几乎都含有不同程度的非线性特性，如电气系统中放大器的饱和特性、机械系统中齿轮之间的死区特性等。一般对非线性系统在平衡点或者期望控制点附近进行线性化，将其近似为线性系统，再用线性系统理论进行分析和设计，能够满足一定的性能要求，因此，线性系统的分析方法是十分重要的。本书主要面对线性系统讲解分析和控制方法。

（2）按给定信号形式可分为恒值系统、随动（伺服）系统和程序控制系统。恒值系统是指控制系统输入量为定值，要求被控量保持恒定，如空调系统、液位控制系统。随动系统是指当输入信号是预先未知且随时间变化时，系统的输出量随输入量的变化而变化，又称为伺服系统。系统的任务是使被控量按与输入量同样的规律变化并与输入信号的误差保持在一定的范围内，如函数记录仪、火炮跟随系统。程序控制系统是指给定输入为程序预先编制的信号，要求被控量按照给定信号的规律变化，如机械加工工艺中的数控机床。

（3）按系统参数是否随时间变化可分为定常系统和时变系统。如果控制系统的参数在系统运行过程中不随时间变化，称其为定常系统或者时不变系统，否则，称其为时变系统。实际系统中的温漂、元件老化等影响均属时变因素。严格的定常系统是不存在的，但在所考察的时间间隔内，若系统参数的变化相对于系统的运动缓慢得多，则可近似将其作为定常系统。

（4）按信号传递形式可分为连续时间系统和离散时间系统。连续时间系统是指系统中各部分的信号都是时间连续的模拟信号。离散时间系统是指系统中一处或多处信号是脉冲序列或数码形式的离散信号。连续信号经过采样开关可以转换为离散信号。从定义来看，在离散时间系统中一般既有连续的模拟信号，也有离散的数字信号。随着计算机技术的发展，计算机体积越来越小，数据处理能力越来越强大，计算机已经作为控制装置融入控制系统中。由于计算机只能处理数字信号，因此有计算机参与的系统均为离散时间系统。

（5）按系统输入输出变量的多少可分为单变量系统和多变量系统。单输入-单输出系统通常称为单变量系统，这种系统只有一个输入（不包括扰动输入）和一个输出。多输入-多输出系统通常称为多变量系统，有多个输入或多个输出。单变量系统可以视为多变量系统的特例。

1.3 自动控制系统的分析与设计任务

实际生产中的被控对象输出不能满足需求，需要对被控对象进行分析和控制系统设计，满足自动控制系统的性能要求。设计自动控制系统的目的是使系统在满足给定的性能指标下完成特定的任务。

1. 自动控制系统的性能指标

如何判断控制系统是否满足要求，主要依据是系统的性能指标。系统在某种输入信号下，分析系统输出响应是如何变化的。例如，在恒值系统中，输入存在一定的扰动下，输出响应是否仍能达到原本的值；在随动系统中，输入信号变化的情况下，输出信号是否也能产生同样的变化。评价系统的性能指标主要是稳定性、动态性能和稳态性能，可简称稳、快和准。

（1）稳定性。稳定性是自动控制系统能否正常工作的先决条件，只有保证自动控制系统是稳定的，才能继续对系统其余性能指标进行分析。系统的稳定性是指系统能够从扰动导致的偏离平衡状态回到无扰动的平衡状态，由系统结构和参数决定，与外界输入无关。由于系统中通常含有储能元件或惯性元件，当扰动消失时，控制过程不会立即完成，而是有一定的延缓。系统回到平衡状态需要的时间过程，称为过渡过程。储能元件或惯性元件的存在导致过渡过程中被控量的变化常常呈现振荡形式。稳定控制系统要求振荡随时间的推移逐渐减弱，系统恢复到平衡状态。反之，如果振荡逐步增强，系统不能回到平衡状态，称为不稳定系统。对于稳定的恒值系统来说，被控量因扰动而偏离期望之后，经过一个过渡时间过程被控量应恢复到原来的期望值状态。

（2）动态性能。系统仅满足稳定性的要求是不够的，还必须对过渡过程的形式和速度提出要求，一般用动态性能指标（又称暂态性能指标）衡量。动态性能指标包含的内容较多，可以是振荡的幅值、过渡过程时间等。对于这类指标的要求，不同的系统有不同的侧重点。例如，在自动驾驶系统中，如果出现转向需求，那么就要求不应出现过大的振荡或过快的偏移，否则乘客会产生不适；在炮弹追踪系统中，如果被追踪目标变动迅速，则炮弹应当快速改变轨迹，以防丢失目标。

（3）稳态性能。对于一个稳定的系统而言，当过渡过程结束后，系统被控量的稳态值与期望值应保持一致，但由于系统结构、输入信号形式等因素的影响，二者之间往往存在一定的差值，称为稳态误差。它是衡量系统稳态性能的一个重要指标。系统的稳态误差越小，则系统具有较高的控制精度。

这三个性能指标中稳定性是基础，动态性能指标和稳态性能指标是相互制约的。减少过渡过程时间可能导致系统振荡幅值变大，甚至会超过系统承受的能力。振荡幅值变小，平缓过渡，可能导致过渡时间变长，稳定精度变差。提高稳态精度可能导致动态性能变差。

2. 自动控制系统的分析与设计

自动控制系统的分析和设计是学习该课程的两大重要任务。前者主要工作包括判断系统稳定性，并分析该系统的动态和稳态性能指标。后者的主要工作包括设计控制器的结构或者确定控制器的某个参数实现要求的输出性能指标。这两项工作的方法很多，包括基于微分方程的时域法、根轨迹法、频域法、状态空间法等，其中，时域法、根轨迹法和频域法属于经典控制理论的范畴，而状态空间法属于现代控制理论范畴。具体内容将在后续章节中介绍。本书主要讲解线性定常系统的控制理论。对于非线性系统，可以在平衡点附近线性化得到近似线性定常系统，进行分析和设计，也能够在一定程度上满足系统的性能指标要求。

在设计控制系统时，一定要明确要求的性能指标。动态性能指标和稳态性能指标的提高可能需要较大代价，可以考虑适当折中。如果系统设计要求稳态误差较小，那么就可以适当放低对暂态性能指标的要求，过高的性能指标意味着较复杂的结构或者昂贵的元件。所以在设计时，应综合考虑各个方面因素。

1.4 本章小结

本章主要介绍了自动控制系统的发展历史和基本概念，基本概念包括控制系统的基本原理、反馈控制、系统的组成与分类、开闭环控制系统，还介绍了系统的三个评价指标、系统的分析和设计的任务。

习　题

1.1 什么是自动控制系统？自动控制系统通常由哪些基本环节组成？各环节分别起什么作用？

1.2 试比较开环控制系统和闭环控制系统的优缺点。

1.3 试举几个与自己专业相关或日常生活中的开环与闭环控制系统的例子，并说明其工作原理。

1.4 自整角机随动系统原理图如图 1.4 所示。系统的功能是使接收自整角机 TR 的转子角位移 θ_o 与发送自整角机 TX 的转子角位移 θ_i 保持一致。试说明系统是如何工作的，并指出被控对象、被控变量以及控制装置各部件的作用，画出系统方框图。

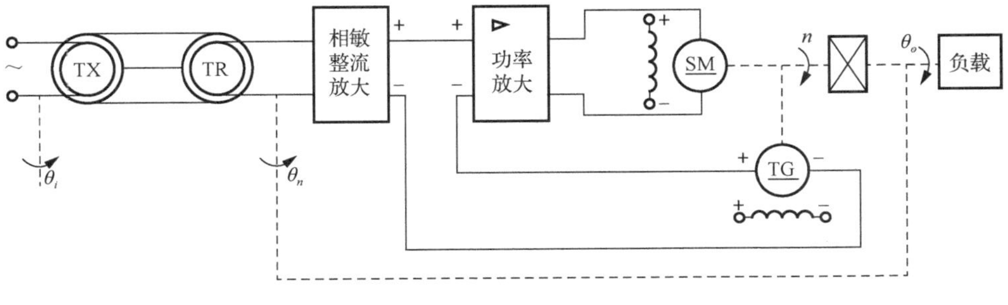

图 1.4 自整角机随动系统原理图

1.5 仓库大门自动控制系统如图 1.5 所示。试说明系统自动控制大门开闭的工作原理并画出系统方框图。

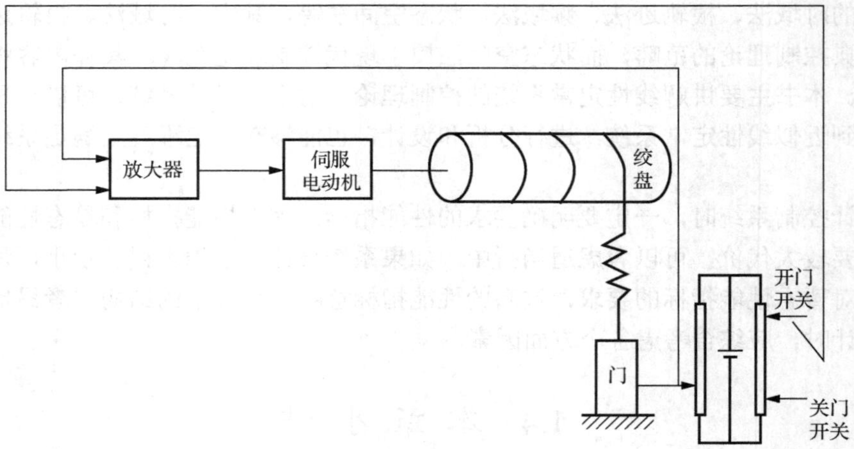

图 1.5 仓库大门自动控制系统

2　控制系统的数学模型

对工程系统行为特性的分析和运动规律的探知对人类社会发展非常重要，能使得工程系统更好地为人类服务，而为了分析系统的行为特性、理解系统的运动规律、设计系统的控制策略或估计系统的状态，需要知道系统的数学模型。它是控制系统的分析和设计的基础，描述系统内部物理量之间的关系。同一线性系统有适合不同分析工具的数据模型，包括微分方程和传递函数。在一定条件下，这些模型可以相互转换。

2.1　微 分 方 程

描述系统的动态过程和特性的常用方法是建立系统的微分方程。微分方程描述系统各物理量之间的动态关系。例如，电路系统中某元件上的电压与总电压之间的关系、化工系统中某物料的成分与加热炉内的温度之间的关系、液位控制系统中液位与入水管的流量之间的关系等。在经典控制理论中关注的是控制系统的输入和输出的关系，采用输入和输出建立微分方程描述系统的动力学特性，也就是通过微分方程确定输出与输入之间的关系。这个系统微分方程的解是系统输出对输入的依赖关系，由任意输入可以确定输出，反之，由输出可以确定需要给定的输入。建立系统微分方程的过程一般如下。

（1）根据系统的实际情况确定系统的输入输出量，通常将系统的给定量作为输入量，将系统的被控量作为输出量。

（2）将系统划分为若干环节，划分依据是每个环节可遵循物理规律建立局部的微分方程。列写出各个环节的微分方程。

（3）从系统输入端开始，按照信号传递的顺序，消除各环节中间变量，直到得到输出和输入之间关系的微分方程。

（4）写成标准形式的微分方程。将方程中与输入有关的项移到方程的右侧，与输出有关的项移到方程的左侧，方程两侧的项按照变量导数的降幂排列。

一般情况下，每个环节是一种可直接表达物理规律的元件。控制系统中常用元件的微分表达式如表 2.1 所示。

表 2.1　控制系统常用元件的微分表达式

元件	示意图	微分表达式
电阻	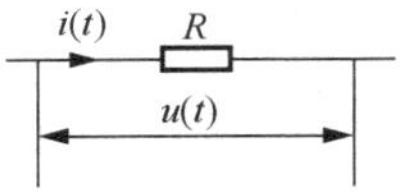	$i(t)=\dfrac{u(t)}{R}$

续表

元件	示意图	微分表达式
电容	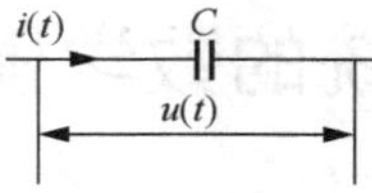	$i(t)=C\dfrac{\mathrm{d}u(t)}{\mathrm{d}t}$
电感	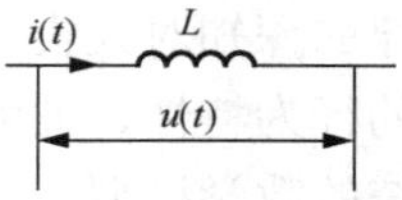	$u(t)=L\dfrac{\mathrm{d}i(t)}{\mathrm{d}t}$
质量块	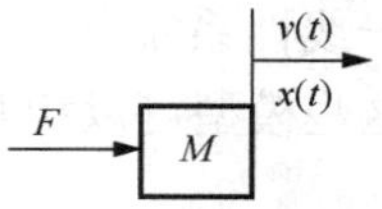	$F=Ma=M\dfrac{\mathrm{d}v(t)}{\mathrm{d}t}$
弹簧		$F=k(x_1(t)-x_2(t))$
阻尼器	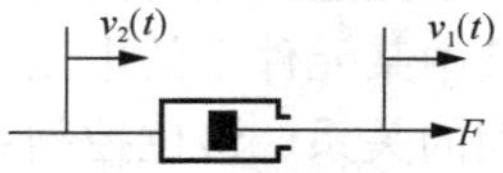	$F=b(v_1(t)-v_2(t))$

下面以一个 *RLC* 无源网络为例，建立该系统的微分方程描述。

【例 2.1】 *RLC* 无源网络如图 2.1 所示，网络左端为输入电压 $u_{\mathrm{i}}(t)$，网络右端为输出电压 $u_{\mathrm{o}}(t)$，电路中电流为 $i(t)$，试建立该系统的微分方程模型。

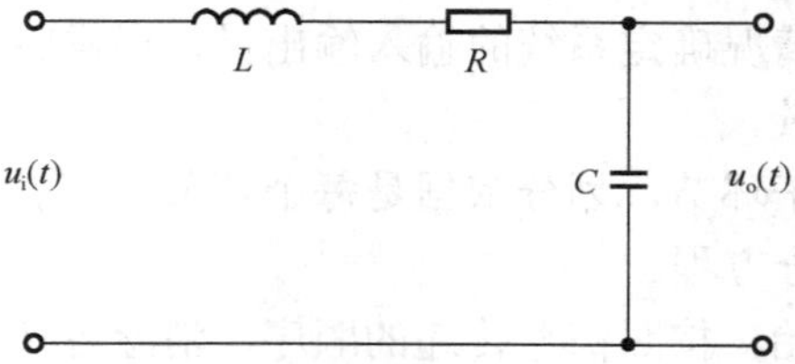

图 2.1　*RLC* 无源网络

解：该网络可以划分为三个环节，电阻、电容和电感，它们的微分方程可由表 2.1 得到。由基尔霍夫电压定律，在任何一个闭合回路中，各元件上的电压降的代数和等于电动势的代数和，可得

$$L\frac{\mathrm{d}i(t)}{\mathrm{d}t}+\frac{1}{C}\int i(t)\mathrm{d}t+Ri(t)=u_{\mathrm{i}}(t) \tag{2.1}$$

$$u_{\mathrm{o}}(t)=\frac{1}{C}\int i(t)\mathrm{d}t \tag{2.2}$$

联立方程（2.1）、方程（2.2），消去中间变量电流 $i(t)$，可得

$$LC\frac{\mathrm{d}^2u_{\mathrm{o}}(t)}{\mathrm{d}t^2}+RC\frac{\mathrm{d}u_{\mathrm{o}}(t)}{\mathrm{d}t}+u_{\mathrm{o}}(t)=u_{\mathrm{i}}(t) \tag{2.3}$$

该二阶线性微分方程表示图 2.1 中 *RLC* 无源网络的输入和输出之间的关系。当输入电压 $u_i(t)$ 已知时，通过求解该微分方程得到网络的输出电压 $u_o(t)$。

微分方程描述了控制系统输入和输出的动态关系，控制系统的输出响应是该系统微分方程的解，是输入量的表达式。为了求解输出信号在时域上的表达式，需要了解对应的输入信号形式。

2.2 典型输入信号

控制系统的微分方程的解是在系统输入量作用下系统输出量随输入量变化的表达式。根据这个表达式可以分析系统的稳定性、动态性能和稳态性能。那么，系统的输出响应不仅与系统本身的结构、参数及初始状态有关，而且与系统的输入有关。由于线性定常系统满足叠加原理，通常假定系统的初始状态为零，由系统的输入信号确定系统的输出。在很多工程问题中，控制系统的输入信号形式多种多样，既有确定性的输入信号，又有随机性的输入信号。为了便于系统分析和设计，选用一些基本的输入信号形式作为典型输入信号。常见的典型输入信号有阶跃信号、斜坡信号、加速度信号、脉冲信号、正弦信号等。

下面详细介绍典型输入信号。为了统一表达，输入信号通常使用 $r(t)$ 表示，与之对应的输出信号用 $c(t)$ 表示。而且，仅考虑系统的输出响应由系统输入信号产生，也就是仅考虑因果系统，即不会出现在输入信号激励系统的以前时刻，故假定信号在 $t<0$ 时为零，在 $t\geqslant 0$ 时有效。

1. 阶跃信号

阶跃信号数学表达式为

$$r(t)=A,\quad t\geqslant 0$$

式中，A 为常数。当 $A=1$ 时，该信号称为单位阶跃信号，如图 2.2 所示。在实际系统中，相当于在 $t=0$ 时在系统上加一个幅值不变的信号。

2. 斜坡信号

斜坡信号数学表达式为

$$r(t)=At,\quad t\geqslant 0$$

式中，A 为常数。当 $A=1$ 时，该信号称为单位斜坡信号，如图 2.3 所示。在实际系统中，相当于在 $t=0$ 时在系统上加一个以恒定速率 A 随时间变化的信号。

3. 加速度信号

加速度信号数学表达式为

$$r(t)=At^2,\quad t\geqslant 0$$

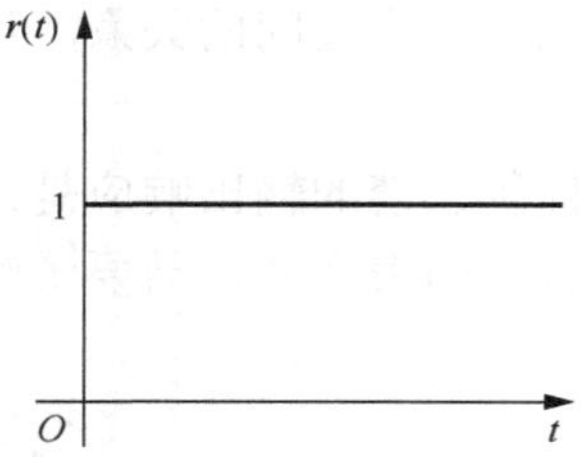

图 2.2 单位阶跃信号

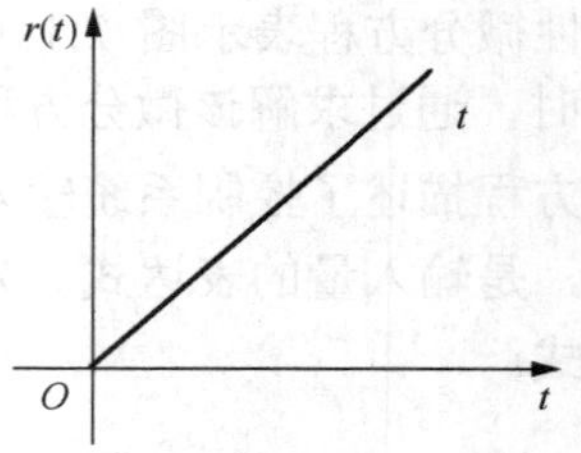

图 2.3 单位斜坡信号

式中，A 为常数。当 $A=1/2$ 时，该信号称为单位加速度信号，如图 2.4 所示。在实际系统中，相当于在 $t=0$ 时在系统上加一个以恒定加速度 A 随时间变化的信号。

4. 脉冲信号

脉冲信号数学表达式为

$$r(t)=\begin{cases}\dfrac{A}{\varepsilon}, & 0\leqslant t\leqslant\varepsilon \\ 0, & t>\varepsilon\end{cases}$$

式中，ε 为一个近于零的正数；A 为常数。当 $A=1$ 时，该信号称为单位脉冲信号，使用 $\delta(t)$ 来表示。脉冲信号的强度用其面积表示，单位脉冲信号是一个宽度为无穷小、幅值为无穷大、面积为 1 的极限脉冲 $\int_{-\infty}^{+\infty}\delta(t)\mathrm{d}t=1$，如图 2.5 所示。单位脉冲函数信号在现实中并不存在，只有数学意义，但是非常重要。

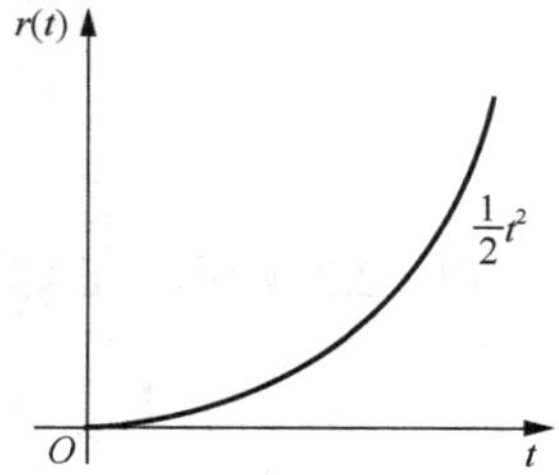

图 2.4 单位加速度信号

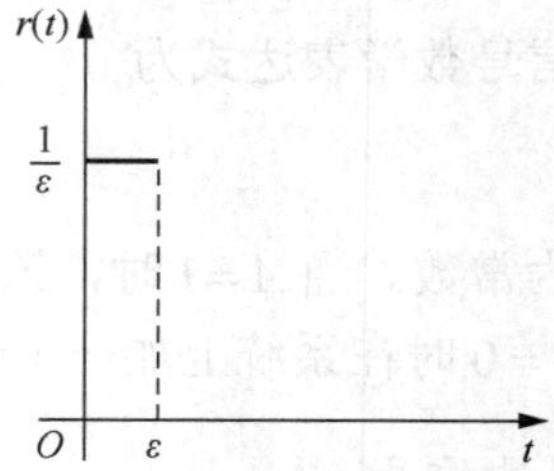

图 2.5 单位脉冲信号

5. 正弦信号

正弦信号数学表达式为

$$r(t)=A\sin(\omega t-\varphi),\quad t\geqslant 0$$

式中，A 为正弦函数的振幅；$\omega=2\pi f$ 为正弦函数角频率，f 为频率；φ 为初始相位。正弦信号是控制系统中一种常用的输入信号，在第 5 章的频率响应分析中具有重要作用。

究竟使用何种信号作为系统输入，需要考察系统正常工作时最常见的输入信号形式。例如，在温度控制系统或者其他工作状态突然改变的控制系统中，都可以采用阶跃信号作为输入；跟踪通信卫星的天线控制系统可选择斜坡信号作为输入；宇宙飞船控制系统可选择加速度信号作为输入；当控制系统的输入为冲击信号时，可选择脉冲信号。在试验中根据输入信号设计的控制系统对实际单一输入信号的响应是能满足要求的，但在实际的控制工程中，系统的输入信号比较复杂，是典型输入信号的叠加。例如，信号 $f(t)=t+1$，可以看作由单位阶跃信号 $f_1(t)=1(t)$ 和单位斜坡信号 $f_2(t)=t$ 叠加而成，即 $f(t)=f_1(t)+f_2(t)$。又由于线性系统满足叠加定理，系统的输出响应等于各个输入信号单独产生的输出叠加之和。因此，可将复杂的输入信号拆分成多个典型输入信号，分别研究这些典型信号的响应，然后将它们加起来得到系统的输出响应。例如，假设系统输入 $x_1(t)$ 时对应输出响应 $y_1(t)$，系统输入 $x_2(t)$ 时对应输出响应 $y_2(t)$，系统输入为 $c_1x_1(t)+c_2x_2(t)$ 时对应输出响应为 $c_1y_1(t)+c_2y_2(t)$。

2.3 拉普拉斯变换

在实际控制工程中，通常输入信号与输出信号的关系比较复杂，简单的运算难以表达。由于拉普拉斯变换可将时域的微分运算转为频域的乘法运算，将微分方程转为代数方程，大大简化了微分方程的求解，拉普拉斯变换成为自动控制理论的数学工具。

1. 复变量

复数定义为

$$s=\sigma+\mathrm{j}\omega$$

式中，j 为复数单位，$\mathrm{j}^2=-1$，$\mathrm{j}=\sqrt{-1}$；σ 为复数的实部；ω 为复数的虚部。σ、ω 均为实数。另外，复数还可以在复平面中以向量的形式表示出来，如图 2.6 所示。

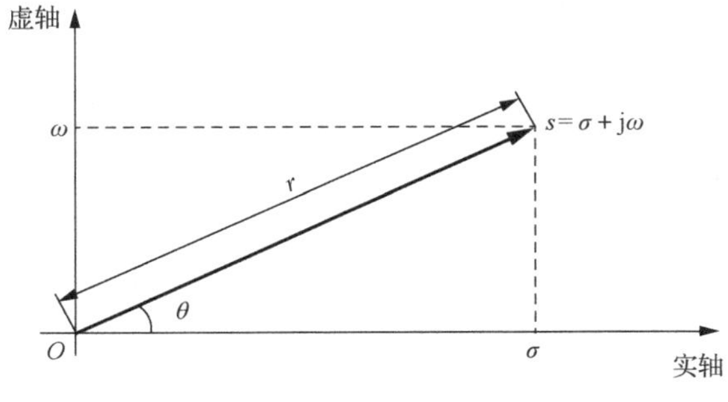

图 2.6 复平面上复数的表示

向量 s 的长度为复数的幅值（或称模），记为

$$r=|s|=\sqrt{\sigma^2+\omega^2}$$

该向量与实轴之间的夹角称为复数的相位，记为

$$\theta=\angle s=\arctan\frac{\omega}{\sigma}$$

同样，复数也有极坐标形式。从图 2.6 中可以看出$\sigma = r\cos\theta$，$\omega = r\sin\theta$，即

$$s = r(\cos\theta + \mathrm{j}\sin\theta) \tag{2.4}$$

根据欧拉公式

$$\mathrm{e}^{\mathrm{j}\theta} = \cos\theta + \mathrm{j}\sin\theta \tag{2.5}$$

复数可以写成$s = r\mathrm{e}^{\mathrm{j}\theta}$的指数形式。将$-\theta$代入欧拉公式的$\theta$中得到

$$\mathrm{e}^{-\mathrm{j}\theta} = \cos\theta - \mathrm{j}\sin\theta \tag{2.6}$$

再将式（2.5）和式（2.6）联立可得

$$\begin{cases} \cos\theta = \dfrac{\mathrm{e}^{\mathrm{j}\theta} + \mathrm{e}^{-\mathrm{j}\theta}}{2} \\ \sin\theta = \dfrac{\mathrm{e}^{\mathrm{j}\theta} - \mathrm{e}^{-\mathrm{j}\theta}}{2\mathrm{j}} \end{cases} \tag{2.7}$$

可见，欧拉公式将三角函数和指数函数联系起来。在欧拉公式中，当取$\theta = \pi$时可以得到

$$\mathrm{e}^{\mathrm{j}\pi} + 1 = 0$$

此式为欧拉恒等式，也被称为数学上最美的公式之一。它将 e、j、π、1、0 五个量联系了起来。在后面频域分析法中，经常使用欧拉公式将时域难以分析的问题转换到复域进行分析。

2. 拉普拉斯变换定义

在时间区域$(0,+\infty)$定义函数$f(t)$，若$F(s) = \int_0^{+\infty} f(t)\mathrm{e}^{-st}\mathrm{d}t$在复平面内收敛，式中，$s$为复数，则称函数$F(s)$为函数$f(t)$的拉普拉斯变换，记为$F(s) = \mathcal{L}[f(t)]$，即

$$F(s) = \mathcal{L}[f(t)] = \int_0^{+\infty} f(t)\mathrm{e}^{-st}\mathrm{d}t \tag{2.8}$$

相应的$f(t)$称为$F(s)$的拉普拉斯反变换，即

$$f(t) = \mathcal{L}^{-1}[F(s)] = \frac{1}{2\pi\mathrm{j}}\int_{\sigma-\mathrm{j}\infty}^{\sigma+\mathrm{j}\infty} F(s)\mathrm{e}^{st}\mathrm{d}s, \quad t > 0 \tag{2.9}$$

该公式又称反演积分公式。

3. 拉普拉斯变换性质

控制系统的分析中经常使用拉普拉斯变换，它的性质可以简化系统分析，故简单介绍如下，不作证明，读者们有需要可以查看相关文献。

（1）线性性质：

$$\mathcal{L}[af(t)+bg(t)]=aF(s)+bG(s)$$
$$\mathcal{L}^{-1}[aF(s)+bG(s)]=af(t)+bg(t)$$

式中，a、b 为常数。拉普拉斯变换的线性性质遵循线性系统的齐次性和叠加性。

（2）微分定理：

$$\mathcal{L}[\dot{f}(t)]=s\cdot F(s)-f(0)$$

式中，$f(0)$ 为 $f(t)$ 在 $t=0$ 时的值。通常取初始值为零。

（3）积分定理：

$$\mathcal{L}[\int_0^t f(\tau)\mathrm{d}\tau]=\frac{1}{s}\cdot F(s)+\frac{f^{(-1)}(0)}{s}$$

式中，$f^{(-1)}(0)$ 是积分函数 $\int f(t)\mathrm{d}t$ 在 $t=0$ 时的值。通常取初始值为零。

（4）初值定理：若 $\lim\limits_{s\to\infty}sF(s)$ 存在，有

$$\lim_{t\to 0^+}f(t)=\lim_{s\to\infty}s\cdot F(s)$$

（5）终值定理：若 $\lim\limits_{t\to\infty}f(t)$ 存在，有

$$\lim_{t\to\infty}f(t)=\lim_{s\to 0}s\cdot F(s)$$

通常用于计算当时间趋向于无穷时输出响应的稳态值。

4. 拉普拉斯变换方法

系统的复杂输入信号可由典型输入信号叠加构成。根据拉普拉斯变换的性质可知，复杂信号的拉普拉斯变换可由典型输入信号的拉普拉斯变换叠加构成。下面利用拉普拉斯变换定义给出一些常见输入信号的拉普拉斯变换。

（1）单位阶跃信号：

$$\mathcal{L}\left[1(t)\right]=\int_0^\infty 1\cdot \mathrm{e}^{-st}\mathrm{d}t=-\frac{1}{s}\mathrm{e}^{-st}\Big|_0^\infty=\frac{1}{s}$$

（2）单位斜坡信号：

$$\mathcal{L}[t]=\int_0^\infty t\mathrm{e}^{-st}\mathrm{d}t=-\int_0^\infty\frac{1}{s}t\mathrm{d}(\mathrm{e}^{-st})=-\frac{1}{s}t\,\mathrm{e}^{-st}\Big|_0^\infty+\frac{1}{s}\int_0^\infty \mathrm{e}^{-st}\mathrm{d}t=\frac{1}{s^2}$$

（3）单位加速度信号：

$$\mathcal{L}\left[\frac{t^2}{2}\right]=\frac{1}{2}\int_0^\infty t^2\mathrm{e}^{-st}\mathrm{d}t=-\frac{1}{2}\int_0^\infty\frac{1}{s}t^2\mathrm{d}(\mathrm{e}^{-st})=-\frac{1}{2}t^2\,\mathrm{e}^{-st}\Big|_0^\infty+\frac{1}{s}\int_0^\infty t\mathrm{e}^{-st}\mathrm{d}t=\frac{1}{s^3}$$

（4）单位脉冲信号：

$$\mathcal{L}\left[\delta(t)\right]=\lim_{\varepsilon\to 0}\int_0^{\varepsilon}\frac{1}{\varepsilon}\mathrm{e}^{-st}\mathrm{d}t=\lim_{\varepsilon\to 0}\frac{1}{\varepsilon}\left(-\frac{1}{s}\mathrm{e}^{-st}\Big|_0^{\varepsilon}\right)=\lim_{\varepsilon\to 0}\frac{1-\mathrm{e}^{-\varepsilon s}}{\varepsilon s}=1$$

（5）正弦信号：

$$\begin{aligned}\mathcal{L}[\sin(\omega t)]&=\int_0^{\infty}\sin\omega t\cdot\mathrm{e}^{-st}\mathrm{d}t\\&=\int_0^{\infty}\frac{1}{2\mathrm{j}}(\mathrm{e}^{\mathrm{j}\omega t}-\mathrm{e}^{-\mathrm{j}\omega t})\cdot\mathrm{e}^{-st}\mathrm{d}t\\&=\int_0^{\infty}\frac{1}{2\mathrm{j}}(\mathrm{e}^{-(s-\mathrm{j}\omega)t}-\mathrm{e}^{-(s+\mathrm{j}\omega)t})\mathrm{d}t\\&=\frac{1}{2\mathrm{j}}\left(\frac{-1}{s-\mathrm{j}\omega}\mathrm{e}^{-(s-\mathrm{j}\omega)t}\Big|_0^{\infty}-\frac{-1}{s+\mathrm{j}\omega}\mathrm{e}^{-(s+\mathrm{j}\omega)t}\Big|_0^{\infty}\right)\\&=\frac{1}{2\mathrm{j}}\left(\frac{1}{s-\mathrm{j}\omega}-\frac{1}{s+\mathrm{j}\omega}\right)\\&=\frac{1}{2\mathrm{j}}\cdot\frac{2\mathrm{j}\omega}{s^2+\omega^2}\\&=\frac{\omega}{s^2+\omega^2}\end{aligned}$$

5. 拉普拉斯反变换方法

在频域中处理完信号之后，还需要将其变换到时间域，显示随时间变化规律。将频域函数变换为时间域函数称为拉普拉斯反变换。典型输入信号的拉普拉斯反变换可由它们的拉普拉斯变换直接得到。由线性系统满足叠加原理、拉普拉斯变换性质和典型输入信号的拉普拉斯变换可知，复杂信号的拉普拉斯反变换需要先将其分解为典型输入信号的拉普拉斯变换的形式，然后再查表得到时间域函数。常用的分解方法为部分分式法。由于所考虑的是因果系统，实际系统的 $F(s)$ 为真分式函数，总能被分解成部分分式之和，而各部分分式前的系数可以通过待定系数法确定，从而利用直接查拉普拉斯变换表的方法解出函数 $f(t)$。

部分分式法：已知真分式 $f(x)=\dfrac{P_m(x)}{Q_n(x)}$，$m$、$n$ 分别为分子多项式和分母多项式的次数，$m<n$，经过有理式的恒等变形，将其化简为多个不可约分式之和，这几个不可约分式便称为原本真分式的部分分式。常见的分解形式及步骤如下。

（1）$Q_n(x)$ 的根均为不相等的单根，即 $\dfrac{P_m(x)}{Q_n(x)}=\dfrac{P_m(x)}{(x-x_1)(x-x_2)\cdots(x-x_n)}$，可将 $f(x)$ 分解为

$$f(x)=\frac{P_m(x)}{Q_n(x)}=\frac{a_1}{x-x_1}+\frac{a_2}{x-x_2}+\cdots+\frac{a_n}{x-x_n}$$

式中，$a_i=\lim\limits_{x\to x_i}(x-x_i)f(x)$。$a_i$还可以使用待定系数法进行求解，利用多项式恒等的性质，取多项式中原有的几个特殊值，列出关于待定参数a_i的方程组进行求解。

（2）$Q_n(x)$有r个相同的重根，即$\dfrac{P_m(x)}{Q_n(x)}=\dfrac{P_m(x)}{(x-x_1)^r(x-x_2)\cdots(x-x_{n-r+1})}$，可将$f(x)$分解为

$$f(x)=\frac{P_m(x)}{Q_n(x)}=\frac{a_1}{(x-x_1)^r}+\frac{a_2}{(x-x_1)^{r-2}}+\cdots+\frac{a_r}{x-x_1}+\frac{b_2}{x-x_2}+\cdots+\frac{b_{n-r-1}}{x-x_{n-r+1}}$$

式中，$b_2,b_3,\cdots,b_{n-r+1}$的解法同步骤（1），$a_k=\lim\limits_{x\to x_1}\dfrac{1}{(k-1)!}\cdot\dfrac{\mathrm{d}^{k-1}}{\mathrm{d}x^{k-1}}\big((x-x_1)^r f(x)\big),k\in[1,r]$。同样，$a_k$也可以使用待定系数法求解。

【例 2.2】 已知$F(s)=\dfrac{5s-1}{(s+1)(s-2)}$，求解$f(t)=\mathcal{L}^{-1}[F(s)]$。

解：利用部分分式法求解。将$F(s)$进行部分分式展开得

$$F(s)=\frac{5s-1}{(s+1)(s-2)}=\frac{a}{s+1}+\frac{b}{s-2}=\frac{a(s-2)+b(s+1)}{(s+1)(s-2)}=\frac{(a+b)s-2a+b}{(s+1)(s-2)}$$

待定系数可得

$$\begin{cases}a+b=5\\-2a+b=-1\end{cases}$$

解得

$$a=2,\quad b=3$$

故

$$f(t)=\mathcal{L}^{-1}[F(s)]=\mathcal{L}^{-1}\left[\frac{2}{s+1}+\frac{3}{s-2}\right]=2\mathcal{L}^{-1}\left[\frac{1}{s+1}\right]+3\mathcal{L}^{-1}\left[\frac{1}{s-2}\right]=2\mathrm{e}^{-t}+3\mathrm{e}^{2t}$$

这种反变换的直接应用是求解微分方程的解。一般的线性微分方程可以采用这种反变换的形式进行求解，直接得到输入输出关系表达式。使用拉普拉斯变换和反变换求解微分方程的步骤如下。

（1）对微分方程两侧做拉普拉斯变换，将时域的微分方程转换为频域的代数方程。

（2）通过代数运算，解出输出量和输入量的表达式。

（3）采用部分分式法对表达式进行展开，变成简单项的和。

（4）通过查拉普拉斯变换表得到拉普拉斯反变换，即输出量的时间域函数。

【例 2.3】 某系统的输入量$u(t)$，输出量为$y(t)$，二者满足微分方程

$$\ddot{y}(t)+6\dot{y}(t)+5y(t)=5u(t)$$

当初值为$y(0)=\dot{y}(0)=0$，求当输入量为单位阶跃信号$u(t)=1(t)$时，系统输出量$y(t)$的表达式。

解：对系统微分方程两侧同时做拉普拉斯变换得

$$s^2Y(s)-sy(0)-\dot{y}(0)+6(sY(s)-y(0))+5Y(s)=\frac{5}{s}$$

代入输出量及其导数的初值，并整理得

$$(s^2+6s+5)Y(s)=\frac{5}{s}$$

采用部分分式法展开得

$$Y(s)=\frac{5}{s(s^2+6s+5)}=\frac{1}{s}-\frac{5}{4}\cdot\frac{1}{s+1}+\frac{1}{4}\cdot\frac{1}{s+5}$$

查拉普拉斯变换表进行拉普拉斯反变换，得到输出量的表达式为

$$y(t)=\mathcal{L}^{-1}[Y(s)]=1-\frac{5}{4}\mathrm{e}^{-t}+\frac{1}{4}\mathrm{e}^{-5t}$$

【例 2.4】 在例 2.1 的 *RLC* 无源网络中，若 $L=1\text{H}$，$C=1\text{F}$，$R=1\Omega$，电容初始电压 $u_{\text{o}}(0)=0.1\text{V}$，初始电流 $i(0)=0.1\text{A}$，输入电压 $u_{\text{i}}(t)=1\text{V}$。使用拉普拉斯变换的方法求解输出电压 $u_{\text{o}}(t)$ 的表达式。

解：对微分方程式（2.3）等号两侧同时做拉普拉斯变换得

$$LC(s^2U_{\text{o}}(s)-su_{\text{o}}(0)-\dot{u}_{\text{o}}(0))+RC(sU_{\text{o}}(s)-u_{\text{o}}(0))+U_{\text{o}}(s)=U_{\text{i}}(s) \tag{2.10}$$

式中，$\dot{u}_{\text{o}}(0)$ 为

$$\dot{u}_{\text{o}}(0)=\frac{\mathrm{d}u_{\text{o}}(t)}{\mathrm{d}t}\Big|_{t=0}=\frac{1}{C}i(t)\Big|_{t=0}=\frac{1}{C}i(0) \tag{2.11}$$

将式（2.11）代入式（2.10），并代入各个变量的初值得

$$U_{\text{o}}(s)=\frac{U_{\text{i}}(s)}{s^2+s+1}+\frac{0.1s+0.2}{s^2+s+1} \tag{2.12}$$

由于电源是瞬间接通，故 $u_{\text{i}}(t)$ 为单位阶跃输入量，其拉普拉斯变换为 $U_{\text{i}}(s)=\frac{1}{s}$，代入式（2.12）可得

$$U_{\text{o}}(s)=\frac{1}{s(s^2+s+1)}+\frac{0.1s+0.2}{s^2+s+1}=\frac{1}{s}-\frac{s+1}{s^2+s+1}+\frac{0.1s+0.2}{s^2+s+1}=\frac{1}{s}-\frac{0.9s}{s^2+s+1}-\frac{0.8}{s^2+s+1}$$

通过查拉普拉斯变换表可得输出电压为

$$u_{\text{o}}(t)=1+1.035\mathrm{e}^{-0.5t}\sin(0.866t-60^\circ)-0.92\mathrm{e}^{-0.5t}\sin(0.866t) \tag{2.13}$$

输出响应式（2.13）的三项表达式可以分为两个部分的响应和。第一部分是第一项表达式，表示系统在零初始条件下单位阶跃输入信号产生的输出响应，称为零状态响应。第二部分是第二项和第三项表达式之和，这两项是由初始状态产生的输出分量，与输入量无关，称为零输入响应。二者相叠加后的响应统称为系统的单位阶跃响应。

由输出响应式（2.13）可得，当时间趋向无穷时，后两项衰减到零，系统输出是常值1，稳定在常值。这也可使用终值定理直接得到系统输出的终值，无须拉普拉斯反变换，即

$$u_o(\infty)=\lim_{t\to\infty}u_o(t)=\lim_{s\to 0}s\cdot U_o(s)=\lim_{s\to 0}s\left(\frac{1}{s(s^2+s+1)}+\frac{0.1s+0.2}{s^2+s+1}\right)=1$$

它的物理解释是，当时间趋向无穷时，电感可以看作通路，电容可以看作断路，故加到电容两端的电压为电源电压1V。

2.4 传递函数

在零初始条件下，拉普拉斯变换可将微分项变为复数域的乘积项，将导数运算转为代数运算，方便求解线性定常系统的微分方程，获得时域的输出响应。在求解的过程中，输入输出的拉普拉斯变换保持着与微分方程中输入输出一样的关系，这个关系可以用传递函数表示。微分方程经过拉普拉斯变换后得到复数域的传递函数，仍然表达线性系统的输入输出关系，表征系统的动态特性，还可以用于研究系统结构或参数变化对系统性能的影响。它是经典控制理论中最基本的数学模型。在引入传递函数之前，还需要了解一个重要概念——卷积。

2.4.1 卷积定理

定义在区间$(-\infty,+\infty)$的函数$f_1(t)$和$f_2(t)$，如果积分$\int_{-\infty}^{+\infty}f_1(\tau)f_2(t-\tau)\mathrm{d}\tau$对任何实数$t$都收敛，则

$$f_1(t)*f_2(t)=\int_{-\infty}^{+\infty}f_1(\tau)f_2(t-\tau)\mathrm{d}\tau$$

称$f_1(t)*f_2(t)$为$f_1(t)$和$f_2(t)$的卷积，$*$表示卷积运算符号。在控制系统中，假设所有信号都是从$t=0$时刻开始的，即$f_1(t)=0$和$f_2(t)=0, t<0$，卷积表达式为

$$f_1(t)*f_2(t)=\begin{cases}0, & t<0\\ \int_0^t f_1(\tau)f_2(t-\tau)\mathrm{d}\tau, & t\geqslant 0\end{cases}$$

那么，控制系统的输入输出动态关系可以描述为

$$u_{out}(t)=g(t)*u_{in}(t) \tag{2.14}$$

式中，$g(t)$为系统的单位脉冲响应，由系统内部结构和参数决定。这意味着，对于任意输入信号$u_{in}(t)$，线性定常系统输出$u_{out}(t)$均可以表示为输入信号和系统单位脉冲响应$g(t)$的卷积。在此需要一个重要的定理建立其与传递函数的关系。

卷积定理：假设函数$f_1(t)$和$f_2(t)$对应的拉普拉斯变换分别为$F_1(s)$和$F_2(s)$，则有$\mathcal{L}[f_1(t)*f_2(t)]=F_1(s)\cdot F_2(s)$。

证明：由拉普拉斯变换和卷积的定义得

$$\begin{aligned}\mathcal{L}[f_1(t)*f_2(t)] &= \int_0^{+\infty}\left(f_1(t)*f_2(t)\right)\mathrm{e}^{-st}\mathrm{d}t\\ &= \int_0^{+\infty}\left(\int_0^t f_1(\tau)f_2(t-\tau)\,\mathrm{d}\tau\right)\mathrm{e}^{-st}\mathrm{d}t\\ &= \iint_D f_1(\tau)f_2(t-\tau)\mathrm{e}^{-st}\mathrm{d}\tau\mathrm{d}t\\ &= \int_0^{+\infty} f_1(\tau)\left(\int_\tau^{+\infty} f_2(t-\tau)\mathrm{e}^{-st}\mathrm{d}t\right)\mathrm{d}\tau\end{aligned}$$

用 x 代替上式中的 $t-\tau$，有

$$\begin{aligned}\mathcal{L}[f_1(t)*f_2(t)] &= \int_0^{+\infty} f_1(\tau)\left(\mathrm{e}^{-s\tau}\int_0^{+\infty} f_2(x)\mathrm{e}^{-sx}\mathrm{d}x\right)\mathrm{d}\tau\\ &= \int_0^{+\infty} f_1(\tau)\mathrm{e}^{-s\tau}\mathrm{d}\tau\int_0^{+\infty} f_2(x)\mathrm{e}^{-sx}\mathrm{d}x\\ &= F_1(s)F_2(s)\end{aligned}$$

证明完毕。

可以发现，卷积定理将比较烦琐的卷积运算转换为乘法运算，大大减小了运算复杂度。利用卷积定理对式（2.14）等号两侧同时取拉普拉斯变换可得

$$\mathcal{L}[u_{\text{out}}(t)] = \mathcal{L}[u_{\text{in}}(t)*g(t)]$$

$$U_{\text{out}}(s) = U_{\text{in}}(s)\cdot G(s)$$

可见，卷积定理在传递函数建立中起到关键的作用。

2.4.2 传递函数定义和性质

线性定常系统的传递函数是指在零初始条件下，输出量的拉普拉斯变换与输入量的拉普拉斯变换之比。零初始条件包含两种含义，一是指输入量是在时间大于等于零时才作用于系统，在 $t=0^-$ 时，输入量与其各阶导数都为零；二是指输入量加于系统之前，系统处于稳定的工作状态，即输出量及其各阶导数在 $t=0^-$ 时的值也为零。

假定线性定常系统微分方程一般形式为

$$a_0y^{(n)} + a_1y^{(n-1)} + \cdots + a_{n-1}\dot{y} + a_ny = b_0x^{(m)} + b_1x^{(m-1)} + \cdots + b_{m-1}\dot{x} + b_mx \tag{2.15}$$

式中，y 为系统输出量；x 为系统输入量。则该系统的传递函数为

$$G(s) = \frac{\mathcal{L}[y(t)]}{\mathcal{L}[x(t)]} = \frac{Y(s)}{X(s)} = \frac{b_0s^m + b_1s^{m-1} + \cdots + b_{m-1}s + b_m}{a_0s^n + a_1s^{n-1} + \cdots + a_{n-1}s + a_n} \tag{2.16}$$

式中，$G(s)$ 的分子中 s 的各阶幂次的系数分别为输入量各阶导数的系数，$G(s)$ 分母中 s 的各阶幂次的系数分别为输出量各阶导数的系数，最高幂次为 n，称这样的系统为 n 阶系统。常见环节的传递函数如表 2.2 所示。为了方便，后面提到“微分环节”均指纯微分环节。

除了一般形式的传递函数外，传递函数还有另外三种形式，分别为首 1 标准型、尾 1 标准型和零极点型。

表 2.2 常见环节的传递函数

常见环节	传递函数
比例环节	$G(s)=K$
纯微分环节	$G(s)=s$
积分环节	$G(s)=\frac{1}{s}$
惯性环节	$G(s)=\frac{1}{Ts+1}$
一阶微分环节	$G(s)=Ts+1$
振荡环节	$G(s)=\frac{\omega_n^2}{s^2+2\zeta\omega_n s+\omega_n^2}$
二阶微分环节	$G(s)=Ts^2+s+1$
时滞环节	$G(s)=e^{-\tau s}$

（1）首 1 标准型是将分子和分母中 s 的最高次幂系数化为 1，即

$$G(s)=\frac{b_0}{a_0}\frac{s^m+\frac{b_1}{b_0}s^{m-1}+\cdots+\frac{b_{m-1}}{b_0}s+\frac{b_m}{b_0}}{s^n+\frac{a_1}{a_0}s^{n-1}+\cdots+\frac{a_{n-1}}{a_0}s+\frac{a_n}{a_0}} \tag{2.17}$$

（2）尾 1 标准型是将分子和分母中的常数项化为 1，即

$$G(s)=\frac{b_m}{a_n}\frac{\frac{b_0}{b_m}s^m+\frac{b_1}{b_m}s^{m-1}+\cdots+\frac{b_{m-1}}{b_m}s+1}{\frac{a_0}{a_n}s^n+\frac{a_1}{a_n}s^{n-1}+\cdots+\frac{a_{n-1}}{a_n}s+1} \tag{2.18}$$

（3）零极点型是用零点和极点的形式表示，即

$$G(s)=\frac{b_0(s-z_1)(s-z_2)\cdots(s-z_m)}{a_0(s-p_0)(s-p_1)\cdots(s-z_n)}=K^*\cdot\frac{\prod_{i=1}^{m}(s-z_i)}{\prod_{j=1}^{n}(s-p_j)} \tag{2.19}$$

式中，z_i 为分子多项式对应的根，称为传递函数的零点；p_j 为分母多项式对应的根，称为传递函数的极点。零极点可以是实数，也可以是复数。

将控制系统传递函数的分母多项式称为特征多项式，记为 $D(s)$。$D(s)=0$ 称为特征方程。特征方程的解为特征根，也是系统的极点。传递函数具有如下性质：

（1）传递函数是复变量 s 的有理真分式，分母多项式的阶次 n 大于等于分子多项式的阶次 m，即 $n\geqslant m$。

（2）传递函数是描述系统输入和输出之间的动态关系表达式，只与系统元件结构和参数有关，与输入量的形式无关，也不能反映系统内部的信息。

（3）传递函数和微分方程可通过拉普拉斯变换进行相互转换。

（4）传递函数的拉普拉斯反变换就是系统的单位脉冲响应，单位脉冲响应是指系统在单位脉冲输入下的输出响应。

（5）不同物理规律的系统可能有相同的传递函数，系统的物理特性和性质不能反映在传递函数中。

2.5 系统数学建模

无论是微分方程还是传递函数都是系统的数学模型，系统数学模型的建立一般分为两种：机理建模和系统辨识。机理建模适用于一些比较简单的系统，如机械系统和电力系统。对于复杂的系统很难获得它各部分的原理、定律等，机理建模法失效，此时采用系统辨识法对系统建模。

2.5.1 机理建模

根据已知的定律、定理和原理建立系统数学模型的方法称为机理建模法。下面分别以机械、电气、液位系统为例，介绍机理建模过程。

1. 机械系统

在机械系统中，牛顿第二定律是最基本的定律，简单的弹簧和阻尼器系统都需要它。采用受力分析建立系统的微分方程或传递函数模型。

【例 2.5】 弹簧-阻尼-质量系统如图 2.7 所示，弹簧的刚度为k，阻尼器的黏性摩擦系数为b，u为加到左侧的位移输入量，y为质量为m的物体的位移输出量，假设在$t<0$时刻该系统处于静止状态，当$t=0$时，系统以恒定的速度向左移动，即$\dot{u}$=常量，求解该系统数学模型。

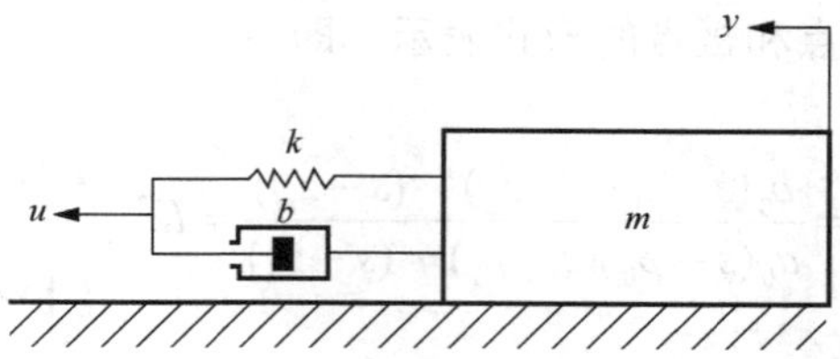

图 2.7 弹簧-阻尼-质量系统

解：分析图 2.7 可知，u、y均为位移量，规定向左为正方向，由弹簧和阻尼器的性质，分别有

$$f_{弹}=-k(y-u)$$
$$f_{阻}=-b\left(\frac{\mathrm{d}y}{\mathrm{d}t}-\frac{\mathrm{d}u}{\mathrm{d}t}\right) \tag{2.20}$$

根据牛顿第二定律：

$$f_{弹}+f_{阻}=\sum F=ma \tag{2.21}$$

式中，m 为物体质量；a 为物体加速度；$\sum F$ 为沿着加速度方向作用于物体的外力之和。将式（2.20）代入式（2.21）得到

$$m\frac{\mathrm{d}^2 y}{\mathrm{d}t^2}=-b\left(\frac{\mathrm{d}y}{\mathrm{d}t}-\frac{\mathrm{d}u}{\mathrm{d}t}\right)-k(y-u)$$

即得到系统的微分方程为

$$m\ddot{y}+b\dot{y}+ky=b\dot{u}+ku$$

对上式两侧做拉普拉斯变换可得系统的传递函数为

$$G(s)=\frac{Y(s)}{U(s)}=\frac{bs+k}{ms^2+bs+k}$$

【例 2.6】 一阶倒立摆系统如图 2.8 所示。倒立摆安装到小车上，在不受任何外力的情况下是不稳定的，它可能会向左或向右倾倒（这里只考虑二维平面问题）。摆杆质量均匀分布，其质心为杆的中点 G，摆杆长 $2l$。在下方小车上施加控制力 u。假设摆杆的中心位于其几何中心，杆的质量为 m，杆偏离垂线的角度为 θ，求该系统的数学模型。

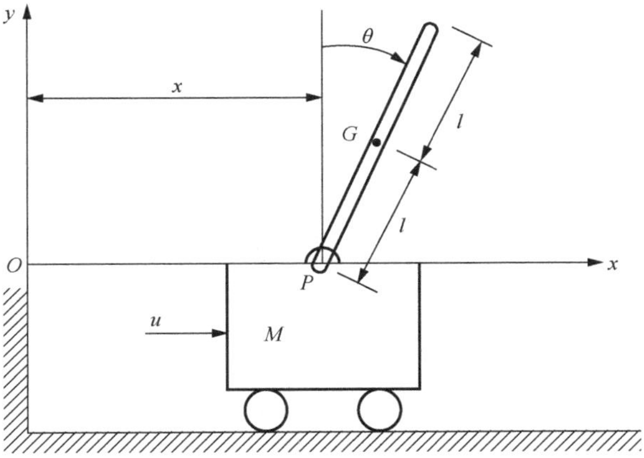

图 2.8 一阶倒立摆系统

解： 以 O 为坐标原点，水平方向为 x 轴，垂直方向为 y 轴，建立坐标系，首先明确系统的输入量为外部控制力 u，被控变量为摆杆角度 θ，分别对小车和摆杆进行受力分析。

首先，对小车进行受力分析，如图 2.9（a）所示。将小车和摆杆之间的作用力分解到水平和竖直方向，水平方向的力记为 H，竖直方向的力记为 V。小车在水平方向上受外部控制力 u 和水平方向的作用力 H，在竖直方向上受竖直方向的力 V、自身重力 Mg 和地面对小车的支持力 $F_{支}$。由牛顿第二定律得小车水平方向受力分析为

$$M\frac{\mathrm{d}^2 x}{\mathrm{d}t^2}=u-H \tag{2.22}$$

其次，对摆杆进行受力分析如图 2.9（b）所示。摆杆在水平方向上受作用力 H，在垂直方向上受到自身重力以及小车对其作用力 V，假设摆杆所受作用力均位于其质心，质心

位置 G 坐标为

$$\begin{aligned} x_G &= x + l\sin\theta \\ y_G &= l\cos\theta \end{aligned} \tag{2.23}$$

对摆杆分析可得

$$m\frac{\mathrm{d}^2(x_G)}{\mathrm{d}t^2} = m\frac{\mathrm{d}^2(x + l\sin\theta)}{\mathrm{d}t^2} = H \tag{2.24}$$

$$m\frac{\mathrm{d}^2(y_G)}{\mathrm{d}t^2} = m\frac{\mathrm{d}^2(l\cos\theta)}{\mathrm{d}t^2} = V - mg \tag{2.25}$$

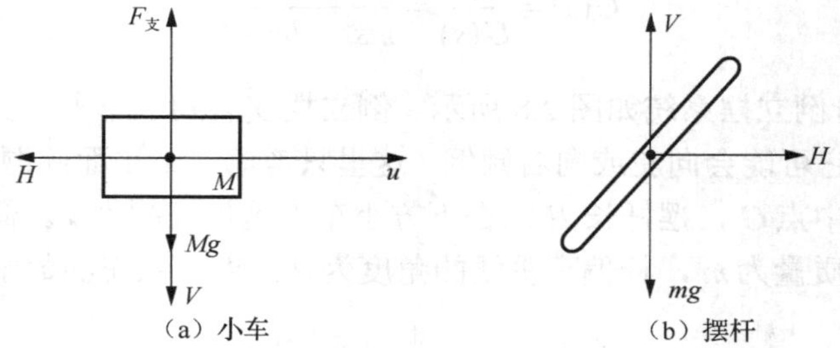

图 2.9　受力分析

同时，摆杆围绕其重心的转动运动可以用下式描述：

$$I\ddot{\theta} = Vl\sin\theta - Hl\cos\theta \tag{2.26}$$

式中，I 为摆杆围绕其中心的转动惯量。由于要保持摆杆垂直，θ 和 $\dot{\theta}$ 的量值很小，满足 $\sin\theta \approx \theta$，$\cos\theta = 1$，$\theta\dot{\theta}^2 = 0$，则式（2.24）～式（2.26）变为

$$m(\ddot{x} + l\ddot{\theta}) = H \tag{2.27}$$

$$V - mg = 0 \tag{2.28}$$

$$I\ddot{\theta} = Vl\theta - Hl \tag{2.29}$$

联立式（2.22）和式（2.27）可得

$$(M + m)\ddot{x} + ml\ddot{\theta} = u \tag{2.30}$$

联立式（2.27）～式（2.29）可得

$$(I + ml^2)\ddot{\theta} + ml\ddot{x} = mgl\theta \tag{2.31}$$

式（2.30）和式（2.31）构成了一阶倒立摆的数学模型。

【例 2.7】 齿轮传动机构如图 2.10 所示，齿轮 1 和齿轮 2 的齿数分别为 Z_1、Z_2，其转动惯量和黏性摩擦系数分别为 J_1、f_1 和 J_2、f_2，轴的角位移分别为 θ_1、θ_2，两级齿轮的传动比为 i。M_1 为齿轮 1 承受的阻力矩，M_2 为齿轮 2 承受的阻力矩，M 为齿轮 1 的原动转矩。设此结构无间隙、无变形，求折算到驱动轴上的等效转动惯量和等效黏性摩擦系数，并写出其传递函数。

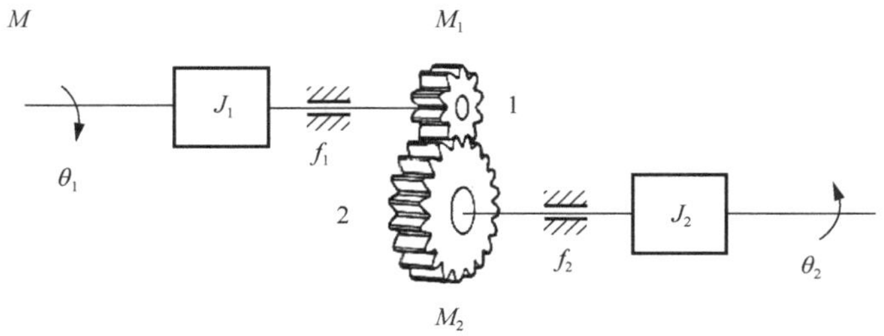

图 2.10 齿轮传动机构

解：轴 1 的力矩方程为

$$M = J_1 \frac{\mathrm{d}^2\theta_1}{\mathrm{d}t^2} + f_1 \frac{\mathrm{d}\theta_1}{\mathrm{d}t} + M_1 \tag{2.32}$$

轴 2 的力矩方程为

$$M_2 = J_2 \frac{\mathrm{d}^2\theta_2}{\mathrm{d}t^2} + f_2 \frac{\mathrm{d}\theta_2}{\mathrm{d}t} \tag{2.33}$$

对式（2.32）和式（2.33）做拉普拉斯变换，并设条件为零初始条件，则有

$$\begin{aligned} &M(s) = J_1 s^2 \theta_1(s) + f_1 s \theta_1(s) + M_1(s) \\ &M_2(s) = J_2 s^2 \theta_2(s) + f_2 s \theta_2(s) \\ &\frac{\theta_1}{\theta_2} = \frac{Z_2}{Z_1} = i \end{aligned} \tag{2.34}$$

根据齿轮 1 和齿轮 2 传送的功率相同，有

$$M_1\theta_1 = M_2\theta_2 \tag{2.35}$$

$$M_2 = M_1 \frac{\theta_1}{\theta_2} = M_1 \frac{Z_2}{Z_1} \tag{2.36}$$

将式（2.35）和式（2.36）代入方程组（2.34），消去中间变量 $M_1(s)$、$M_2(s)$，有

$$M \frac{Z_1}{Z_2} = \left(J_1 s^2 + J_2 \left(\frac{Z_1}{Z_2} \right)^2 s^2 + f_1 s + f_2 \left(\frac{Z_1}{Z_2} \right)^2 s \right) \theta_2(s)$$

对等号两侧做拉普拉斯变换，可得传递函数为

$$G(s) = \frac{\theta_2(s)}{M(s)} = \frac{1/i}{s\left(\left(J_1 + \dfrac{J_2}{i^2}\right)s + \left(f_1 + \dfrac{f_2}{i^2}\right)\right)} = \frac{1/i}{s(Js + f)}$$

式中，$J = J_1 + \dfrac{J_2}{i^2}$，为折算到电动机轴上的转动惯量；$f = f_1 + \dfrac{f_2}{i^2}$，为折算到电动机轴上的黏性摩擦系数。

2. 电气系统

【例 2.8】 运算放大器电路如图 2.11 所示，该系统的输入量为电压 e_i，系统输出量为电压 e_o，试求该系统的传递函数及输出电压 e_o。

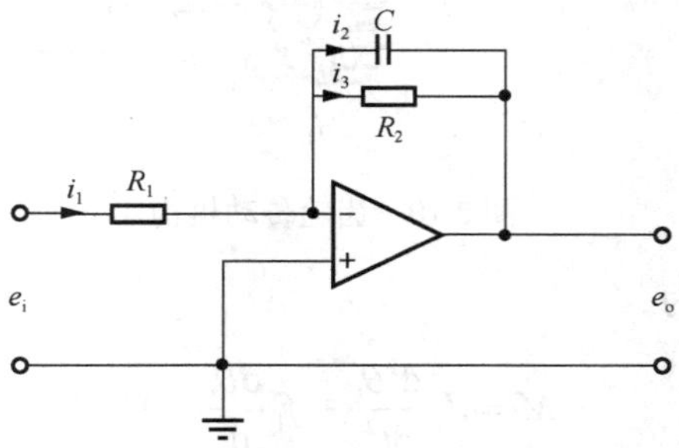

图 2.11 运算放大器电路

解： 运算放大器具有虚短、虚断的特点，其反相端电压约等于 0，故

$$i_1 = \frac{e_i}{R_1}, \quad i_2 = -C\frac{de_o}{dt}, \quad i_3 = -\frac{e_o}{R_2} \tag{2.37}$$

同时，流入反相端的电流约等于 0，有

$$i_1 = i_2 + i_3 \tag{2.38}$$

联立式（2.37）和式（2.38）可得

$$\frac{e_i}{R_1} = -C\frac{de_o}{dt} - \frac{e_o}{R_2}$$

对该方程进行拉普拉斯变化可得该系统传递函数为

$$\frac{E_o(s)}{E_i(s)} = -\frac{R_2}{R_1}\frac{1}{R_2Cs+1}$$

在后面的章节中可以知道，该系统是一个典型的惯性系统。

【例 2.9】 电枢控制直流电动机如图 2.12 所示，电枢电压 $u(t)$ 为输入量，电动机转速 $\omega(t)$ 为输出量。图中 R 为电枢电路的电阻值，励磁磁通设为常值。试求该系统的传递函数。

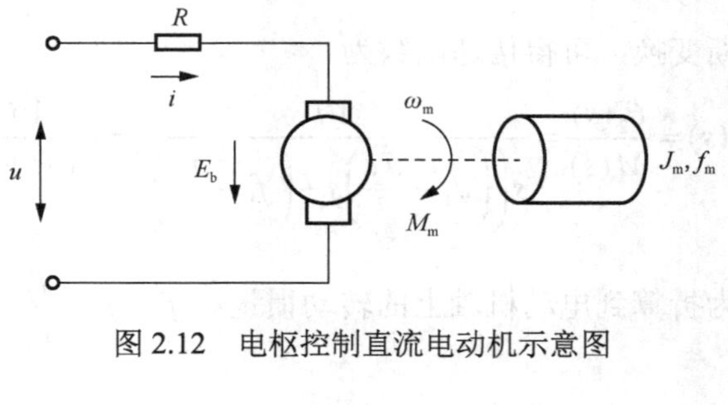

图 2.12 电枢控制直流电动机示意图

解：电枢控制直流电动机的工作原理为：将输入的电能转化为机械能，由输入的电枢电压在电枢回路中产生电流$i(t)$，再由该电流与励磁磁通相互作用产生电磁转矩$M_{\mathrm{m}}(t)$，从而拖动负载。将该电动机工作过程分为下面三个部分进行分析。

（1）电枢回路方程为

$$u(t)=i(t)R+E_{\mathrm{b}}(t) \tag{2.39}$$

由基尔霍夫定律可列出下面的电枢回路方程，$E_{\mathrm{b}}(t)$表示电机的反电动势，由楞次定律可以计算出该反电动势的大小，其与电动机的转速成正比，c_{e}表示反电势系数：

$$E_{\mathrm{b}}(t)=c_{\mathrm{e}}\omega(t) \tag{2.40}$$

（2）电磁力矩方程为

$$M_{\mathrm{m}}(t)=c_{\mathrm{m}}i(t) \tag{2.41}$$

式中，$M_{\mathrm{m}}(t)$为由绕组在通电的作用下磁场中产生的电磁力矩，其大小仅与绕组中的电流有关，且成正比，表示电动机转矩系数。

（3）电动机轴上的力矩平衡。

当转轴带动负载时，还需要满足牛顿定律

$$J\dot{\omega}(t)=M_{\mathrm{m}}(t)-f\omega(t) \tag{2.42}$$

$$\omega(t)=\dot{\theta}(t) \tag{2.43}$$

式中，J为电动机和负载折合到电动机轴上的转动惯量；f为电动机和负载折合到电动机轴上的黏性摩擦系数。联立式（2.39）～式（2.43），消去中间变量$i(t)$、$M_{\mathrm{m}}(t)$、$E_{\mathrm{b}}(t)$可得

$$T_{\mathrm{m}}\dot{\omega}(t)+\omega(t)=K_{\mathrm{m}}u(t) \text{ 或 } T\ddot{\theta}(t)+\dot{\theta}(t)=K_{m}u(t)$$

式中，$T_{\mathrm{m}}=\dfrac{JR}{Rf+c_{\mathrm{e}}c_{\mathrm{m}}}$，表示电机时间常数；$K_{\mathrm{m}}=\dfrac{c_{\mathrm{m}}}{Rf+c_{\mathrm{e}}c_{\mathrm{m}}}$，表示电机传递系数。对应的传递函数分别为

$$\frac{\omega(s)}{u(s)}=\frac{K_{\mathrm{m}}}{T_{\mathrm{m}}s+1},\quad \frac{\theta(s)}{u(s)}=\frac{K_{\mathrm{m}}}{s(T_{\mathrm{m}}s+1)}$$

3. 液位系统

本节主要介绍水箱的液位控制系统，包括单容水箱和双容水箱的建模过程。

【例 2.10】 单容水箱液位控制系统如图 2.13 所示，其输入液体流量和输出液体流量分别为q_1、q_2，液位为h，容器底面积为A，液阻大小为R，试求该系统以流量q_1为输入，液位h为输出的数学模型。

解：根据动态物料平衡关系，单位时间内水箱的液体流入量和单位时间内的液体流出量之差等于水箱内液体储存量的变化率，有

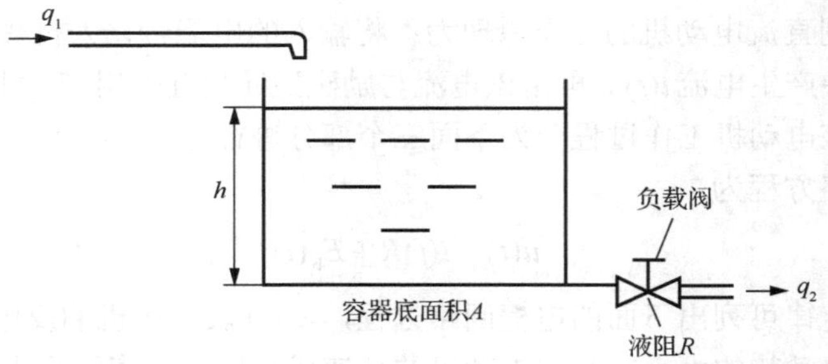

图 2.13　单容水箱液位控制系统

$$A\frac{\mathrm{d}h}{\mathrm{d}t}=q_1-q_2 \tag{2.44}$$

假定液体流出量与液位成正比，而与液阻成反比，有

$$q_2=\frac{h}{R} \tag{2.45}$$

联立式（2.44）和式（2.45），消去q_2可得

$$RA\frac{\mathrm{d}h}{\mathrm{d}t}+h=Rq_1$$

为单容水箱液位过程的微分方程增量表达式，对该表达式做拉普拉斯变换并写成传递函数形式为

$$G(s)=\frac{H(s)}{Q_1(s)}=\frac{R}{RAs+1}$$

【例 2.11】 双容水箱液位控制系统如图 2.14 所示，两水箱串联工作，系统流入量为流量q_1，流出量为q_2、q_3，h_1、h_2分别表示两个水箱的水位，为其容量系数，C_1、C_2是底面积，假设R_1、R_2、R_3、R_{12}均为线性液阻，求系统输入q_1、输出量h_2下系统的传递函数。

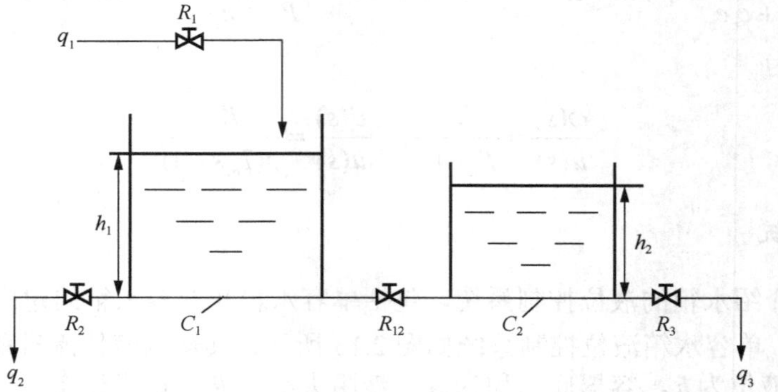

图 2.14　双容水箱液位控制系统

解：先分析左侧的水箱，根据物料平衡关系，过程的微分方程的增量形式为

$$q_1 - q_2 - q_{12} = C_1 \frac{\mathrm{d}h_1}{\mathrm{d}t} \tag{2.46}$$

式中，q_{12} 为液阻两侧的流量。同理，右侧水箱有

$$q_{12} - q_3 = C_2 \frac{\mathrm{d}h_2}{\mathrm{d}t} \tag{2.47}$$

对于三个液阻，分别列出对应的微分方程为

$$\begin{aligned} q_2 &= \frac{h_1}{R_2} \\ q_{12} &= \frac{h_1 - h_2}{R_{12}} \\ q_3 &= \frac{h_2}{R_3} \end{aligned} \tag{2.48}$$

联立式（2.46）～式（2.48），消去中间变量 q_2、q_3、q_{12} 可得

$$q_1 - \frac{h_1}{R_2} - \frac{h_1}{R_{12}} + \frac{h_2}{R_{12}} = C_1 \frac{\mathrm{d}h_1}{\mathrm{d}t}$$

$$\frac{h_1}{R_{12}} - \frac{h_2}{R_{12}} - \frac{h_2}{R_3} = C_2 \frac{\mathrm{d}h_2}{\mathrm{d}t}$$

继续消去 h_1，有

$$C_1 C_2 R_{12} \frac{\mathrm{d}^2 h_2}{\mathrm{d}t^2} + \left(C_1 + \frac{C_1 R_{12}}{R_3} + C_2 + \frac{C_2 R_{12}}{R_2} \right) \frac{\mathrm{d}h_2}{\mathrm{d}t} + \frac{R_2 + R_3 + R_{12}}{R_2 R_3} h_2 = q_1$$

对上式做拉普拉斯变换可得

$$G(s) = \frac{H_2(s)}{Q_1(s)} = \frac{1}{C_1 C_2 R_{12} s^2 + \left(C_1 + \frac{C_1 R_{12}}{R_3} + C_2 + \frac{C_2 R_{12}}{R_2} \right) s + \frac{R_2 + R_3 + R_{12}}{R_2 R_3}}$$

至此，通过一些常见例子介绍了机理建模法，即通过寻找系统机理公式之间的关系，建立系统数学模型。下面介绍系统辨识法。

2.5.2 系统辨识

当系统的机理未知或很难清楚找到规律时，机理建模法失效，采用系统辨识法建立系统的数学模型。系统辨识是通过分析实验数据确定系统模型的过程，常用在控制工程、信号处理、机器学习等领域。系统辨识法建立的数学模型是系统输入输出特性在某种准则意义下的近似，近似的程度取决于系统先验知识以及选用的辨识方法。常见的系统辨识法有最小二乘法、梯度校正法和极大似然法等。最小二乘法是 1795 年高斯在著名的形体运动轨道预报研究中提出的，是估计理论的奠基石。最小二乘法是先根据先验知识确定系统数学

模型的多项式，再采用输入输出的拟合确定多项式系统的参数，建立系统的数学模型。

假定系统可用一个 n 阶多项式近似，系统的输入输出关系为

$$y(x)=a_0+a_1x+\cdots+a_nx^n$$

式中，系数 $a_0,a_1,\cdots,a_n$ 未知，定义

$$\varphi(x)=[1\quad x\quad \cdots\quad x^n]^{\mathrm{T}}$$

$$\theta=[a_0\quad a_1\quad \cdots\quad a_n]^{\mathrm{T}}$$

通过输入输出数据估计未知参数 θ 的过程中，由于先验知识不准确和测量误差等因素，使得辨识得到系数 $\hat{\theta}$ 与真值 θ 存在一定的偏差，对应的估计输出与真实输出之间也会存在一定偏差，也就是说预测的方程无确定解，得到的只是近似解，那么求解过程就需要满足一定的准则，使得模型在这种准则下的各个观测点达到最佳拟合，最小二乘法的准则是误差的平方和最小。

定义偏差为

$$\varepsilon(x)=y(x)-\varphi^{\mathrm{T}}(x)\hat{\theta} \tag{2.49}$$

误差的平方和表示为

$$V(\hat{\theta})=\frac{1}{2}\sum_{i=1}^{N}\varepsilon^2(x)=\frac{1}{2}\varepsilon^{\mathrm{T}}\varepsilon=\frac{1}{2}\|\varepsilon\|^2 \tag{2.50}$$

使上式达到最小值的 $\hat{\theta}$ 称为 θ 最小二乘估计。下面以常用的线性回归为例，推导求具体参数的方法，假设一个待线性回归的系统多项式为

$$y_\theta(x_1,x_2,\cdots,x_{n-1})=a_0+a_1x_1+\cdots+a_{n-1}x_{n-1}$$

现有 m 个样本，每个样本有 $n-1$ 维特征，将所有的特征点代入可得

$$\begin{aligned} y_1&=a_0+a_1x_{1,1}+\cdots+a_{n-1}x_{1,n-1}\\ y_2&=a_0+a_1x_{2,1}+\cdots+a_{n-1}x_{2,n-1}\\ &\vdots\\ y_m&=a_0+a_1x_{m,1}+\cdots+a_{n-1}x_{m,n-1} \end{aligned} \tag{2.51}$$

定义

$$\varphi_i=[1\quad x_{i,1}\quad \cdots\quad x_{i,n-1}]^{\mathrm{T}}$$

$$\theta=[a_0\quad a_1\quad \cdots\quad a_{n-1}]^{\mathrm{T}}$$

式（2.51）写成矩阵形式为

$$Y=\Phi\theta$$

式中，$Y^{\mathrm{T}}=[y_1\ y_2\ \cdots\ y_m]$；$\Phi^{\mathrm{T}}=[\varphi_1\ \varphi_2\ \cdots\ \varphi_m]$，$\Phi$ 是一个 $m\times n$ 矩阵。此时偏差矩阵为

$$\varepsilon=Y-\Phi\hat{\theta}$$

最小二乘法的准则定义的损失函数为

$$V(\hat{\theta})=\frac{1}{2}\left(Y-\Phi\hat{\theta}\right)^{\mathrm{T}}\left(Y-\Phi\hat{\theta}\right)=\frac{1}{2}\left(\hat{\theta}^{\mathrm{T}}\Phi^{\mathrm{T}}\Phi\hat{\theta}-\hat{\theta}^{\mathrm{T}}\Phi^{\mathrm{T}}Y-Y^{\mathrm{T}}\Phi\hat{\theta}+Y^{\mathrm{T}}Y\right)$$

依据 $\boldsymbol{\Phi}^{\mathrm{T}}\boldsymbol{\Phi}$ 的正定性进行求解。

（1）若 $\boldsymbol{\Phi}^{\mathrm{T}}\boldsymbol{\Phi}$ 为正定矩阵，得

$$\begin{aligned}V(\hat{\theta})=&\frac{1}{2}\left(\hat{\theta}-(\Phi^{\mathrm{T}}\Phi)^{-1}\Phi^{\mathrm{T}}Y\right)^{\mathrm{T}}(\Phi^{\mathrm{T}}\Phi)\left(\hat{\theta}-(\Phi^{\mathrm{T}}\Phi)^{-1}\Phi^{\mathrm{T}}Y\right)\\&+\frac{1}{2}\left(Y^{\mathrm{T}}Y-Y^{\mathrm{T}}\Phi(\Phi^{\mathrm{T}}\Phi)^{-1}\Phi^{\mathrm{T}}Y\right)\end{aligned}$$

$V(\hat{\theta})$ 中第二项与 θ 无关，不影响最优值。由 $\boldsymbol{\Phi}^{\mathrm{T}}\boldsymbol{\Phi}$ 是正定矩阵，$V(\hat{\theta})$ 中第一项始终不小于零，最小化 $V(\hat{\theta})$ 只需第一项为零即可，此时可得

$$\hat{\theta}=(\Phi^{\mathrm{T}}\Phi)^{-1}\Phi^{\mathrm{T}}Y \tag{2.52}$$

对应 $V(\hat{\theta})$ 的最小值为

$$\min_{\theta}V(\hat{\theta})=V(\hat{\theta})=\frac{1}{2}\left(Y^{\mathrm{T}}Y-Y^{\mathrm{T}}\Phi(\Phi^{\mathrm{T}}\Phi)^{-1}\Phi^{\mathrm{T}}Y\right) \tag{2.53}$$

（2）若 $\boldsymbol{\Phi}^{\mathrm{T}}\boldsymbol{\Phi}$ 不是正定矩阵时，无法通过矩阵运算求解，需采用梯度下降法或高斯-牛顿法，具体内容不详细展开，感兴趣的读者可阅读相关资料。

下面以图 2.1 中的 *RLC* 无源网络为例，显示通过最小二乘法辨识系统传递函数过程。

【例 2.12】 典型 *RLC* 无源网络（例 2.1）的传递函数为

$$G(s)=\frac{\omega_{\mathrm{n}}^2}{s^2+2\omega_{\mathrm{n}}\xi s+\omega_{\mathrm{n}}^2} \text{ 或 } G(s)=\frac{1}{T^2s^2+2T\xi s+1}$$

式中，所有参数均为未知量。试采用最小二乘法辨识未知参数。

解： 根据阶跃响应实验得到不同时刻下输出的幅值数据，如表 2.3 所示。

表 2.3 二阶系统输出幅值

时间/s	幅值	时间/s	幅值
1	0.14	11	0.991
3	0.59	13	0.996
5	0.83	15	0.9986
7	0.93	17	0.9994
9	0.97	19	0.9998

MATLAB 程序如下：

```
t=[1 3 5 7 9 11 13 15 17 19];
y=[0.14,0.59,0.83,0.93,0.97,0.991,0.996,0.9986,0.9994,0.9998];
```

```
y2=log(1-y);
plot(t,y2,'*');
grid on
pm=polyfit(t,y2,1);                          %多项式拟合
value=polyval(pm,t);                         %曲线拟合
hold on
plot(t,value,'r')
w2=-pm(1);                                   %求解极点 1
w1=w2/(1-exp(-pm(2)));                       %求解极点 2
z=[];
p=[-w1,-w2];
k=w1*w2;
sys=zpk(z,p,k);                              %构建零极点增益模型
figure(2)
step(sys,0:0.5:20);
axis([0 20 0 1.2])
ylabel("幅值")
hold on
plot(t,y,'r*')
```

辨识得到的结果为

$$G(s)=\frac{0.544}{(s+1.16)(s+0.469)}=\frac{0.544}{s^2+1.629s+0.544}$$

输出曲线如图 2.15 所示。

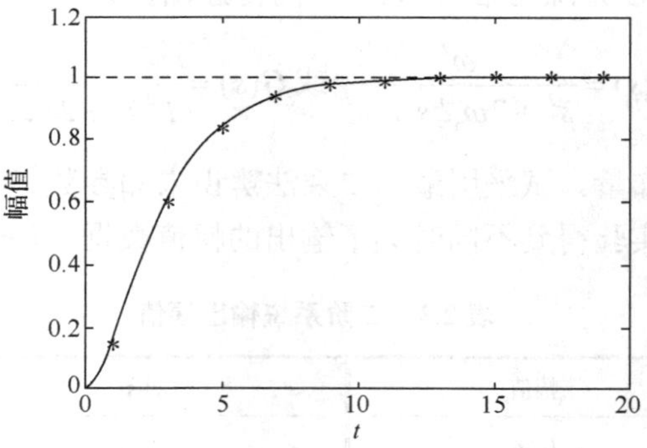

图 2.15 拟合结果曲线图

2.6 方 框 图

控制系统是由各种大小或者结构不同的元件组成的。在机理建模法中，复杂的系统可以分成不同的模块，每个模块满足一定的规律或者原理，然后将各个定律公式整合消去中间变量，得到了输入输出之间的关系表达式。既然每个模块都有数学模型，为了直观地表明系统各个变量的联系或者各个元件在系统中的功能，常用方框图表示系统。

2.6.1 方框图的组成

系统的方框图是系统中每个元件的功能和信号流向的图解表示，表明系统中各种元件之间的相互关系。不同于抽象的微分方程和传递函数等数学模型，方框图特点是能直观地表明系统中的信号流动和各模块之间的关系。方框图由方框、信号线、相加点、分支点组成，结构如图 2.16 所示。

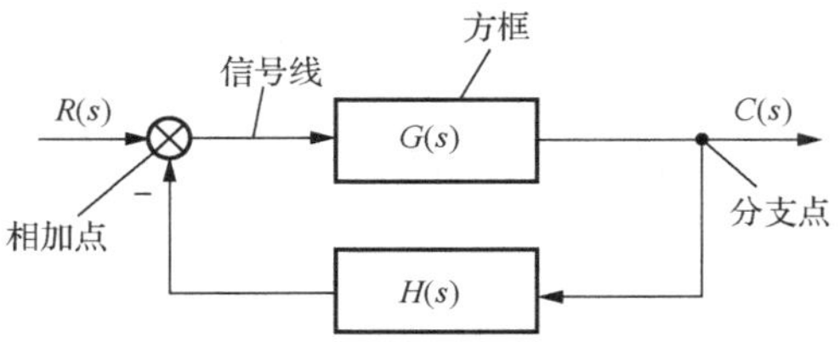

图 2.16 控制系统方框图

（1）方框：框内写入该元件或模块的传递函数，输出量等于方框的输入量与该传递函数的乘积。

（2）信号线：带有箭头的直线，箭头表示信号的流向。

（3）相加点：表示对多个信号进行加减运算。“+”表示信号相加，“−”表示信号相减，有时“+”可省略不写。

（4）分支点：表示从此处将信号引出或测量，从同一位置引出的信号完全相同。该操作不会对源信号产生变化。

在绘制系统方框图时，应根据系统的结构和工作原理，先绘制各模块或元件的传递函数，用方框表示，再根据各部件的信号流向，用信号线、相加点和分支点将方框连接在一起。方框图可以直观地显示出系统中各个部分之间的关系，也是控制系统的一种数学模型。虽然方框图包含系统动态特性有关信息，但不包括系统物理结构的内容。因此，两个完全不同的系统对应的方框图也可能相同。

2.6.2 方框图的等效变换

既然方框图也是控制系统的一种数学模型，那么可以利用系统的方框图得到系统的传递函数，进而分析系统的性能。复杂的方框图难以直接得到系统的传递函数，需要进行等效变换，以简化系统方框图，直至得到系统的传递函数。等效的原则是变换前后总的数学关系不变，即变换前后的输入输出关系不变。在系统方框图中，方框之间的基本连接方式有三种：串联、并联和反馈。

1. 串联结构

串联结构的特点是前一个环节的输出信号是后一个环节的输入信号。两个框图的串联结构如图 2.17 所示。整体的传递函数为

$$\frac{C(s)}{R(s)}=\frac{U(s)G_2(s)}{R(s)}=G_1(s)G_2(s)$$

由此可知，n个环节串联的等效传递函数为各个环节传递函数乘积，即

$$G(s)=G_1(s)G_2(s)\cdots G_n(s)=\prod_{i=1}^{n}G_i(s) \tag{2.54}$$

2. 并联结构

并联结构的特点是各环节的输入信号相同，整体输出信号是各环节输出信号的代数和。两环节的并联结构如图 2.18 所示。整体的传递函数为

$$G(s)=\frac{C(s)}{R(s)}=\frac{U_1(s)+U_2(s)}{R(s)}=G_1(s)+G_2(s)$$

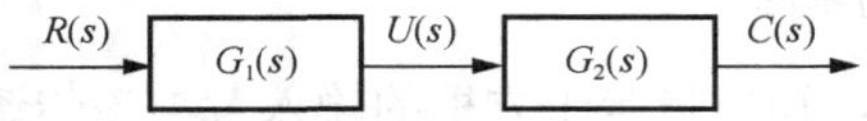

图 2.17 串联结构方框图

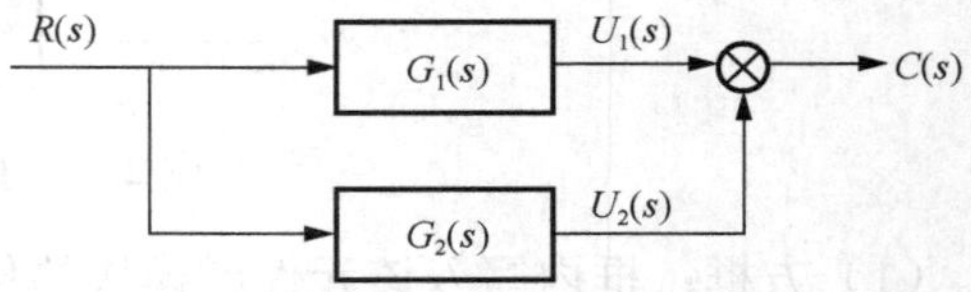

图 2.18 并联结构方框图

由此可知，n个环节并联的等效传递函数为各个环节传递函数之和，即

$$G(s)=G_1(s)+G_2(s)+\cdots+G_n(s)=\sum_{i=1}^{n}G_i(s) \tag{2.55}$$

3. 反馈结构

反馈结构的特点是信号传输形成闭环，包含两个通道，分别为由输入到输出的正向通道和由输出反馈回输入的反馈通道。正向通道中所有环节传递函数的乘积称为前向通路传递函数，反馈通道中所有环节传递函数的乘积称为反馈传递函数。若反馈的相加点处为负号，称为负反馈，否则为正反馈。反馈结构的方框图如图 2.19 表示。下面化简反馈结构的传递函数。

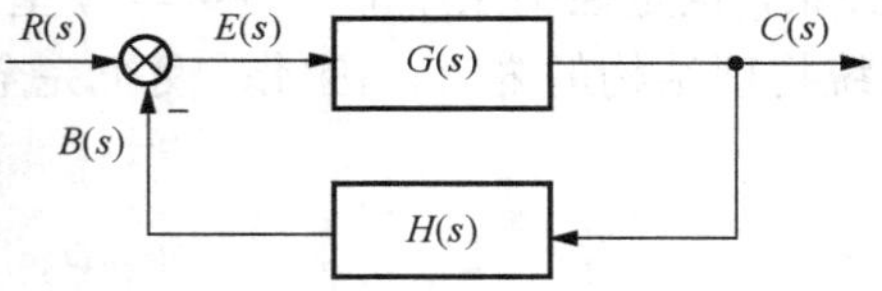

图 2.19 反馈结构方框图

由信号流向的输入输出关系得到

$$C(s)=G(s)E(s)$$
$$B(s)=C(s)H(s)$$
$$E(s)=R(s)-B(s)$$

消去中间变量$E(s)$、$B(s)$得

$$G_B(s)=\frac{C(s)}{R(s)}=\frac{G(s)}{1+G(s)H(s)} \tag{2.56}$$

称$G_B(s)$为系统的闭环传递函数，即反馈结构的等效传递函数。

在图 2.19 的反馈结构中，前向通路传递函数是$G(s)$，是切断反馈通道得到的输入输出函数，$E(s)$称为误差信号，$B(s)$称为反馈信号。反馈信号与误差信号之比称为系统的开环传递函数$G_K(s)$，即

$$G_K(s)=\frac{B(s)}{E(s)}=G(s)H(s)$$

并非开环控制系统的传递函数。开环传递函数是经典控制理论分析的核心内容，数值上等于系统前向通路传递函数与反馈通道传递函数的乘积。

由于线性系统满足叠加原理，不同输入信号，如$G(s)$中扰动输入，对应闭环结构的系统传递函数都具有相同的分母多项式，为$1+G(s)H(s)$，称为闭环控制系统特征多项式，记为$D(s)$。$D(s)=0$称为系统的特征方程。特征方程的解为系统的特征根，也称为系统的极点。若$H(s)=1$，即单位负反馈系统。

直接建立的系统方框图比较复杂，并不是简单的上述三种基本连接方式，还需要移动分支点或者相加点，转化为常见的连接方式。由于等效的原则是变换前后总的数学关系不变，即变换前后的输入输出关系不变，那么要保证移动分支点或者相加点前后，该部分信号的输入输出关系不变。

【例 2.13】 化简如图 2.20 所示的方框图，给出传递函数。

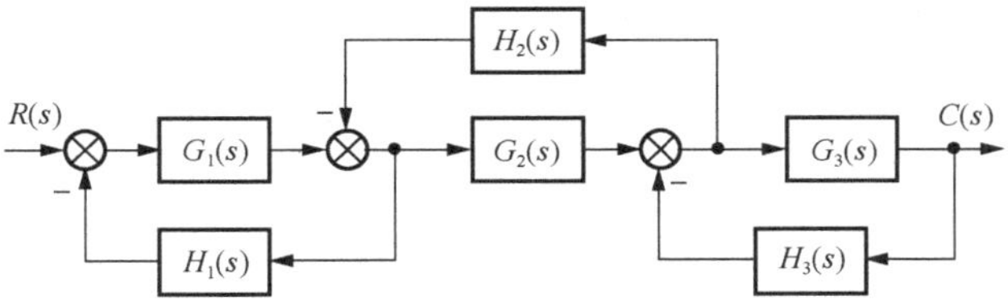

图 2.20 例 2.13 系统方框图

解：观察方框图发现，$H_2(s)$的输入和输出导致方框图不是典型的连接方式。首先，将$H_2(s)$输出信号的相加点前移到$R(s)$处，使得$G_1(s)$、$H_1(s)$和$G_2(s)$构成典型的连接方式。根据等效原则，保证方框$G_2(s)$和$G_1(s)$的输入信号不变，得到如图 2.21（a）所示化简图。其中，

$$H_4(s)=\frac{H_2(s)}{G_1(s)},\quad G_4(s)=\frac{G_1(s)G_2(s)}{1+G_1(s)H_1(s)}$$

化简后的方框图如图 2.21（b）所示。其次，将$H_4(s)$输入信号的分支点后移到$C(s)$处，使得$G_3(s)$、$H_3(s)$和$G_4(s)$构成典型的连接方式。根据等效原则，保证方框$G_4(s)$的输入信号不变，得到如图 2.21（c）所示化简图。其中，

$$H_5(s)=\frac{H_4(s)}{G_3(s)},\quad G_5(s)=\frac{G_3(s)G_4(s)}{1+G_3(s)H_3(s)}$$

化简后的方框图如图 2.21（d）所示。最后，由典型连接方式得整体传递函数为

$$G(s)=\frac{G_1(s)G_2(s)G_3(s)}{1+G_1(s)H_1(s)+G_2(s)H_2(s)+G_3(s)H_3(s)+G_1(s)H_1(s)G_3(s)H_3(s)}$$

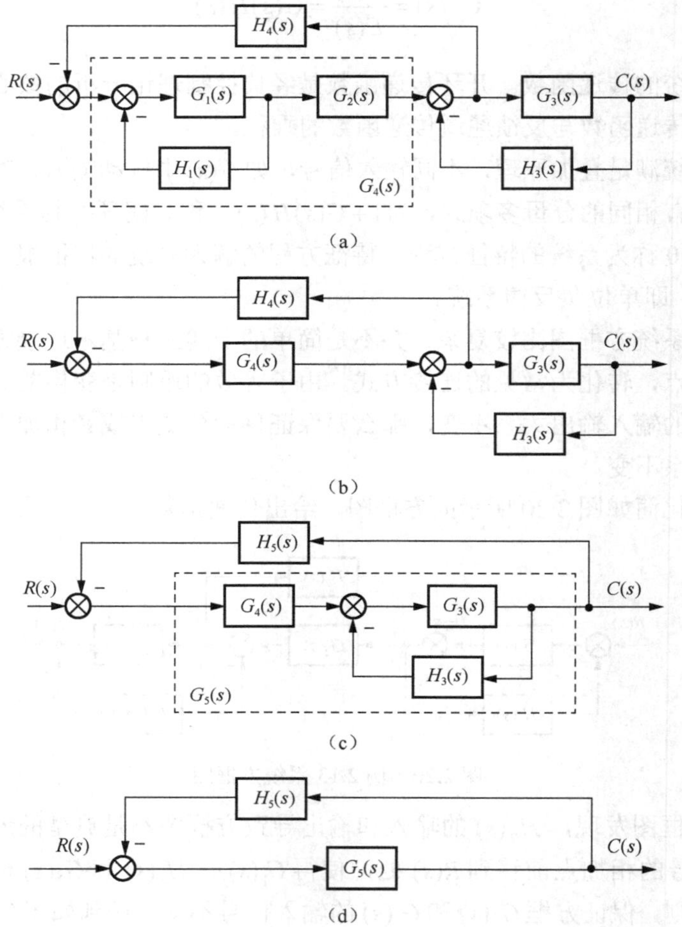

图 2.21　例 2.13 系统方框图简化过程

【例 2.14】 化简如图 2.22 所示的方框图，给出传递函数。

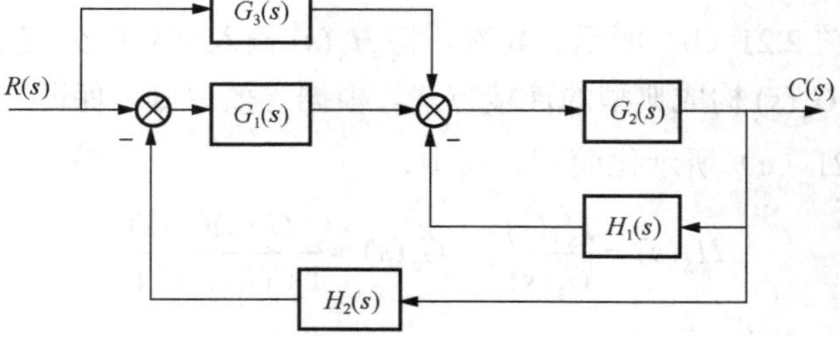

图 2.22　例 2.14 系统方框图

解：首先，将右边的相加点进行拆解得到如图 2.23（a）所示结构，其中，$G_4(s)=\dfrac{G_2(s)}{1+G_2(s)H_1(s)}$。然后，将 $H_2(s)$ 输出信号的相加点向右移动至 $G_3(s)$ 输出信号相加点的右侧得到如图 2.23（b）所示结构，其中，$H_3(s)=G_1(s)H_2(s)$。最后可得整体传递函数为

$$\left(G_1(s)+G_3(s)\right)\cdot\frac{G_4(s)}{1+G_4(s)H_3(s)}=\frac{G_1(s)G_2(s)+G_3(s)G_2(s)}{1+G_2(s)H_1(s)+G_1(s)G_2(s)H_2(s)}$$

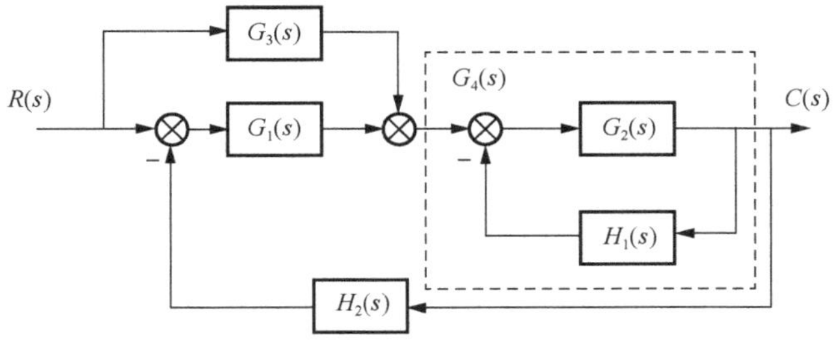

（a）

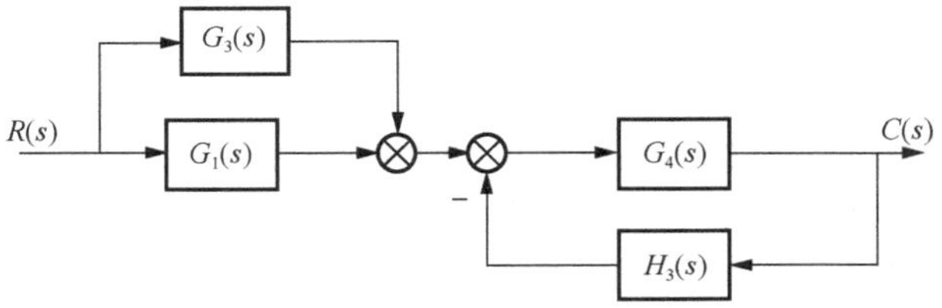

（b）

图 2.23 例 2.14 系统方框图简化过程

另外，还可以使用 MATLAB 对方框图进行化简，以下面一个方框图为例。

【例 2.15】 采用 MATLAB 程序化简如图 2.24 所示的方框图，给出传递函数。

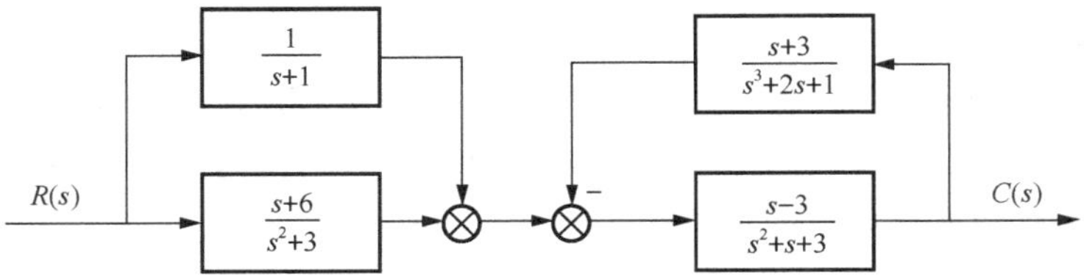

图 2.24 程序简化方框图

解：MATLAB 程序如下：

```
sys1 = tf([1], [1, 1])
sys2 = tf([1, 6], [1, 0, 3])
sys3 = tf([1, 3], [1, 0, 2, 1])
sys4 = tf([1, -3], [1, 1, 3])              %构建子模块的传递函数 sys1～sys4
sys5 = parallel(sys1, sys2)                %构建并联形式的传递函数
sys6 = feedback(sys4, sys3)                %构建反馈形式的传递函数
sys7 = series(sys5, sys6)                  %构建串联形式的传递函数
```

运行程序输出解为

```
sys7 =

      2 s^6 + s^5 - 8 s^4 - 23 s^3 - 23 s^2 - 66 s - 27
      -------------------------------------------------
  s^8 + 2 s^7 + 9 s^6 + 15 s^5 + 29 s^4 + 28 s^3 + 27 s^2 + 3 s - 18
```

即传递函数为

$$G(s)=\frac{C(s)}{R(s)}=\frac{2s^6+s^5-8s^4-23s^3-23s^2-66s-27}{s^8+2s^7+9s^6+15s^5+29s^4+28s^3+27s^2+3s-18}$$

除了使用方框图外，信号流图也可以描述控制系统的信号传递和各环节、变量之间的关系。二者有共同的特性。与方框图相比，信号流图符号更简单，但只适用于线性系统，而方框图也可用于非线性系统。

2.7 本 章 小 结

本章介绍了系统的微分方程描述及系统的常见输入信号，通过拉普拉斯变换可以将微分方程转换为传递函数，并给出传递函数的相关定义与性质。给出机理建模和系统辨识两种方法建立系统的数学模型。对于比较复杂的系统，还可以使用方框图描述系统的动态特性，也可通过系统框图化简得到系统的传递函数。

习 题

2.1 什么是系统的数学模型？在自动控制系统中常见的数学模型形式都有哪些？

2.2 什么是传递函数定义？传递函数的前提条件是什么？为什么要附加这个条件？传递函数有哪些特点？

2.3 自动控制系统有哪几种典型环节？它们的传递函数是什么样的？

2.4 什么是系统的方框图？它等效变换的原则是什么？系统的方框图有哪几种典型的连接方式？并列写出对应的传递函数。

2.5 写出如图 2.25 所示的无源网络的微分方程和传递函数表达式 $\dfrac{U_o(s)}{U_i(s)}$。

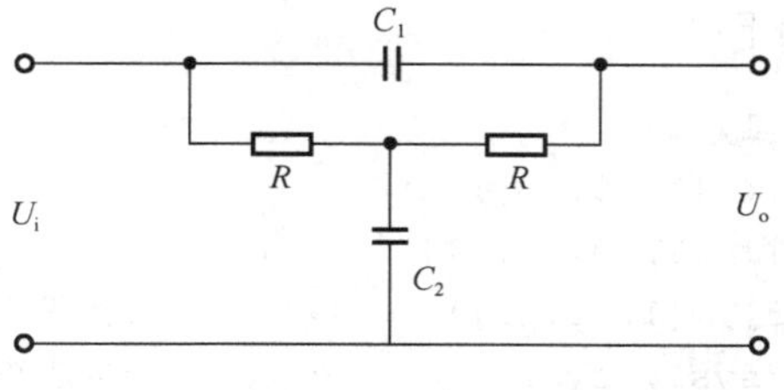

图 2.25 无源网络

2.6 在初始条件为零的情况下，用拉普拉斯变换法求解下列微分方程，并概略绘制 $x(t)$ 曲线。

$$\ddot{x}(t)+\dot{x}(t)+x(t)=\delta(t)$$
$$\ddot{x}(t)+2\dot{x}(t)+x(t)=1(t)$$

2.7 化简如图 2.26 所示的方框图，并求解各自传递函数 $\dfrac{C(s)}{R(s)}$。

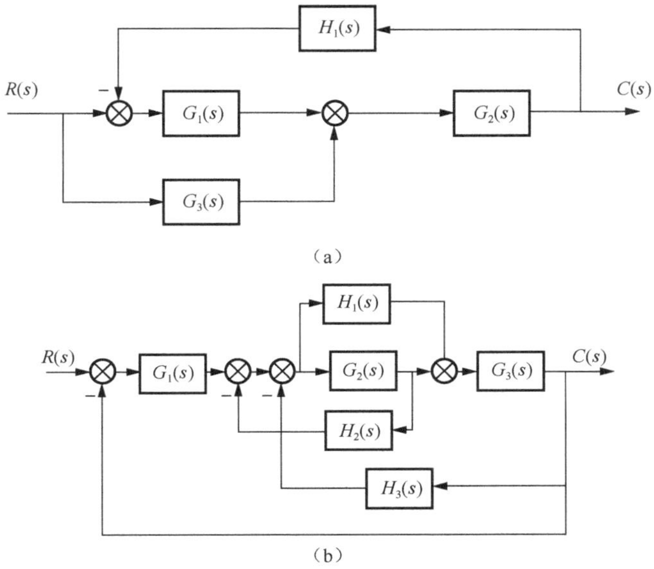

图 2.26 题 2.7 系统方框图

2.8 试求如图 2.27 所示系统的传递函数 $\dfrac{C(s)}{R(s)}$ 和 $\dfrac{C(s)}{D(s)}$。

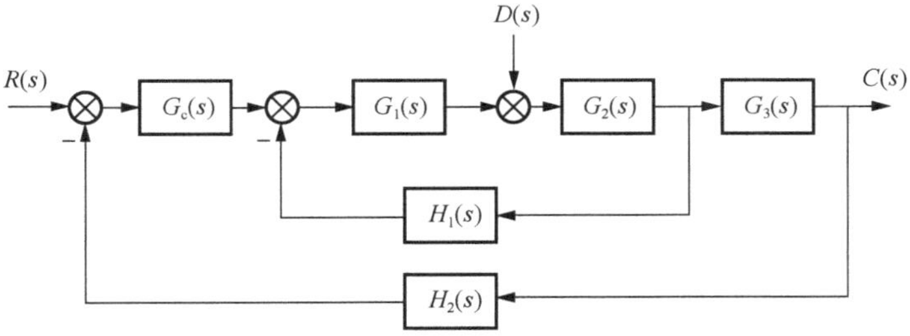

图 2.27 题 2.8 系统方框图

2.9 由运算放大器组成的控制系统模拟电路如图 2.28 所示，试求闭环传递函数 $\dfrac{U_o(s)}{U_i(S)}$。

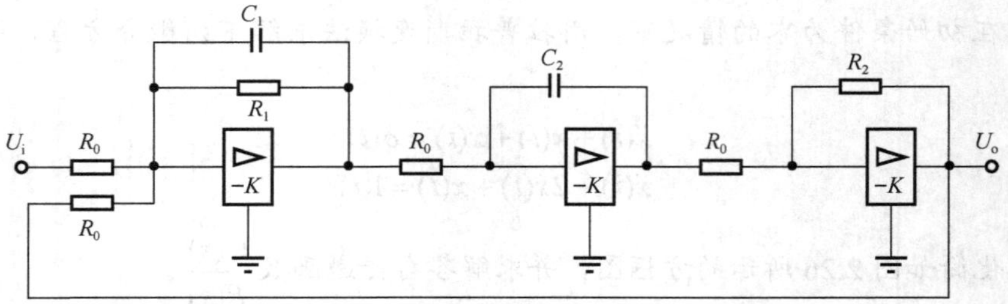

图 2.28　控制系统模拟电路

3 基于传递函数的时域分析与设计

确定系统的数学模型后，如何分析并利用系统的变化规律成为重要问题。时域分析法是在时间域通过求解微分方程或传递函数分析系统在输入信号作用下输出响应的方法。通过这种方法可以研究系统的稳定性、动态性能和稳态性能。施加的任何输入信号可由典型的输入信号组合而成，在典型输入信号作用下所得的系统的输出信号，在一定程度上可以反映系统特性。按照系统的微分方程或者传递函数最高次幂对系统进行分类，将系统划分为不同阶数的系统，对它们分别进行分析，最后得到整体系统的分析结果。时域分析法具有简单直观和物理概念清楚的特点，并且可以提供系统响应在时域的全部信息。

3.1 一 阶 系 统

由一阶微分方程描述的输入输出系统，称为一阶系统。在工程实践中有很多一阶系统的实例，如 RC 无源网络、液位控制系统等。

假设一阶系统的输入为 $r(t)$、输出为 $c(t)$，那么系统的微分方程为

$$T\dot{c}(t)+c(t)=r(t) \tag{3.1}$$

式中，T 为时间常数，是表征惯性的一个主要参数，所以一阶系统也称之为惯性环节。系统对应的传递函数为

$$G(s)=\frac{C(s)}{R(s)}=\frac{1}{Ts+1} \tag{3.2}$$

一阶系统的典型输入信号包括单位阶跃、单位斜坡信号、单位脉冲等。下面分析系统对应的输出响应。

1. 单位阶跃响应

单位阶跃输入信号的拉普拉斯变换为

$$R(s)=\frac{1}{s}$$

故输出响应的拉普拉斯变换为

$$C(s)=G(s)R(s)=\frac{1}{s(Ts+1)}$$

取拉普拉斯反变换得

$$c(t)=\mathcal{L}^{-1}\left[\frac{1}{s}-\frac{1}{s+\frac{1}{T}}\right]=1-e^{-\frac{t}{T}} \tag{3.3}$$

分析输出表达式（3.3）可得，当时间趋向无穷时，第一项与时间无关，是常数1，代表稳态分量，第二项 $-e^{-t/T}$ 逐渐衰减为零，代表暂态分量。因此，一阶系统的单位阶跃响应曲线是一条从零开始，按照指数规律上升并最终趋向于 1 的曲线。这也是一阶系统被称为惯性环节的一个原因。

在 MATLAB 中使用 step 函数得到系统的单位阶跃响应，取时间常数 $T=1\text{s}$，仿真程序如下：

```
sys = tf([1], [1, 1]);
step(sys);
xlabel("t");
ylabel("y");
```

得到的系统响应由线如图 3.1 所示。

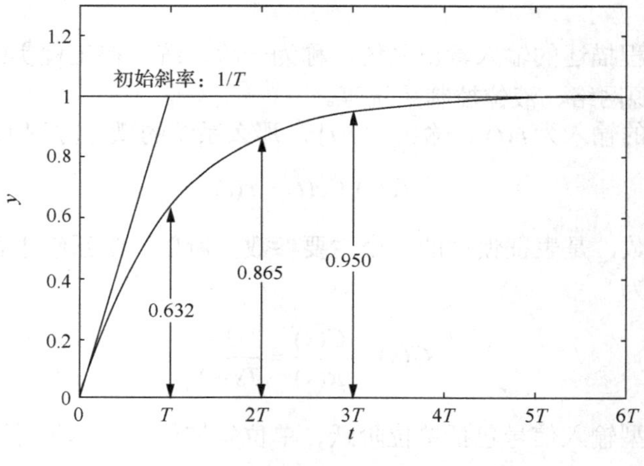

图 3.1　一阶系统单位阶跃响应曲线

从图 3.1 中发现，$c(T)=0.632$，$c(2T)=0.865$，$c(3T)=0.950$，响应曲线的初始斜率为$1/T$，利用这些特点可通过实验估计未知一阶系统的时间常数T。由于一阶系统的单位阶跃响应无超调现象，主要性能指标为调节时间，调节时间一般是指响应到达并保持在终值±2% 或±5% 内所需最短时间，在一阶系统中通常取$4T$（误差带Δ取 2%）或$3T$（误差带Δ取 5%）。显然，系统时间常数T越小，调节时间越短，响应速度越快。

2. 单位斜坡响应

单位斜坡信号的拉普拉斯变换为$1/s^2$，故一阶系统的输出为

$$c(t)=\mathcal{L}^{-1}(C(s))=\mathcal{L}^{-1}\left[\frac{1}{s^2(Ts+1)}\right]=\mathcal{L}^{-1}\left[\frac{1}{s^2}-\frac{T}{s}+\frac{T^2}{Ts+1}\right]=t-T+Te^{-\frac{t}{T}} \tag{3.4}$$

分析输出式（3.4）可得，第一项是斜坡输入信号，第二项是常数T，代表稳态分量，输出的稳态分量$t-T$是比输入信号落后T的斜坡信号，第三项是$Te^{-t/T}$，当时间趋向无穷时，逐渐衰减为零，代表暂态分量。一阶系统的单位斜坡响应在稳态时存在稳态误差，输出和输入之间的误差不会随时间延长而消失，误差值是系统时间常数T。可以得出结论，一阶系统无法跟踪斜坡信号。

在 MATLAB 程序中使用 lsim 函数得到输入信号下的输出响应，取时间常数$T=1\text{s}$，仿真程序如下：

```
sys = tf([1], [1, 1]);
a = 1;
t = 0:0.1:5;
ramp = a * t;
[y, t] = lsim(sys, ramp, t);
plot(t, t, t, y);
xlabel("t");
ylabel("y");
```

得到的系统响应曲线如图 3.2 所示。由图可以看出当系统达到稳态时，输出和输入之间存在稳态误差。

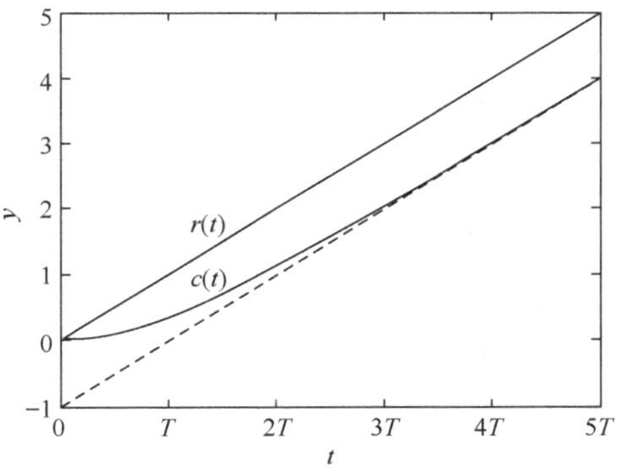

图 3.2　一阶系统单位斜坡响应曲线

3. 单位脉冲响应

由于单位脉冲输入的拉普拉斯变换是 1，那么系统的输出响应的拉普拉斯变换等于系统的传递函数本身。任何系统的单位脉冲响应等于其传递函数的拉普拉斯反变换。对于一阶系统而言，输出响应为

$$c(t)=\mathcal{L}^{-1}[G(s)]=\mathcal{L}^{-1}\left[\frac{1}{Ts+1}\right]=\frac{1}{T}\mathrm{e}^{-\frac{t}{T}} \tag{3.5}$$

分析式（3.5）可得，当时间趋向无穷时，$1/Te^{-t/T}$逐渐衰减为零，只有暂态分量。系统的输出是一条呈指数单调下降的曲线，最终将衰减至零。这说明一阶系统无储能功能。

在 MATLAB 中使用 impulse 函数得到系统传递函数的单位脉冲响应，取时间常数 $T=1\text{s}$，仿真程序如下：

```
sys = tf([1], [1, 1]);
t = 0:0.1:5;
y = impulse(sys, t);
plot(t, y);
xlabel("t");
ylabel("y");
```

得到的系统响应曲线如图 3.3 所示。

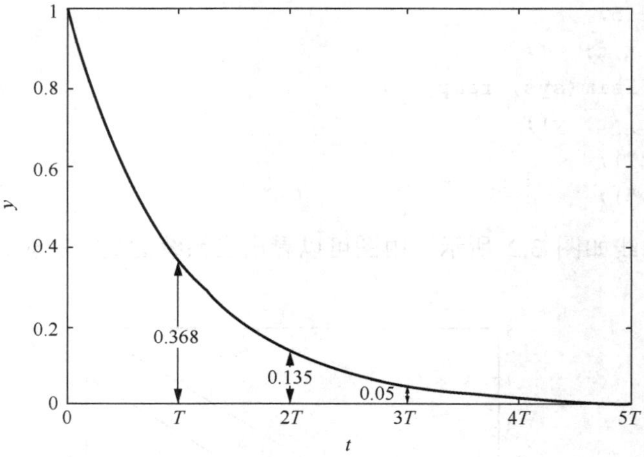

图 3.3　一阶系统单位脉冲响应曲线

一阶系统的单位阶跃、单位斜坡和单位脉冲响应的分析均已完成，对于一阶系统的单位加速度响应并没有分析，因为单位斜坡的响应已经存在稳态误差了，肯定无法跟踪单位加速度输入，感兴趣的读者可以自行分析。

3.2　二 阶 系 统

以二阶微分方程描述的系统称为二阶系统。典型的二阶系统有位置随动系统、双容水箱等。实际控制系统中许多高阶系统在一定条件下用二阶系统的特性表征，进行系统的分析和设计，使得二阶系统具有广泛的实际意义。

3.2.1　二阶系统的数学模型

假设二阶系统的输入为 $r(t)$、输出为 $c(t)$，那么系统的微分方程为

$$\ddot{c}(t)+2\xi\omega_{\mathrm{n}}\dot{c}(t)+\omega_{\mathrm{n}}^{2}c(t)=\omega_{\mathrm{n}}^{2}r(t) \tag{3.6}$$

对应的传递函数为

$$G_{\mathrm{B}}(s)=\frac{\omega_{\mathrm{n}}^{2}}{s^{2}+2\zeta\omega_{\mathrm{n}}s+\omega_{\mathrm{n}}^{2}} \tag{3.7}$$

式中，ζ 为系统的阻尼比；ω_{n} 为无阻尼固有频率。二阶系统典型结构方框图如图 3.4 所示。二阶系统的开环传递函数为

$$G_{\mathrm{K}}(s)=\frac{\omega_{\mathrm{n}}^{2}}{s(s+2\zeta\omega_{\mathrm{n}})} \tag{3.8}$$

由于系统的输出响应特性完全取决于传递函数的参数，二阶系统的特征多项式为

$$D(s)=s^{2}+2\zeta\omega_{\mathrm{n}}s+\omega_{\mathrm{n}}^{2}$$

令 $D(s)=0$ 可得系统特征根，即极点位置

$$p_{1,2}=-\zeta\omega_{\mathrm{n}}\pm\omega_{\mathrm{n}}\sqrt{\zeta^{2}-1} \tag{3.9}$$

开根号会导致结果可能出现虚部，因此，根据式（3.9）中 $\zeta^{2}-1$ 的正负划分情况讨论。而且不同输入的输出响应分析思路类似，在二阶系统和高阶系统中将重点分析单位阶跃响应。

1. $\zeta>1$（过阻尼）

由于 $\zeta^{2}-1>0$，开根号为实数。特征根为 $p_{1}=-\zeta\omega_{\mathrm{n}}+\omega_{\mathrm{n}}\sqrt{\zeta^{2}-1}$，$p_{2}=-\zeta\omega_{\mathrm{n}}-\omega_{\mathrm{n}}\sqrt{\zeta^{2}-1}$。两个特征根均位于复平面的左半复平面（虚轴的左边），为不相等的两个负实根，分布情况如图 3.5 所示。

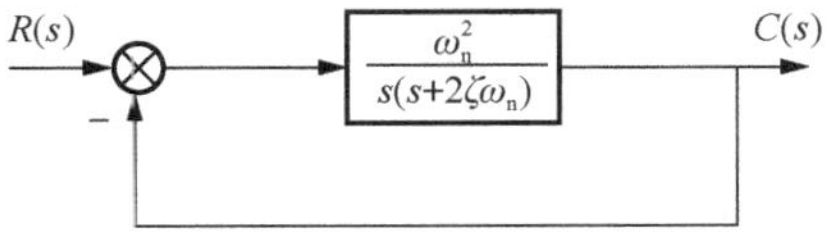

图 3.4　二阶系统典型结构方框图

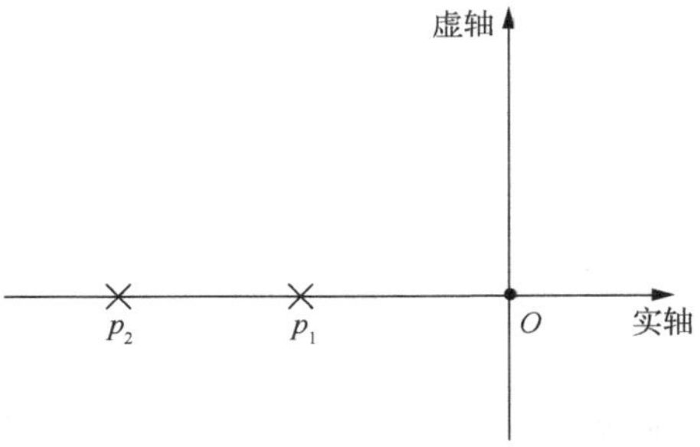

图 3.5　过阻尼二阶系统特征根分布

过阻尼二阶系统单位阶跃响应的拉普拉斯变换为

$$\begin{aligned}C(s)=R(s)G(s)&=\frac{\omega_{\mathrm{n}}^{2}}{s(s^{2}+2\zeta\omega_{\mathrm{n}}s+\omega_{\mathrm{n}}^{2})}\\&=\frac{\omega_{\mathrm{n}}^{2}}{s(s+\zeta\omega_{\mathrm{n}}+\omega_{\mathrm{n}}\sqrt{\zeta^{2}-1})(s+\zeta\omega_{\mathrm{n}}-\omega_{\mathrm{n}}\sqrt{\zeta^{2}-1})}\\&=\frac{1}{s}+\frac{\dfrac{-1}{2\sqrt{\zeta^{2}-1}(\zeta-\sqrt{\zeta^{2}-1})}}{s+\zeta\omega_{\mathrm{n}}-\omega_{\mathrm{n}}\sqrt{\zeta^{2}-1}}+\frac{\dfrac{1}{2\sqrt{\zeta^{2}-1}(\zeta+\sqrt{\zeta^{2}-1})}}{s+\zeta\omega_{\mathrm{n}}+\omega_{\mathrm{n}}\sqrt{\zeta^{2}-1}}\end{aligned}$$

取拉普拉斯反变换可得

$$c(t)=1-\frac{1}{2\sqrt{\zeta^2-1}}\left(\frac{e^{\omega_n t(-\zeta+\sqrt{\zeta^2-1})}}{\zeta-\sqrt{\zeta^2-1}}-\frac{e^{\omega_n t(-\zeta-\sqrt{\zeta^2-1})}}{\zeta+\sqrt{\zeta^2-1}}\right) \tag{3.10}$$

分析式（3.10）可知，该响应由稳态分量 1 和暂态分量 e 的负指数次幂两部分组成。在暂态分量中包含两项衰减的指数项，分别为 $\omega_n t(-\zeta+\sqrt{\zeta^2-1})$ 和 $\omega_n t(-\zeta-\sqrt{\zeta^2-1})$。随着时间推移到无穷远点，这两项都将衰减至零。系统的输出响应是单调递增曲线，最终稳定到阶跃信号。也可以看出，暂态分量的两个衰减项的衰减速度不同，后者衰减速度要比前者快。后一项暂态分量仅在时间 t 较小时对系统有影响，而在 t 较大时，影响很小。整体衰减速度由前者决定。那么由指数项对应特征根（极点）的位置可以得出，极点离虚轴越近，对应的指数项衰减分量占整体衰减速度的比重越大。当一个极点到虚轴的距离比另一个极点到虚轴的距离近很多时，系统整体的性能可由该极点决定，另一个极点对系统的影响可以忽略不计，二阶系统的动态响应近似于一阶系统。

2. $\zeta=1$（临界阻尼）

此时，特征方程的根为 $p_1=p_2=-\omega_n$，均位于左半复平面的两个相同负实根，在复平面的分布情况如图 3.6 所示。

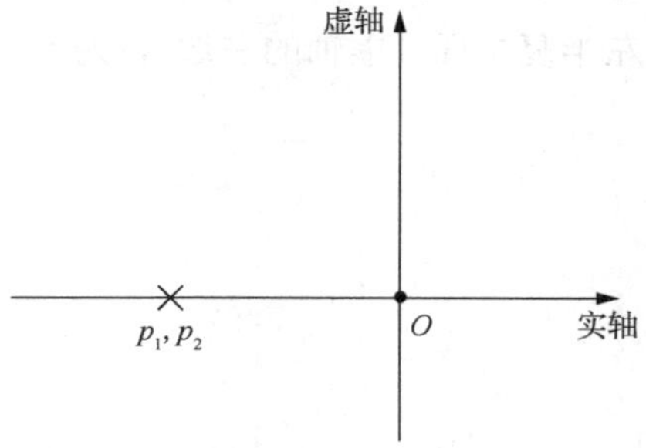

图 3.6　临界阻尼二阶系统特征根分布

临界阻尼二阶系统单位阶跃响应的拉普拉斯变换为

$$C(s)=R(s)G(s)=\frac{\omega_n^2}{s(s^2+2\omega_n s+\omega_n^2)}=\frac{1}{s}-\frac{1}{s+\omega_n}-\frac{\omega_n}{(s+\omega_n)^2}$$

取拉普拉斯反变换得输出响应为

$$c(t)=1-e^{-\omega_n t}(1+\omega_n t) \tag{3.11}$$

分析式（3.11）可知，该响应由稳态分量 1 和暂态分量 e 的负指数次幂组成。随着时间推移到无穷远点，暂态分量将衰减至零，因为指数的衰减速度 $e^{-\omega_n t}$ 快于线性上升的速度 $\omega_n t$。临界阻尼二阶系统的单位阶跃响应为一条无超调单调上升曲线，最终趋向于 1。

3. $\zeta=0$（无阻尼）

$\zeta^2-1=-1$，开根号产生虚部，特征根为纯虚数 $p_1=\mathrm{j}\omega_\mathrm{n}$ 和 $p_2=-\mathrm{j}\omega_\mathrm{n}$，在复平面中表现为位于虚轴的两个共轭虚数，分布情况如图 3.7 所示。

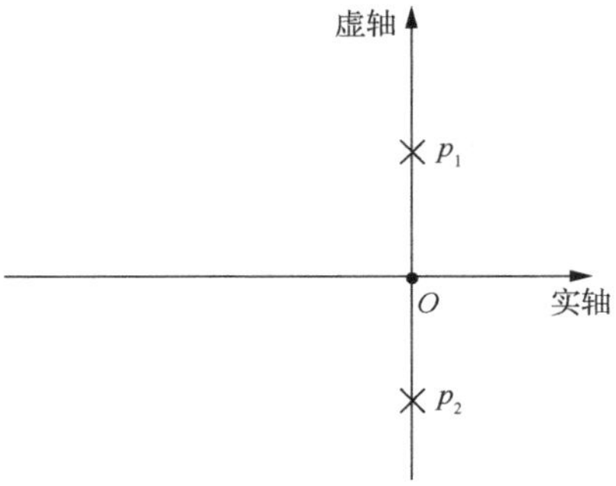

图 3.7 无阻尼二阶系统特征根分布

无阻尼二阶系统单位阶跃响应的拉普拉斯变换为

$$C(s)=R(s)G(s)=\frac{\omega_\mathrm{n}^2}{s(s^2+\omega_\mathrm{n}^2)}=\frac{1}{s}-\frac{s}{s^2+\omega_\mathrm{n}^2}$$

取拉普拉斯反变换可得

$$c(t)=1-\cos(\omega_\mathrm{n}t) \tag{3.12}$$

由式（3.12）可得，该响应由稳态分量 1 和余弦信号组成。这两项的幅值相同，随着时间变化以无阻尼自然频率做等幅振荡。在实际工程中，系统中总是存在黏滞阻尼效应的，阻尼比通常不为零，属于欠阻尼系统。

4. $0<\zeta<1$（欠阻尼）

由于 $\zeta^2-1<0$，开根号产生虚部，特征根为 $p_1=-\zeta\omega_\mathrm{n}+\mathrm{j}\omega_\mathrm{n}\sqrt{1-\zeta^2}$，$p_2=-\zeta\omega_\mathrm{n}-\mathrm{j}\omega_\mathrm{n}\sqrt{1-\zeta^2}$，均位于左半复平面的两个共轭复数，在复平面的分布情况如图 3.8 所示。

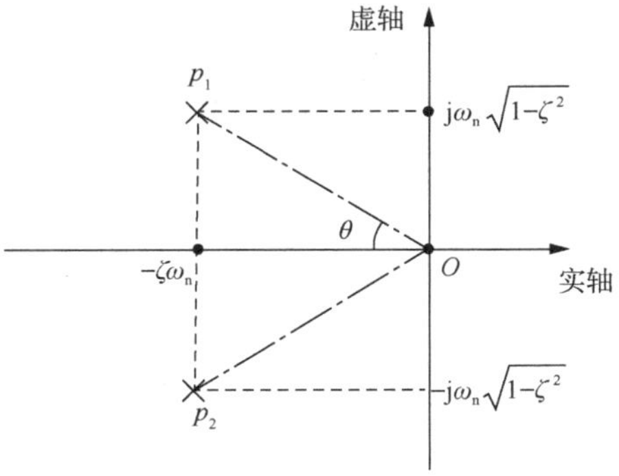

图 3.8 欠阻尼二阶系统特征根分布

欠阻尼二阶系统单位阶跃响应的拉普拉斯变换为

$$C(s)=R(s)G(s)=\frac{\omega_n^2}{s(s^2+2\zeta\omega_n s+\omega_n^2)}=\frac{1}{s}-\frac{s+2\zeta\omega_n}{s^2+2\zeta\omega_n s+\omega_n^2}$$
$$=\frac{1}{s}-\frac{s+\zeta\omega_n}{(s+\zeta\omega_n)^2+(\omega_n\sqrt{1-\zeta^2})^2}-\frac{\zeta\omega_n}{(s+\zeta\omega_n)^2+(\omega_n\sqrt{1-\zeta^2})^2}$$

进行拉普拉斯反变换和三角函数计算可得

$$c(t)=1-\mathrm{e}^{-\zeta\omega_n t}\left(\cos(\sqrt{1-\zeta^2}\,\omega_n t)+\frac{\zeta}{\sqrt{1-\zeta^2}}\sin(\sqrt{1-\zeta^2}\,\omega_n t)\right)$$
$$=1-\frac{1}{\sqrt{1-\zeta^2}}\mathrm{e}^{-\zeta\omega_n t}\sin(\sqrt{1-\zeta^2}\,\omega_n t+\theta)$$
$$=1-\frac{1}{\sqrt{1-\zeta^2}}\mathrm{e}^{-\zeta\omega_n t}\sin(\omega_d t+\theta) \tag{3.13}$$

式中，$\omega_d=\sqrt{1-\zeta^2}\,\omega_n$ 为阻尼振荡角频率；$\theta=\arctan(\sqrt{1-\zeta^2}/\zeta)$ 为阻尼角。

分析式（3.13）可知，该响应由稳态分量 1 和暂态分量 e 的负指数次幂组成。随着时间推移到无穷远点，暂态分量将衰减至零，是一条按照指数衰减的正弦振荡曲线，也称为阻尼正弦振荡项。那么，暂态分量的衰减速度包络线为$1/\sqrt{1-\zeta^2}\,\mathrm{e}^{-\zeta\omega_n t}$。当阻尼比确定时，包络线又取决于$\mathrm{e}^{-\zeta\omega_n t}$，故称阻尼比 ζ 为衰减系数。

回顾上面的分析过程，当阻尼比 ζ 取不同值时，二阶系统的输出响应曲线可由图 3.9 显示，阻尼比 ζ 取不同值时，得到的输出响应有很大的不同。实际工程系统基本都是欠阻尼二阶系统的响应特性，下一节详细分析系统的动态性能指标。

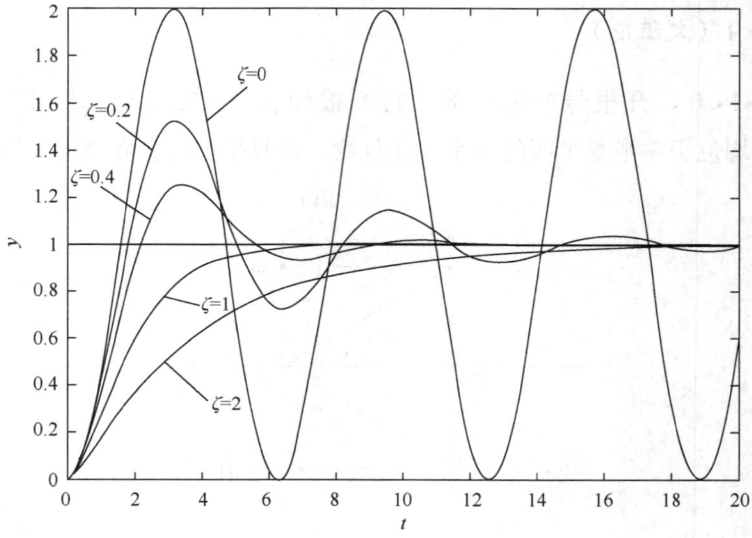

图 3.9　二阶系统不同阻尼比下单位阶跃响应曲线

3.2.2 欠阻尼二阶系统的动态响应指标

在实际的工程应用中，通常要求系统的动态响应既具有快速性，又具有足够的阻尼。在$\zeta \leqslant 0$时，系统无法正常工作，在$\zeta \geqslant 1$时，系统动态响应太慢，在欠阻尼状态下系统的响应更具有实际意义的。那么，如何评价系统的动态性能是否满足要求成为所关注的问题。仍然以系统的阶跃响应为研究对象，常用的动态性能指标有上升时间、峰值时间、超调量和调节时间。

（1）上升时间t_r是指系统的输出响应从零到第一次上升至终值$c(\infty)$所需的时间。如果系统到达终值的时间是无穷大，则上升时间定义为系统输出第一次从终值的10%上升到终值的90%所需要的时间。

（2）峰值时间t_p是指输出响应超过终值到达第一个峰值所需时间。

（3）超调量$\sigma\%$是指输出响应的最大峰值$c(t_p)$和终值$c(\infty)$之差与终值$c(\infty)$的百分比，即

$$\sigma\%=\frac{c(t_p)-c(\infty)}{c(\infty)}\times 100\%$$

（4）调节时间t_s是指输出响应到达并保持在误差带内所需要最短时间。一般误差带定义为终值的±5%或±2%。

通常情况下，用上升时间和峰值时间评价系统的响应速度，时间越短，系统响应速度越快。用超调量评价系统的阻尼程度。调节时间是反映响应速度和阻尼程度的综合指标。一般阻尼比的取值范围是在 0.4～0.8。较小的阻尼比会导致系统产生大的超调量，较大的阻尼比会导致系统的响应速度慢。下面通过图示和公式说明上述性能指标，欠阻尼条件下二阶系统单位阶跃响应的曲线如图 3.10 所示。

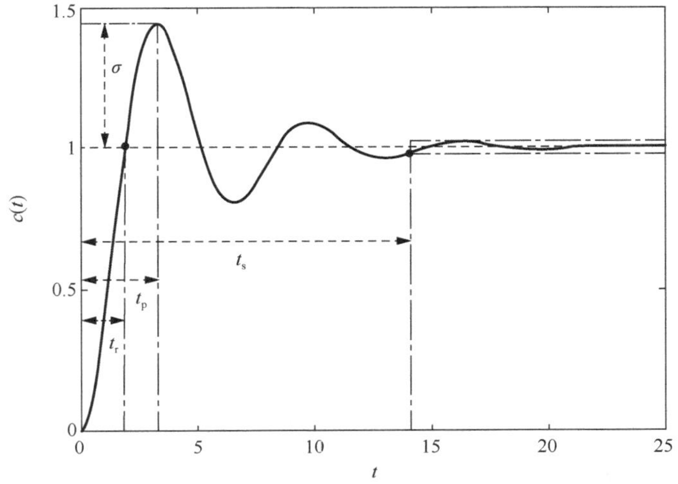

图 3.10 欠阻尼二阶系统单位阶跃响应曲线

1. 上升时间 t_r

由上升时间定义和式（3.13）可知，

$$c(t)=1-\frac{1}{\sqrt{1-\zeta^2}}e^{-\zeta\omega_n t}\sin(\omega_d t+\theta)=1$$

即

$$\sin(\omega_d t+\theta)=0$$

方程解为 $\omega_d t+\theta=k\pi(k=0,\pm1,\pm2,\cdots)$。由于 $t>0$、$\theta>0$，故 k 不能取 0，同时要求是第一次到达终值，故取 $k=1$，即

$$\omega_d t+\theta=\pi$$

解得

$$t_r=\frac{\pi-\theta}{\omega_d}=\frac{\pi-\theta}{\omega_n\sqrt{1-\zeta^2}} \tag{3.14}$$

由式（3.14）可知，当 ω_n 一定时，阻尼比 ζ 越大，上升时间 t_r 越长；当 ζ 一定时，ω_n 越大，t_r 越短。

2. 峰值时间 t_p

由系统到达峰值时间时的输出响应导数值为零可知，将式（3.13）对 t 进行求导得到

$$\dot{c}(t)=\zeta\omega_n e^{-\zeta\omega_n t}\sin(\omega_d t+\theta)-\omega_d e^{-\zeta\omega_n t}\cos(\omega_d t+\theta)=0$$

整理得

$$\tan(\omega_d t+\theta)=\frac{\sqrt{1-\zeta^2}}{\zeta}$$

又由于 $\tan\theta=\frac{\sqrt{1-\zeta^2}}{\zeta}$，解得

$$\omega_d t=k\pi,\quad k=0,1,2,\cdots$$

再根据峰值时间的定义可知，应取 $\omega_d t=\pi$，可得峰值时间为

$$t_p=\frac{\pi}{\omega_d}=\frac{\pi}{\omega_n\sqrt{1-\zeta^2}} \tag{3.15}$$

从式（3.15）可以看出，峰值时间与闭环极点的虚部数值成反比，故当阻尼比一定时，系统极点位置离实轴越远，系统峰值时间越短。

3. 超调量 $\sigma\%$

由于超调量出现在峰值时间处，故将式（3.15）代入式（3.13）中可得响应最大值为

$$c_{\max}=1-\frac{e^{\frac{-\zeta\pi}{\sqrt{1-\zeta^2}}}}{\sqrt{1-\zeta^2}}\sin(\pi+\theta)=1+e^{\frac{-\zeta\pi}{\sqrt{1-\zeta^2}}}$$

根据超调量的定义和系统输出响应终值为 1，可得

$$\sigma\%=\frac{c_{\max}-c(\infty)}{c(\infty)}\times100\%=e^{\frac{-\zeta\pi}{\sqrt{1-\zeta^2}}}\times100\% \tag{3.16}$$

可以发现，超调量仅与阻尼比ζ有关，ζ越大，超调量越小。

4. 调节时间 t_s

根据调节时间的定义和选取误差带为终值的 2%可得

$$c(t_s)=1-\frac{1}{\sqrt{1-\zeta^2}}e^{-\zeta\omega_n t}\sin(\omega_d t+\theta)=0.98$$

正弦函数的存在导致很难精确求解，考虑系统的响应是衰减的正弦信号，故取系统在稳态时振动部分的最大值，即$\sin(\omega_d t+\theta)=1$，可得

$$\frac{1}{\sqrt{1-\zeta^2}}e^{-\zeta\omega_n t}=0.02$$

计算调节时间为

$$t_s=\frac{4}{\zeta\omega_n} \tag{3.17}$$

若取 5%误差带，重复上述过程，得到调节时间为

$$t_s=\frac{3}{\zeta\omega_n}$$

式（3.17）表明，调节时间与$\zeta\omega_n$成反比，即调节时间与闭环极点的实部数值成反比，闭环极点离虚轴越远，系统调节时间越短。

在实际工程系统中，通常选取阻尼比$\zeta=0.707$为最佳控制参数，对应的阻尼角$\theta=45°$，时间常数$T=(2\zeta\omega_n)^{-1}=(\sqrt{2}\omega_n)^{-1}$，闭环传递函数$G_B(s)=\omega_n^2/(s^2+\sqrt{2}\omega_n s+\omega_n^2)$。对应的动态性能指标分别为最大超调量$\sigma\%=4.3\%$，上升时间$t_r=4.7T$，调节时间$t_s=8T$（2%误差带）、$t_s=6T$（5%误差带）。这种最佳参数的主要目的是在一定快速性要求下降低系统的超调量。

【例 3.1】 某二阶单位反馈系统框图如图 3.11 所示，计算该系统的动态性能指标。

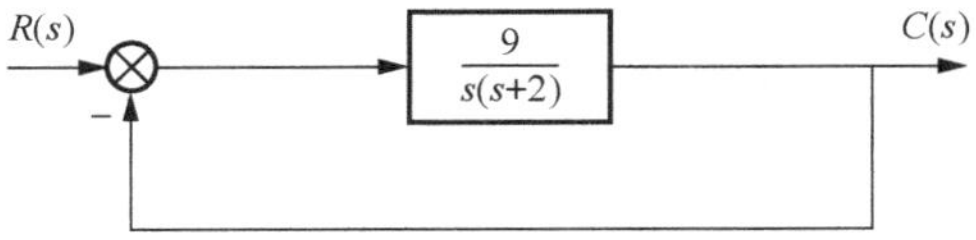

图 3.11　某二阶单位反馈系统

解：系统的闭环传递函数为

$$G_{\mathrm{B}}(s)=\frac{9}{s^2+2s+9}$$

对应的无阻尼固有频率和阻尼比分别为

$$\omega_{\mathrm{n}}=\sqrt{9}=3\ \mathrm{rad/s},\ \zeta=\frac{2}{2\omega_{\mathrm{n}}}=0.33$$

那么，阻尼振荡角频率 $\omega_{\mathrm{d}}=\sqrt{1-\zeta^2}\,\omega_{\mathrm{n}}=2.828\mathrm{rad/s}$，阻尼角 $\theta=\arctan\dfrac{\sqrt{1-\zeta^2}}{\zeta}=70.51°$。动态性能指标分别为

上升时间：$t_{\mathrm{r}}=\dfrac{\pi-\theta}{\omega_{\mathrm{d}}}=0.68\mathrm{s}$

超调量：$\sigma\%=\mathrm{e}^{\frac{-\zeta\pi}{\sqrt{1-\zeta^2}}}\times100\%=33\%$

调节时间：$t_{\mathrm{s}}=\dfrac{4}{\zeta\omega_{\mathrm{n}}}=4\mathrm{s}$，$\varDelta=2\%$

3.3 高 阶 系 统

当控制系统包含元件较多、结构比较复杂时，多用高阶微分方程描述系统的特性。由高阶微分方程描述的系统称为高阶系统。对于高阶系统，其传递函数也比较复杂，使用拉普拉斯变换和反变换求解系统的输出响应比较困难。传递函数反应系统的特性主要体现在系统特征方程的特征根在复平面的位置，也就是系统的极点位置。那么可以根据系统的极点将复杂的传递函数分解为一阶和二阶系统传递函数的组合，从而利用一阶和二阶系统输出响应分析高阶系统的输出响应。高阶系统主要是使用零极点定性分析高阶系统的性能，得到高阶系统的一般规律。

高阶系统的传递函数通用表达式为

$$G(s)=\frac{C(s)}{R(s)}=\frac{b_0s^m+b_1s^{m-1}+\cdots+b_{m-1}s+b_m}{a_0s^n+a_1s^{n-1}+\cdots+a_{n-1}s+a_n}$$

式中，$n>m$。写成零极点形式为

$$G(s)=\frac{K(s-z_1)(s-z_2)\cdots(s-z_m)}{(s-p_1)(s-p_2)\cdots(s-p_n)}$$

式中，$z_1,z_2,\cdots,z_m$ 为系统的零点；$p_1,p_2,\cdots,p_n$ 为系统的极点；$K=b_0/a_0$。由于极点决定系统的特性，按照极点可能出现的情况，分为极点全部位于实轴和极点既有位于实轴也有成对出现的共轭复数。下面以单位阶跃信号作为系统输入来分析系统的输出响应。

1. 系统传递函数的极点全部位于实轴

假设 n 个极点全部位于实轴且均不相同时，系统的单位阶跃响应分解为

$$C(s)=G(s)R(s)=G(s)\frac{1}{s}=\frac{b}{s}+\sum_{i=1}^{n}\frac{a_i}{s+p_i}$$

式中，a_i 为各个极点 $s_i=-p_i$ 的留数，由下式计算得到：

$$a_i=\lim_{s\to -p_i}(s+p_i)G(s)$$

单位阶跃响应的拉普拉斯反变换为

$$c(t)=b+a_i\sum_{i=1}^{n}\mathrm{e}^{-p_i t}$$

由留数定理和上式分析可得如下结论。

（1）如果 p_i 均为正数，该响应最终会趋于常数 b，即传递函数的极点均位于左半复平面，系统响应衰减到恒值。

（2）当存在某一零点和某一极点靠得很近时，则该极点对应的留数就比较小，导致该极点对应的瞬态响应项的系数很小，该项在整体响应中占比很小，可忽略不计，这就是发生了零极点对消现象。这样的一对零极点称为一对偶极子。

（3）当某一极点离虚轴很远时，同样会导致该项对应的留数很小，该项对应的响应在整体响应中占比很小，可忽略不计，即离虚轴越远的极点产生的响应比重越小；反过来，离虚轴越近的极点产生的响应比重越大。

2. 系统传递函数的极点既有位于实轴也有成对出现的共轭复数

假设系统传递函数有 q 个不同的实数极点和 r 对共轭复数极点，$q+2r=n$。系统的单位阶跃输出响应为

$$C(s)=\frac{d}{s}+\sum_{j=1}^{q}\frac{a_j}{s+p_j}+\sum_{k=1}^{r}\frac{b_k(s+\zeta_k\omega_k)+c_k\omega_k\sqrt{1-\zeta_k^2}}{s^2+2\zeta_k\omega_k s+\omega_k^2}$$

做拉普拉斯反变换可得

$$c(t)=d+\sum_{j=1}^{q}a_j\mathrm{e}^{-p_j t}+\sum_{k=1}^{r}b_k\mathrm{e}^{-\zeta_k\omega_k t}\cos\left(\omega_k\sqrt{1-\zeta_k^2}t\right)+\sum_{k=1}^{r}c_k\mathrm{e}^{-\zeta_k\omega_k t}\sin\left(\omega_k\sqrt{1-\zeta_k^2}t\right)$$

从 $C(s)$ 与 $c(t)$ 的表达式可以看出，高阶系统的输出响应可表示为一阶系统和二阶系统的响应之和，分为三部分：第一部分是第一项 d，表示稳态值；第二部分是第二项，为位于实轴的极点对应的响应，前面已经分析过了；第三部分是第三项和第四项，为共轭复数极点对应的响应。这里具体分析一下第三部分。

若有零极点对消，按照前面的分析处理。若无零极点对消，$\zeta_k\omega_k$ 为正数，第三部分 e 的指数项最终衰减至零，即复数极点的实数为负数，位于左半复平面。此时，远离虚轴的复

数极点具有很大的复实部，对应的指数项将会迅速衰减到零。离虚轴越近，对应的调节时间越长。

综合上述分析，暂态响应的类型由闭环极点确定。这些闭环极点对应系统输出响应的曲线如图 3.12 所示。位于负实轴的极点对应指数衰减响应见图 3.12（a），位于左半复平面的复数极点对应衰减振荡响应见图 3.12（b），位于虚轴的极点对应等弦振荡响应见图 3.12（c）。

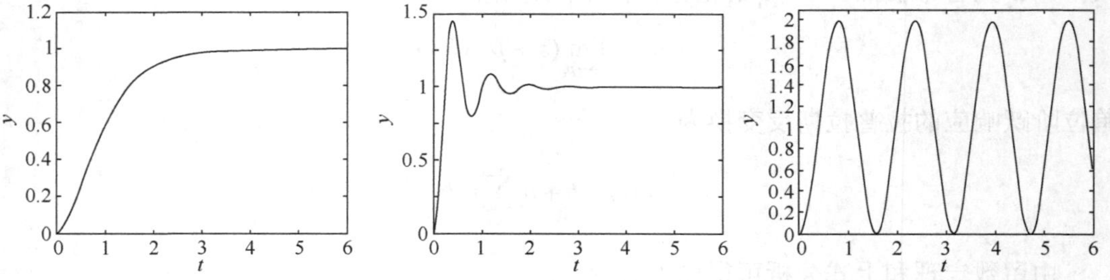

（a）指数衰减响应　（b）衰减振荡响应　（c）等弦振荡响应

图 3.12　不同极点对应的响应类型

在工程应用中，常采用系统的闭环主导极点确定系统的动态性能指标。闭环主导极点是附近没有零点，且其余闭环极点到虚轴的距离比它到虚轴的距离大 5 倍以上的闭环极点。闭环主导极点可以是实数，也可以是成对的复数。为了让系统既有较快的响应速度，又有一定的阻尼程度，通常调整高阶系统的增益使系统具有一对闭环共轭主导极点。这时可以将高阶系统降阶成二阶系统，利用二阶系统的动态性能指标估算高阶系统的性能。

3.4　劳斯判据

控制系统设计时要满足多种性能指标，稳定性是控制系统的首要指标，是系统正常运行的前提。在系统运行时，常常受到各种扰动的影响，如电源电压的波动、系统参数的变化等。系统的稳定性是指控制系统在扰动作用下偏离平衡状态，而在扰动消失后，能恢复到原来平衡状态。否则，系统是不稳定的。稳定性是系统的一种固有属性，即系统在受到扰动后自行恢复的能力。这是由于系统的稳定性只与闭环极点相关，而闭环极点是由系统的元件、结构和参数决定的，与系统的输入信号无关，并不会因外部信号的不同而发生变化。

系统的稳定性分为外部稳定和内部稳定。外部稳定，又称为有界输入有界输出（bounded-input bounded-output，BIBO）稳定，是指在零初始状态下，对于任意有界的输入信号，系统的输出均有界。在高阶系统输出响应分析中，给出了闭环极点与输出响应的关系。当系统闭环传递函数的所有极点均位于左半复平面时，系统的暂态部分最终衰减到零，满足外部稳定的定义。如果出现某个极点位于右半复平面内，那么随着时间的增长，暂态响应呈现单调上升或者振幅逐渐增大，导致输出发散，此时，系统是不稳定的。如果极点位于虚轴上，代表输出是等弦振荡曲线，称为临界稳定。那么，系统闭环传递函数的所有极点均位于左半复平面是系统稳定的充要条件。常见的稳定性判别方法有劳斯判据、奈奎斯特判据等。内部稳定性是关于系统内部状态的稳定性，属于现代控制理论范畴，具体内容在后续章节介绍。

判断系统是否稳定，要看该系统的所有闭环极点是否都位于左半复平面，需要先找到系统的特征方程，再解出特征根进行判断。但对于很多高于三阶的系统，很难获得特征方程的解。劳斯判据不需要解出特征方程，就能判断它是否有位于右半复平面的特征根及个数，因此，其属于系统稳定性的代数判据。劳斯判据的应用步骤如下。

（1）写出系统特征方程式：

$$D(s) = a_0 s^n + a_1 s^{n-1} + \cdots + a_{n-1} s + a_n = 0, \quad a_0 > 0 \tag{3.18}$$

式中，各系数均为实数。

（2）在保证 $a_0 > 0$ 的前提下，如果存在负值的系数，那么必然存在一个或一些虚根或具有正实部。根据系统稳定性的充要条件可知，系统是不稳定的。在劳斯判据中，必须保证所有系数为正数。这是系统稳定的必要条件。

（3）列出劳斯表，如表 3.1 所示。

表 3.1　劳斯表

s^n	a_0	a_2	a_4	a_6	$\cdots$
s^{n-1}	a_1	a_3	a_5	a_7	$\cdots$
s^{n-2}	$b_1 = -\frac{1}{a_1}\begin{vmatrix} a_0 & a_2 \\ a_1 & a_3 \end{vmatrix}$	$b_2 = -\frac{1}{a_1}\begin{vmatrix} a_0 & a_4 \\ a_1 & a_5 \end{vmatrix}$	$b_3 = -\frac{1}{a_1}\begin{vmatrix} a_0 & a_6 \\ a_1 & a_7 \end{vmatrix}$	$b_4 = -\frac{1}{a_1}\begin{vmatrix} a_0 & a_8 \\ a_1 & a_9 \end{vmatrix}$	$\cdots$
s^{n-3}	$c_1 = -\frac{1}{b_1}\begin{vmatrix} a_1 & a_3 \\ b_1 & b_2 \end{vmatrix}$	$c_2 = -\frac{1}{b_1}\begin{vmatrix} a_1 & a_5 \\ b_1 & b_3 \end{vmatrix}$	$c_2 = -\frac{1}{b_1}\begin{vmatrix} a_1 & a_7 \\ b_1 & b_4 \end{vmatrix}$	$\cdots$	$\cdots$
$\vdots$	$\vdots$	$\vdots$	$\vdots$		
s^2	e_1	e_2			
s^1	f_1				
s^0	g_1				

在构造劳斯表时，要先将最左侧一列写好，从最高阶 s^n 写到 s^0，确定劳斯表共有 $n+1$ 行。然后，将前两行用特征方程的系数补齐。接下来按照表中的公式计算表中值。劳斯表是按行进行计算的，计算一行之后才能进行下一行。直至计算到最终的 s^0 行即可完成。最后用劳斯判据判断系统的稳定性。

劳斯判据：线性系统稳定的充要条件是劳斯表的第一列系数 $a_0, a_1, b_1, c_1, \cdots$ 均为正数。这意味着，特征方程的根都在左半复平面。第一列系数如出现负号，则系统不稳定，并且该列符号改变次数等于系统在右半复平面特征根个数。

在使用劳斯判据时还应注意：

（1）为了简化计算，可将劳斯表某一行的系数同乘非零整数。

（2）当某一行中缺少一项无法计算时，将缺少的项用零代替。

【例 3.2】 系统的闭环传递函数为$G(s)=\dfrac{s+1}{s^4+3s^3+4s^2+2s+6}$，使用劳斯判据判断该系统的稳定性。

解： 系统特征多项式为

$$D(s)=s^4+3s^3+4s^2+2s+6$$

该方程各项系数均为正数，满足必要条件，构造劳斯表，如表 3.2 所示。

表 3.2 例 3.2 的劳斯表

s^4	1	4	6
s^3	3	2	
s^2	$-\frac{1}{3}\times(1\times2-3\times4)=\frac{10}{3}$	$-\frac{1}{3}\times(1\times0-3\times6)=6$	
s^1	$-\frac{3}{10}\times(3\times6-2\times\frac{10}{3})=-\frac{17}{5}$		
s^0	$\frac{5}{17}\times\left(\frac{10}{3}\times0-6\times\left(-\frac{17}{5}\right)\right)=6$		

可以看出，劳斯表第一列系数分别为1、3、10/3、−17/5、6，不满足劳斯判据中全为正数的条件，因此，该系统不稳定。共产生两次变号，故该系统在右半复平面有两个极点。

3.5 稳 态 误 差

在控制系统的设计中，稳态误差作为一项重要的稳态性能指标，反映了系统控制精度或抑制扰动信号的能力。控制系统设计的一个重要任务是使稳态误差在允许的范围内。可根据系统对典型输入信号作用下的稳态误差值或者误差系数确定控制性能的优劣。在很多恒值控制系统中，对稳态误差的要求十分严格。

3.5.1 稳态误差定义

假设闭环控制系统传递函数为

$$G_B(s)=\frac{C(s)}{R(s)}=\frac{G(s)}{1+G(s)H(s)}$$

对应的方框图如图 3.13 所示。

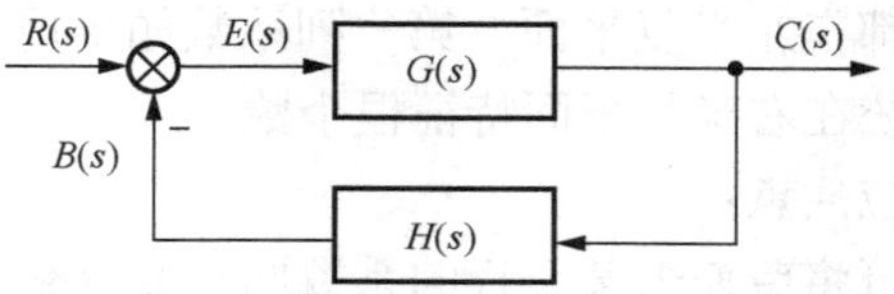

图 3.13 反馈系统方框图

定义误差信号为$E(s)=R(s)-B(s)$。系统的稳态误差是指当时间趋于无穷时，误差信号$E(s)$的拉普拉斯反变换$e(t)$的值，即

$$e_{ss}=\lim_{t\to\infty}e(t)=e(\infty)$$

误差信号对于输入信号的传递函数为

$$G_e(s)=\frac{E(s)}{R(s)}=\frac{R(s)-B(s)}{R(s)}=1-\frac{C(s)H(s)}{R(s)}=1-\frac{E(s)G(s)H(s)}{R(s)}=1-G(s)H(s)G_e(s)$$

整理得

$$G_e(s)=\frac{1}{1+G(s)H(s)}$$

误差信号的拉普拉斯变换为

$$E(s)=G_e(s)R(s)=\frac{R(s)}{1+G(s)H(s)}$$

利用终值定理得稳态误差为

$$e_{ss}=\lim_{t\to\infty}e(t)=\lim_{s\to 0}sE(s)=\lim_{s\to 0}\frac{sR(s)}{1+G(s)H(s)}=\lim_{s\to 0}\frac{sR(s)}{1+G_K(s)} \tag{3.19}$$

由此可见，系统的稳态误差由系统的输入信号$R(s)$和开环传递函数$G_K(s)$决定。稳态误差分析有两种方式，分别为固定输入信号下不同类型开环传递函数的稳态误差和固定开环传递函数的类型不同输入信号下的稳态误差。本书将对前者进行分析。对于输入信号而言，实际信号往往为阶跃信号、斜坡信号、加速度信号或者三者的线性组合，因此，只需考虑上述三种形式的输入信号形式。

对于开环传递函数，针对不同类型输入信号，开环控制系统可以表示为v型系统：

$$G_K(s)=\frac{K\prod_{i=1}^{m}(a_is+1)}{s^v\prod_{j=1}^{n}(b_js+1)} \tag{3.20}$$

式中，K为开环增益；a_i和b_j为时间常数；v为开环传递函数位于复平面原点处的极点个数。当$v=0$时，系统为0型系统；当$v=1$时，系统为Ⅰ型系统；当$v=2$时，系统为Ⅱ型系统。当$v>2$时，工程上很难保证这种系统的稳定，因此，Ⅲ型及以上的系统不做讨论。

3.5.2 稳态误差系数

当输入信号为阶跃、斜坡和加速度信号等典型输入时，分析0型、Ⅰ型和Ⅱ型系统对应的稳态误差，通过分析稳态误差与系统结构参数和输入信号之间的关系，可以总结出规律，进而指导系统设计。

1. 单位阶跃作用下各类型系统的稳态误差

单位阶跃信号的拉普拉斯变换为 $R(s)=\frac{1}{s}$，代入式（3.19）可得

$$e_{ss}=\lim_{s\to 0}\frac{sR(s)}{1+G_K(s)}=\lim_{s\to 0}\frac{1}{1+G_K(s)}$$

利用终值定理计算稳态误差为

$$e_{ss}=\lim_{s\to 0}\frac{1}{1+G_K(s)}=\frac{1}{1+K_p}$$

式中，$K_p=\lim_{s\to 0}G_K(s)$，称为位置稳态误差系数。给定单位阶跃输入信号，各个类型系统的位置稳态误差系数如下。

对于 0 型系统：$K_p=\lim_{s\to 0}G_K(s)=\lim_{s\to 0}\frac{K\prod_{i=1}^{m}(a_is+1)}{\prod_{j=1}^{n}(b_js+1)}=K$，$e_{ss}=\frac{1}{1+K_p}=\frac{1}{1+K}$。

对于 I 型系统：$K_p=\lim_{s\to 0}G_K(s)=\lim_{s\to 0}\frac{K\prod_{i=1}^{m}(a_is+1)}{s\prod_{j=1}^{n}(b_js+1)}=\infty$，$e_{ss}=\frac{1}{1+K_p}=0$。

对于 II 型系统：$K_p=\lim_{s\to 0}G_K(s)=\lim_{s\to 0}\frac{K\prod_{i=1}^{m}(a_is+1)}{s^2\prod_{j=1}^{n}(b_js+1)}=\infty$，$e_{ss}=\frac{1}{1+K_p}=0$。

可以看出，0 型系统对于阶跃信号的响应存在稳态误差，该误差会随着开环增益的增大而减小，而 I 型及 II 型系统输出可以跟踪阶跃信号。

2. 单位斜坡作用下各类型系统的稳态误差

单位斜坡信号的拉普拉斯变换为 $R(s)=\frac{1}{s^2}$，代入式（3.19），并利用终值定理可得

$$e_{ss}=\lim_{s\to 0}\frac{sR(s)}{1+G_K(s)}=\lim_{s\to 0}\frac{1}{s+sG_K(s)}=\lim_{s\to 0}\frac{1}{sG_K(s)}$$

则

$$e_{ss}=\frac{1}{K_v}$$

式中，$K_v=\lim_{s\to 0}sG_K(s)$，称为速度稳态误差系数。对于单位斜坡输入信号，各个类型系统的速度稳态误差系数如下。

对于 0 型系统：$K_v = \lim\limits_{s\to 0} sG_K(s) = \lim\limits_{s\to 0} \dfrac{s\cdot K\prod\limits_{i=1}^{m}(a_i s+1)}{\prod\limits_{j=1}^{n}(b_j s+1)} = 0$，$e_{ss} = \dfrac{1}{K_v} = \infty$。

对于 I 型系统：$K_v = \lim\limits_{s\to 0} sG_K(s) = \lim\limits_{s\to 0} \dfrac{K\prod\limits_{i=1}^{m}(a_i s+1)}{\prod\limits_{j=1}^{n}(b_j s+1)} = K$，$e_{ss} = \dfrac{1}{K_v} = \dfrac{1}{K}$。

对II型系统：$K_v = \lim\limits_{s\to 0} G_K(s) = \lim\limits_{s\to 0} \dfrac{K\prod\limits_{i=1}^{m}(a_i s+1)}{s\prod\limits_{j=1}^{n}(b_j s+1)} = \infty$，$e_{ss} = \dfrac{1}{K_v} = 0$。

可以看出，0 型系统对斜坡信号完全无法跟踪；I 型系统斜坡信号的跟踪有一定的稳态误差，该误差会随着开环增益的增大而减小；II型系统输出可以跟踪斜坡信号。

3. 单位加速度作用下各类型系统的稳态误差

单位加速度信号的拉普拉斯变换为 $R(s) = \dfrac{1}{s^3}$，代入式（3.19）可得

$$e_{ss} = \lim_{s\to 0} \frac{sR(s)}{1+G_K(s)} = \lim_{s\to 0} \frac{1}{s^2 + s^2 G_K(s)} = \lim_{s\to 0} \frac{1}{s^2 G_K(s)}$$

则

$$e_{ss} = \frac{1}{K_a}$$

式中，$K_a = \lim\limits_{s\to 0} s^2 G_K(s)$，称为加速度稳态误差系数。对于单位加速度输入信号，各个类型系统的加速度稳态误差系数如下。

对于 0 型系统：$K_a = 0$，$e_{ss} = \infty$。

对于 I 型系统：$K_a = 0$，$e_{ss} = \infty$。

对于II型系统：$K_a = K$，$e_{ss} = \dfrac{1}{K_a} = \dfrac{1}{K}$。

可以看出，0 型和 I 型系统对于加速度信号完全无法跟踪；II型系统对于加速度信号的跟踪有一定的稳态误差，该误差会随着开环增益的增大而减小。

系统稳态误差、稳态误差系数与系统类型关系如表 3.3 所示。

表 3.3 稳态误差系数和稳态误差

系统类型	输入信号					
	单位阶跃		单位斜坡		单位加速度	
	稳态误差系数	稳态误差	稳态误差系数	稳态误差	稳态误差系数	稳态误差
0 型	K	$\dfrac{1}{1+K}$	0	∞	0	∞

续表

系统类型	输入信号					
	单位阶跃		单位斜坡		单位加速度	
	稳态误差系数	稳态误差	稳态误差系数	稳态误差	稳态误差系数	稳态误差
Ⅰ型	∞	0	K	$\frac{1}{K}$	0	∞
Ⅱ型	∞	0	∞	0	K	$\frac{1}{K}$

3.5.3 扰动信号引起的稳态误差

控制系统除了给定的输入信号，还不可避免地受到各种扰动输入信号的作用，如电源电压的波动、负载力矩的变化、环境温度的变化等。那么，系统的稳态误差除了有系统给定输入信号的稳态误差，还有由扰动输入信号带来的稳态误差。由于线性系统满足叠加原理，可以分别分析扰动信号作用和给定输入信号作用下的稳态误差，然后相加得到两种输入同时作用下的稳态误差。扰动信号是一种特殊的输入信号，其引起的稳态误差分析方法与给定输入信号的分析方法相同。

假设扰动输入信号为$n(t)$，拉普拉斯变换为$N(s)$，作用于系统的方框图如图 3.14 所示。系统的稳态误差是给定输入信号$r(t)$的稳态误差e_{ssr}和扰动信号$n(t)$的稳态误差e_{ssn}叠加结果，$e_{ss}=e_{ssr}+e_{ssn}$。计算扰动信号的稳态误差e_{ssn}时，需断开给定输入信号，即令$R(s)=0$，那么扰动信号对应的输出端误差传递函数为

$$G_n(s)=\frac{E_n(s)}{N(s)}=-G_n(s)/N(s)=-\frac{G_2(s)}{1+G_1(s)G_2(s)H(s)}$$

扰动信号$n(t)$的稳态误差e_{ssn}为

$$e_{ssn}(s)=\lim_{s\to 0}sG_n(s)N(s)$$

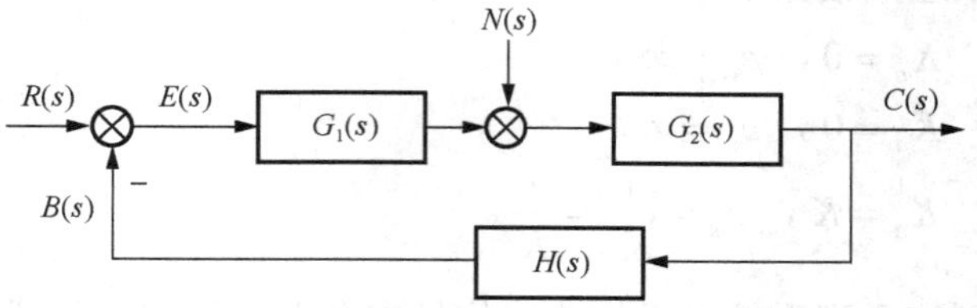

图 3.14 有扰动信号输入的控制系统

3.6 PID 控制

PID 控制在很多工业场景中都有广泛的应用，它具有原理简单、易于实现、抗干扰能力强、无须已知被控对象数学模型等优点。下面将介绍 PID 控制原理及其参数调节方法。

3.6.1 PID 控制原理

闭环控制系统是将测量输出信号反馈到输入端，与输入信号做差，将差值作为控制器的输入，实现对被控对象的控制。仅利用偏差实现控制的，是一种比例控制（P）。由于比例控制器的输出与误差信号成正比，单纯的比例控制可能会导致系统稳态误差不为零。当误差为零时，控制器的输出也为零，这时控制器也就失去了控制作用，只有存在一定的误差，控制器才能保持一定的输出。在很多控制系统中，通常不希望存在稳态误差，如家中常见的空调控制系统。假如空调的制热或制冷效果永远达不到设定的温度值，房间内的温度总是和设定值有一定偏差，这就是一个不合格的空调系统。那么如何消除稳态误差成为重要的问题。

由于积分作用可以累积误差信号，只要误差不为零，积分值就会变化，直至误差为零，积分作用输出常值，消除稳态误差。将误差信号的积分形式引入到控制器中，构成比例-积分（PI）控制器。积分项的引入也可能导致系统产生振荡，原因是当被控变量达到给定输入后，积分器的输出不会立即停止，惯性会持续一段时间，导致被控变量继续增大，产生超调。超调的结果反向增大了被控量和给定输入的误差，导致控制器输出反向信号，引起振荡，使得过渡过程相对缓慢，系统的稳定性变差。积分作用相当于牺牲系统动态品质，改善稳态性能。那么，如何避免这种可能的振荡成为重要问题。

微分作用可以预测误差信号的变化趋势，提前进行误差补偿。引入微分作用可以减缓系统的振荡，提高系统的动态性能。微分器的输出与误差信号的变化率成正比，预测系统误差的变化趋势。也就是说，微分作用不是等到出现较大偏差之后才动作，而是能够根据误差变化趋势提前动作，对于防止系统出现较大超调有极大作用。因此，微分作用可以与比例控制、比例-积分控制组合使用。

将误差的比例作用、积分作用和微分作用组合起来，构成比例-积分-微分（PID）控制。PID 控制器指比例 P、积分 I 和微分 D 三个环节的线性组合，表达式为

$$u(t)=K_\mathrm{p}e(t)+K_\mathrm{i}\int e(t)\mathrm{d}t+K_\mathrm{d}\frac{\mathrm{d}e(t)}{\mathrm{d}t}$$

式中，K_p、K_i 和 K_d 是三个环节的参数。PID 控制器的拉普拉斯变换为

$$G_\mathrm{c}(s)=K_\mathrm{p}+K_\mathrm{i}\frac{1}{s}+K_\mathrm{d}s \tag{3.21}$$

也可以将积分和微分环节的参数使用对应的时间常数表示：

$$G_\mathrm{c}(s)=K_\mathrm{p}\left(1+\frac{1}{\tau_\mathrm{i}s}+\tau_\mathrm{d}s\right) \tag{3.22}$$

式中，$K_\mathrm{i}=K_\mathrm{p}/\tau_\mathrm{i}$；$K_\mathrm{d}=K_\mathrm{p}\tau_\mathrm{d}$；$\tau_\mathrm{i}$ 为积分环节时间常数；τ_d 为微分环节时间常数。PID 控制系统的方框图如图 3.15 所示。在图 3.15 中，图 3.15（a）和（b）分别表示式（3.21）和式（3.22）的 PID 控制系统方框图，$G(s)$ 表示被控对象的传递函数。

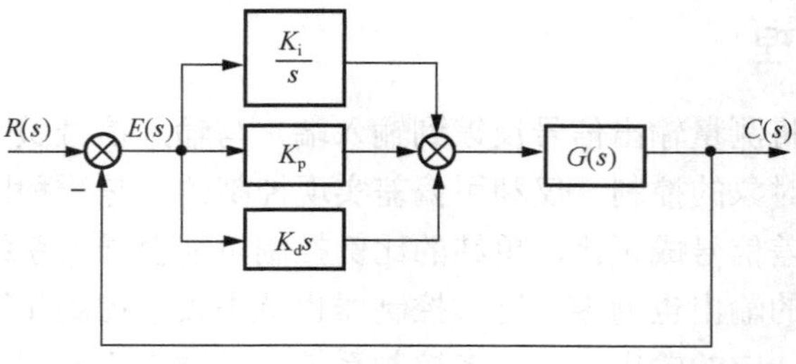

（a）

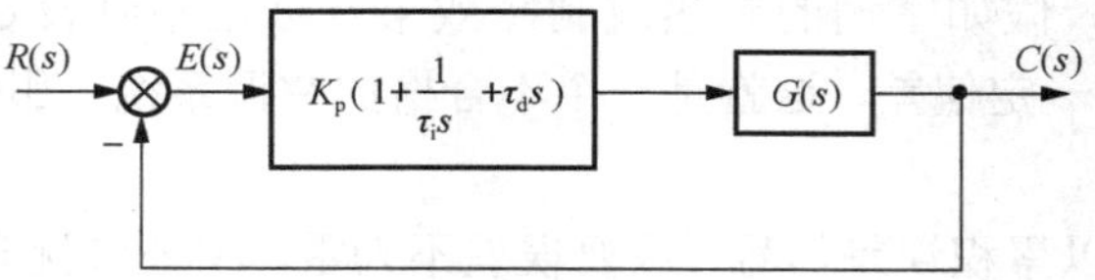

（b）

图 3.15 PID 控制系统方框图

PID 控制器的设计思路在于，通过调整 PID 控制器中的三个参数，实现对系统的性能优化。在闭环控制系统中，控制器是根据输出与输入之间的误差信号对被控对象进行控制的。PID 控制是将当前的误差信号进行整定，综合考虑了当前误差 $K_p e(t)$ 、过去误差的累积 $K_i\int e(t)\mathrm{d}t$ 以及未来误差变化的趋势 $K_d \mathrm{d}e(t)/\mathrm{d}t$ 三种因素。

3.6.2 齐格勒-尼科尔斯法

尽管 PID 控制很好用，但很难找到合适的控制器的三个参数达到优化系统性能的目的。比例环节参数 K_p 增大，系统响应速度变快，导致系统可能出现振荡。积分环节参数 K_d 选择不好会使得过渡过程变化相对缓慢，系统的稳定性变差。微分环节参数 K_i 过大，过度的预测作用会导致系统可能出现振荡，甚至不稳定。PID 的参数设计往往需要不断地进行试错实验。常用的调整 PID 参数方法为齐格勒-尼科尔斯法。该方法会提供一组 K_p 、τ_i 、τ_d 值，使系统具有稳定的工作状态。但并不是最佳参数，只是最佳参数的估计，之后仍需要在此基础上继续进行微调，直至得到满意的参数。

齐格勒-尼科尔斯法可分为两种方法，分别为齐格勒-尼科尔斯第一种方法和齐格勒-尼科尔斯第二种方法。

（1）齐格勒-尼科尔斯第一种方法。

该方法需要保证被控对象中不含积分器和主导共轭复数极点。系统的单位阶跃响应曲线是一条 S 形曲线，过该曲线的转折点做切线，分别与横轴和 $c(t)=K$ （K 为终值）相交，如图 3.16 所示。由图中的 T 、L 和齐格勒-尼科尔斯第一种方法得到 PID 控制器的参数，如表 3.4 所示。表 3.4 中还包括 P 和 PI 控制器下的参数。取其中最后一行数据代入 PID 控制表达式可得

$$G_c(s)=K_p\left(1+\frac{1}{\tau_i s}+\tau_d s\right)=1.2\frac{T}{L}\left(1+\frac{1}{2Ls}+0.5Ls\right)=0.6T\frac{\left(s+\frac{1}{L}\right)^2}{s}$$

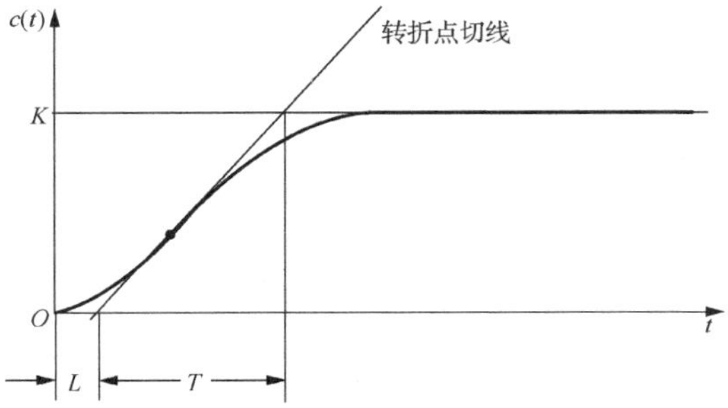

图 3.16　S 形响应曲线

表 3.4　齐格勒-尼科尔斯第一种方法数据表

控制器类型	K_p	τ_i	τ_d
P	$\frac{T}{L}$	∞	0
PI	$0.9\frac{T}{L}$	$\frac{L}{0.3}$	0
PID	$1.2\frac{T}{L}$	$2L$	$0.5L$

（2）齐格勒-尼科尔斯第二种方法。

该方法需要先设定积分和微分作用为零，只加比例作用。逐渐增大 K_p 使得系统首次产生持续振荡，令此时的 $K_p = K_{cr}$ 为临界增益，振荡效果如图 3.17 所示。得到临界增益 K_{cr} 和临界周期 P_{cr} 后，使用表 3.5 直接求出另外两个参数。取最后一行数据代入 PID 控制器表达式可得

$$G_c(s) = K_p\left(1+\frac{1}{\tau_i s}+\tau_d s\right) = 0.6K_{cr}\left(1+\frac{1}{0.5P_{cr}s}+0.125P_{cr}s\right) = 0.075K_{cr}P_{cr}\frac{\left(s+\frac{4}{P_{cr}}\right)^2}{s}$$

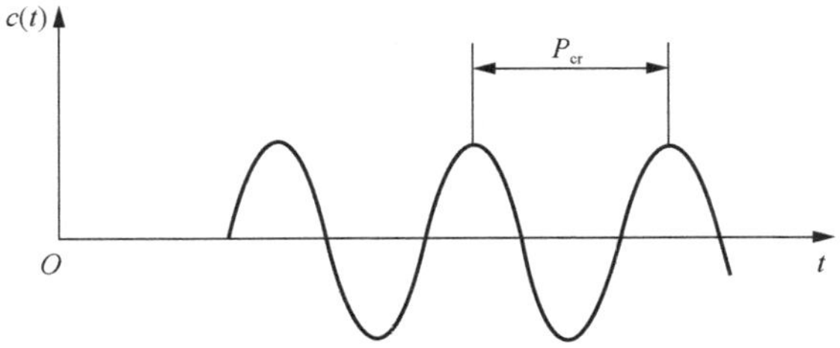

图 3.17　具有周期 P_{cr} 的振荡响应曲线

表 3.5　齐格勒-尼科尔斯第二种方法数据表

控制器类型	K_p	τ_i	τ_d
P	$0.5K_{cr}$	∞	0
PI	$0.45K_{cr}$	$\frac{P_{cr}}{1.2}$	0
PID	$0.6K_{cr}$	$0.5P_{cr}$	$0.125P_{cr}$

在这两种方法中，没有给出表格中的公式推导，读者们会使用即可。第一种方法是基于被控对象的单位阶跃响应曲线得到的，而第二种方法是基于临界增益K_{cr}和临界周期P_{cr}得到的，二者都有限制条件。

3.7 本章小结

本章主要介绍了时域分析法，通过直接求解系统在典型输入信号下的时域响应分析系统的动态性能，分别分析了一阶系统、二阶系统和高阶系统的时域响应，给出了二阶系统在不同阻尼比时的单位阶跃响应，并求解欠阻尼下二阶系统的动态响应指标。在稳定性分析部分，给出了系统稳定的充要条件，介绍了不需要求根就可以判别系统稳定性的方法——劳斯判据。在稳态性能分析方面，介绍了稳态误差的相关概念，通过稳态误差系数法可以求解系统的稳态误差。最后介绍了一种工业上常用的控制方法——PID 控制，并通过齐格勒-尼科尔斯法确定 PID 参数。

习 题

3.1 某系统方框图如图 3.18（a）所示，其单位阶跃响应曲线如图 3.18（b）所示，根据响应曲线，确定参数K、T的值。

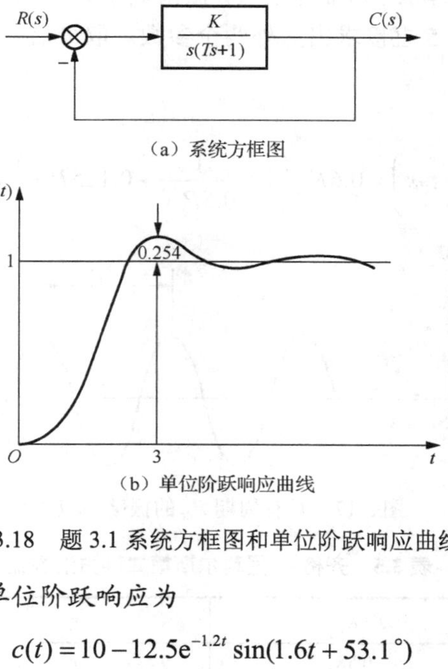

图 3.18 题 3.1 系统方框图和单位阶跃响应曲线

3.2 已知二阶系统的单位阶跃响应为

$$c(t)=10-12.5\mathrm{e}^{-1.2t}\sin(1.6t+53.1^\circ)$$

试求系统的超调量、峰值时间和调节时间。

3.3 已知单位反馈控制系统的开环传递函数为 $G_K(s)=\dfrac{K}{s(\tau s+1)}$，试选择 K、τ 的值以满足下列指标:

（1）当 $r(t)=t$ 时，系统稳态误差 $e_{ss}\leqslant 0.02$。

（2）当 $r(t)=1$ 时，系统的 $\sigma\%\leqslant 30\%$，$t_s\leqslant 0.3\text{s}$。

3.4 已知系统特征方程为

$$3s^4+10s^3+5s^2+s+2=0$$

试用劳斯判据判断系统的稳定性，若不稳定，计算系统在 s 右半复平面的根数。

3.5 已知系统方框图如图 3.19 所示，判断系统稳定时反馈参数 τ 的取值范围。

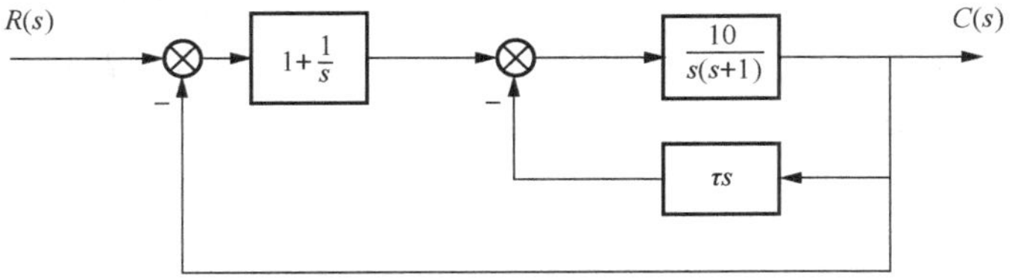

图 3.19 题 3.5 系统方框图

3.6 某单位反馈系统，其开环传递函数如下:

（1）$G_K(s)=\dfrac{10}{s(s+4)(5s+1)}$。

（2）$G_K(s)=\dfrac{10(s+0.1)}{s^2(s+4)(5s+1)}$。

试求输入量为 $r(t)=t$ 和 $r(t)=2+4t+5t^2$ 时的系统稳态误差。

3.7 设系统方框图如图 3.20 所示，其中

$$G(s)=K_p+\frac{K}{s},\quad F(s)=\frac{1}{Js}$$

输入 $r(t)$ 以及扰动 $n_1(t)$、$n_2(t)$ 均为单位阶跃函数，试求:

（1）在 $r(t)$ 作用下系统稳态误差。

（2）在 $n_1(t)$ 作用下系统稳态误差。

（3）在 $n_1(t)$、$n_2(t)$ 同时作用下系统稳态误差。

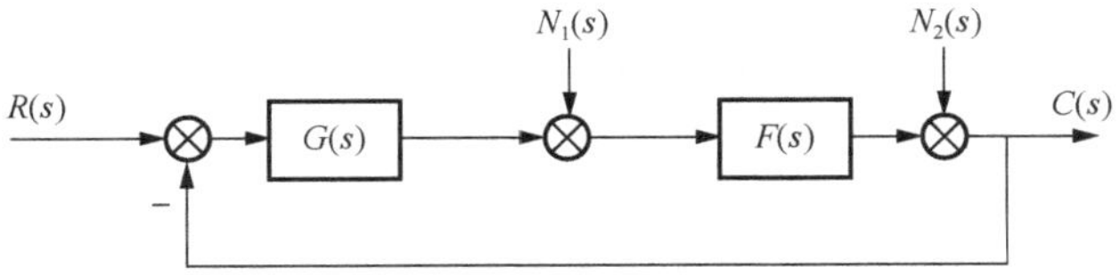

图 3.20 题 3.7 系统方框图

3.8 一个复合控制系统方框图如图 3.21 所示，图中 $G_c(s)=as^2+bs$，$G(s)=\dfrac{10}{s(0.1s+1)(0.2s+1)}$，如果要求系统由 I 型系统提高为III型系统，试求 a、b 的值。

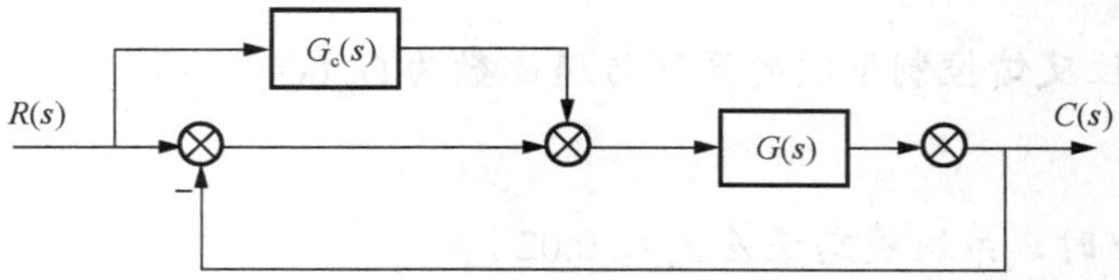

图 3.21 复合控制系统方框图

3.9 在喷气式战斗机的自动驾驶仪中，配置有横滚角控制系统，系统方框图如图 3.22 所示，试求：

（1）确定系统闭环传递函数 $\dfrac{\theta_o}{\theta_i}$。

（2）当 K_1 分别等于 0.7、3.0 和 6.0 时，确定闭环控制系统特征根。

（3）在（2）所给条件下，大致确定系统的单位阶跃响应下的超调量和峰值时间。

（4）使用 MATLAB 绘制原系统的实际单位阶跃响应曲线，并与（3）得到的近似结果比较。

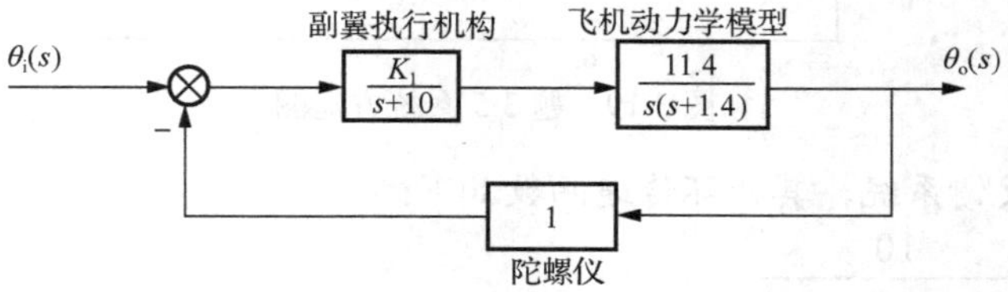

图 3.22 横滚角控制系统方框图

3.10 某漫游小车的导向控制系统方框图如图 3.23 所示，该系统在漫游车的前后部都装有一个导向轮，其反馈通道传递函数为

$$H(s) = 1 + K_t s$$

要求：

（1）确定使系统稳定的 K_t 值范围。

（2）当 $s_3 = -5$ 为该系统的一个闭环特征根时，试计算 K_t 的取值，并计算另外两个闭环特征根。

（3）应用（2）求出的 K_t 值，确定系统的单位阶跃响应。

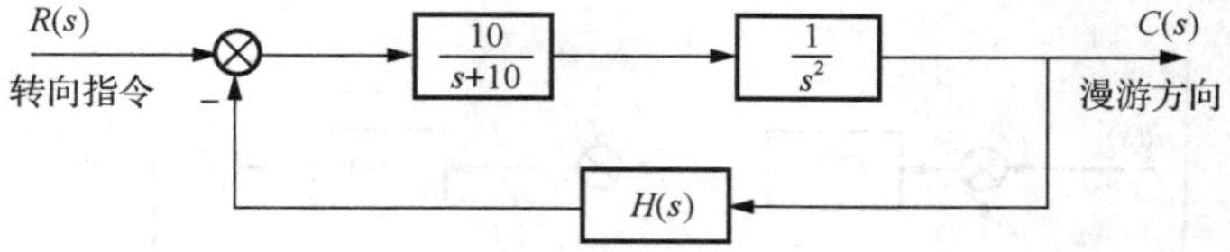

图 3.23 小车导向控制系统方框图

4 控制系统的根轨迹分析与设计

时域分析法中探讨了系统的稳定性、动态性能和稳态性能。该方法表明，线性系统的稳定性由系统的闭环极点决定，系统的动态性能和稳态性能也与闭环极点在复平面的分布位置有关系。得到了系统的闭环极点，就能分析该系统的特性了。那么如何通过改变系统参数调整极点位置，改善系统性能？根轨迹法回答了这个问题。

4.1 根轨迹相关概念

系统的闭环极点是系统闭环特征方程的根。对于三阶以上的系统，很难求解特征根。那么，通过调节某些参数得到特征根的变化，根轨迹法由此产生。根轨迹是指开环传递函数中某一参数从零变到无穷时，闭环控制系统特征方程的根在复平面上变化的轨迹。根轨迹法是在已知开环零极点的分布的基础上，显示某个参数或某些参数变化时系统闭环极点在复平面上的变化曲线，是一种图解方法。它无须求解闭环特征方程的根，即可对控制系统进行分析和设计。下面以一般性负反馈控制系统为例，讲述根轨迹法。

典型的负反馈控制系统如图 4.1 所示。系统的闭环传递函数为

$$\frac{C(s)}{R(s)}=\frac{G(s)}{1+G(s)H(s)} \tag{4.1}$$

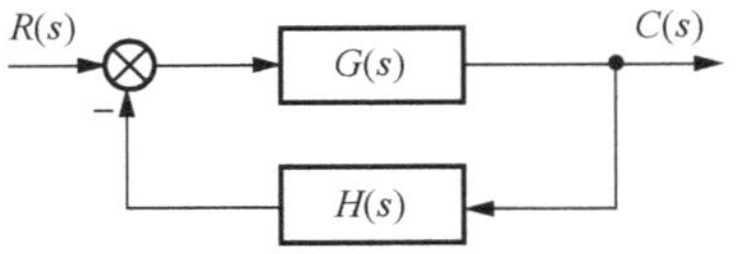

图 4.1　负反馈控制系统

闭环控制系统的特征方程为

$$D(s)=1+G(s)H(s)=0 \tag{4.2}$$

将 1 移到等号右侧得

$$G(s)H(s)=-1 \tag{4.3}$$

此式称为系统的根轨迹方程。将根轨迹方程写成零极点形式：

$$\frac{K^*(s-z_1)(s-z_2)\cdots(s-z_m)}{(s-p_1)(s-p_2)\cdots(s-p_n)}=\frac{K^*\prod_{i=1}^{m}(s-z_i)}{\prod_{j=1}^{n}(s-p_j)}=-1 \tag{4.4}$$

式中，z_i为开环零点，共m个；p_j为开环极点，共n个；$n>m$；K^*称为根轨迹增益。根

轨迹为K^*从零变到无穷大时，系统的闭环极点在复平面形成的轨迹。

由于根轨迹方程为复数方程，根据等号两侧的模值和相角分别相等，得到方程（4.4）满足如下两个条件。

（1）模值条件：

$$|G(s)H(s)| = K^* \frac{\prod_{i=1}^{m}|s-z_i|}{\prod_{j=1}^{n}|s-p_j|} = 1 \tag{4.5}$$

（2）相角条件：

$$\angle G(s)H(s) = \sum_{i=1}^{m}\angle(s-z_i) - \sum_{j=1}^{n}\angle(s-p_j) = \pm 180^\circ(2k+1),\quad k=0,1,2,\cdots \tag{4.6}$$

满足模值条件和相角条件的复数是特征方程的根，也就是系统的闭环极点。相角条件只与开环零极点有关，而模值条件不仅与开环零极点有关，还与根轨迹增益有关。因此，仅根据相角条件就可以画出系统在复平面上的根轨迹。模值条件用于计算根轨迹上某一点的根轨迹增益K^*。根轨迹法的任务是已知系统开环传递函数，确定系统闭环极点随K^*变化的分布规律，即已知系统的开环零极点，利用模值条件和相角条件确定闭环极点的分布。

4.2 绘制根轨迹的规则

根据根轨迹应当满足的模值条件和相角条件，得到画根轨迹的一般性结论和特点，进而绘制根轨迹。

1. 根轨迹的起止点

根轨迹的起点表示根轨迹增益$K^*=0$时系统开环极点的位置，根轨迹的终点代表$K^*=\infty$时的系统开环零点位置。可以将式（4.4）重写为

$$\prod_{j=1}^{n}(s-p_j) + K^*\prod_{i=1}^{m}(s-z_i) = 0 \tag{4.7}$$

可知，当$K^*=0$，可忽略后一项，系统的特征方程就变为

$$D(s) = \prod_{j}^{n}(s-p_j) = 0$$

解得

$$s = p_j,\ j=1,2,\cdots,n$$

因此，当$K^*=0$时，根轨迹起始于开环极点p_j。当$K^*=\infty$时，可忽略前一项，特征方程为

$$D(s) = K^*\prod_{i}^{m}(s-z_i) = 0$$

可解得

$$s = z_i,\quad i = 1,2,\cdots,m$$

因此，当 $K^* = \infty$ 时，根轨迹终止于开环零点 z_i。

2. 根轨迹的分支数和对称性

根轨迹的分支数等于系统开环极点数，即系统闭环极点数，也就是系统特征方程最高次幂指数。根轨迹为特征方程的解，解的形式只有实数和共轭复数两种形式，故根轨迹一定对称于实轴。

3. 实轴上的根轨迹分布

判断实轴上的某些点是否为根轨迹的一部分时，无须判断实轴上该处左侧的所有开环零极点，也无须判断所有在复平面内的共轭虚根。因为前者到该处的向量角度为零，后者是成对出现的共轭虚根，其到该处的向量角度之和也为零。因此只需要考虑该处右侧实轴上的所有开环零极点的分布即可。

假设根轨迹的右侧有 Z 个零点、P 个极点，由相角条件可得

$$180^\circ Z - 180^\circ P = \pm 180^\circ(2k+1),\quad k = 0,1,2,\cdots$$

即

$$Z - P = \pm(2k-1),\quad k = 0,1,2,\cdots$$

Z 和 P 的差为奇数，则二者之和也为奇数。因此，确定实轴上根轨迹的依据是实轴上的根轨迹右侧的开环零极点的总个数为奇数。

4. 根轨迹的渐近线

根轨迹是起始于开环极点，终止于开环零点，分支数为开环极点数。当开环零极点个数相同时，则每支根轨迹都有其固定起始点。当开环零点个数小于极点个数时，有零极点个数之差个分支根轨迹趋向于无穷远处。为此，将有限数值的零点称为有限零点，将无穷远处的零点称为无限零点。当根轨迹趋向无穷远时，可用一条渐近线表示。该渐近线可由斜率和过实轴的坐标唯一确定。

1）渐近线的斜率

取趋于无穷的根轨迹上的一点 s^*，由于 s^* 位于无穷远处，则从任何一个开环零极点向 s^* 处的向量角度可近似视为相同，该角度也可近似视为渐近线的斜率，设该斜率为 φ，代入相角条件公式（4.6）可得

$$m\varphi - n\varphi = \pm 180^\circ(2k+1),\quad k = 0,1,2,\cdots$$

即

$$\varphi = \frac{\pm 180^\circ(2k+1)}{n-m},\quad k = 0,1,2,\cdots \tag{4.8}$$

2）渐近线和实轴的交点

假设该渐近线与实轴交点为σ_k，仍然取趋向无穷的根轨迹的一点s^*，从该点s^*到所有开环零极点的距离，均可由渐近线与实轴的交点σ_k的距离代替。由模值条件可得

$$K^*\frac{\left|s-\sigma_k\right|^m}{\left|s-\sigma_k\right|^n}=1$$

即

$$K^*=\left|s-\sigma_k\right|^{n-m}=s^{n-m}-\sigma_k(n-m)s^{n-m-1}+\cdots \tag{4.9}$$

模值条件还可以写成

$$K^*=\frac{\left|s-p_j\right|^n}{\left|s-z_i\right|^m}=\frac{s^n-\left(\sum\limits_{j=1}^{n}p_j\right)s^{n-1}+\cdots}{s^m-\left(\sum\limits_{i=1}^{m}z_i\right)s^{m-1}+\cdots}=s^{n-m}-\left(\sum_{j=1}^{n}p_j-\sum_{i=1}^{m}z_i\right)s^{n-m-1}+\cdots \tag{4.10}$$

将式（4.9）和式（4.10）用待定系数法取s^{n-m-1}项的系数相等可得

$$\sum_{j=1}^{n}p_j-\sum_{i=1}^{m}z_i=\sigma_k(n-m)$$

即

$$\sigma_k=\frac{\sum\limits_{j=1}^{n}p_j-\sum\limits_{i=1}^{m}z_i}{n-m} \tag{4.11}$$

5. 根轨迹的分离点和会合点

根轨迹分支在复平面上相遇点和分开点称为根轨迹的会合点和分离点。根轨迹是系统特征方程的根在复平面上的轨迹。分离点或会合点是闭环极点出现在相同位置，即系统有重复的特征根。可依据特征方程的重根计算分离点和会合点。

由式（4.4），系统的特征方程可写为

$$D(s)=1+\frac{K^*A(s)}{B(s)}=0$$

式中，$A(s)=\prod\limits_{i=1}^{m}(s-z_i)$；$B(s)=\prod\limits_{j=1}^{n}(s-p_j)$。设系统当$K^*=K_{\mathrm{d}}$时存在重根，故特征式$D(s)$和特征式的导数$\dot{D}(s)$在此处的值均为0，即

$$D(s)=1+\frac{K_{\mathrm{d}}A(s)}{B(s)}=0 \tag{4.12}$$

$$\dot{D}(s)=\frac{K_{\mathrm{d}}\dot{A}(s)B(s)-K_{\mathrm{d}}A(s)\dot{B}(s)}{B^2(s)}=0 \tag{4.13}$$

解方程（4.13）可得分离点和会合点位置：

$$A(s)\dot{B}(s)=\dot{A}(s)B(s) \tag{4.14}$$

代入式（4.12）解出分离点和会合点对应的根轨迹增益 K_{d} 。

通过上面的分析得出结论，如果实轴上的两个相邻开环极点之间是根轨迹，则在这段上面一定存在分离点；如果实轴上的两个相邻开环零点之间是根轨迹，则在这段上面一定存在会合点。还应注意，分离点和会合点并不是只存在于实轴上面，在复平面上也可能存在成对的分离点或会合点。

6. 根轨迹的入射角和出射角

如果系统存在复数的开环零点，则一定会存在一段根轨迹终止于该点。进入复数零点的根轨迹与水平正方向的夹角称为入射角。如果系统存在复数的开环极点，则一定会存在一段根轨迹起始于该点。从复数极点出发的根轨迹与水平正方向的夹角称为出射角。根轨迹的入射角和出射角在绘制根轨迹方面有很大的用处。

7. 根轨迹与虚轴交点

当根轨迹增益 K^{*} 增大至一定数值，根轨迹可能越过虚轴进入右半复平面，导致系统闭环极点出现在右半复平面，系统不稳定。根轨迹与虚轴交点是系统特征方程的共轭虚根，对应系统处于临界稳定状态，对应点处的根轨迹增益称为临界根轨迹增益。确定该交点的方法很多，例如，利用劳斯判据保证带 K^{*} 参数的劳斯表第一列系数全为正数，求得 K^{*} 范围；使用试探法，选取不同的 K^{*} 值代入模值条件和相角条件；直接将 $s=\mathrm{j}\omega$ 代入特征方程中；等等。具体方法的选择可按具体情况和设计人员的习惯而定。

8. 根轨迹分支的相互关系

控制系统有阶数 n 支根轨迹，它们之间存在紧密的联系。若某些根轨迹向右变化，则另一些根轨迹向左变化；若某些根轨迹向上变化，则另一些根轨迹向下变化。

至此，已经将所有有关根轨迹相关的绘制规则介绍完毕。根轨迹还有很多其他特点，本书不再一一列举，读者可以自行查阅相关文献。

4.3 根轨迹法分析系统

根轨迹法具有简单直观的特点，是一种重要的分析方法。本节将使用根轨迹法来进行系统分析。

根据根轨迹的绘制规则及特点，绘制系统某一参数变化时系统特征根的变化轨迹。当开环根轨迹增益发生变化时，闭环极点位置改变，可以简单直观判断系统的稳定性和动态特性。利用根轨迹图可以实现以下功能。

（1）确定系统的稳定性以及系统稳定时根轨迹增益的取值范围。

（2）根据根轨迹增益确定系统闭环极点的分布，得出系统的动态性能指标。

（3）确定根轨迹点对应的根轨迹增益与系统的型别，得出系统的稳态误差。

【例 4.1】 假设单位负反馈的开环传递函数为

$$G_K(s)=\frac{K^*}{s(s+2)(s+3)}$$

试用根轨迹法判断系统稳定时根轨迹增益 K^* 的取值范围。

解：由式（4.2）和图 4.1 可知，系统的特征方程为

$$D(s)=s(s+2)(s+3)+K^*=0$$

使用 MATLAB 中 rlocus 命令得到开环传递函数的根轨迹，仿真结果如图 4.2 所示，仿真程序如下：

```
sys = tf([1], conv([1, 0], conv([1, 2], [1, 3])));
rlocus(sys)
```

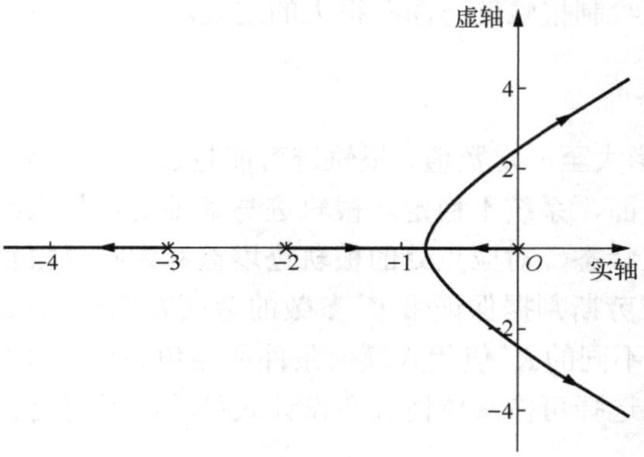

图 4.2 例 4.1 中反馈控制系统的根轨迹

从图 4.2 中可以看出，随着 K^* 的增大，左侧的一支根轨迹沿实轴向左移动，属于稳定的根；而对于右侧的两支根轨迹，则越过虚轴出现在右半复平面，产生不稳定的根。需要求出根轨迹与虚轴的交点处对应的根轨迹增益，即系统的临界稳定开环增益。

将虚轴上的点 $s=\mathrm{j}\omega$ 代入特征方程中，得到

$$D(\mathrm{j}\omega)=(\mathrm{j}\omega)^3+5(\mathrm{j}\omega)^2+6\mathrm{j}\omega+K^*=0$$

即

$$-\omega^3\mathrm{j}-5\omega^2+6\omega\mathrm{j}+K^*=0$$

用待定系数法，等式两侧实部和虚部相等可得

$$\begin{cases}-\omega^3+6\omega=0\\-5\omega^2+K^*=0\end{cases}$$

解得

$$\omega = \sqrt{6}\ \text{rad/s}, \quad K^* = 30$$

要保证系统稳定，根轨迹增益 K^* 需要满足 $0 < K^* < 30$。

【例 4.2】 设单位反馈系统的开环传递函数为

$$G_K(s) = \frac{K^*(s+2)}{s(s+1)}$$

试证明该系统的根轨迹在复平面部分是一个圆，并分析当 K^* 变化时，系统性能指标的变化。

解：由于被控对象是二阶系统，假设系统的闭环极点是 $s_1 = x + y\text{j}$，$s_2 = x - y\text{j}$。代入特征方程，解出闭环极点横纵坐标 x 和 y 的表达式。由式（4.2）和图 4.1 可知，系统的特征方程为

$$D(s) = s^2 + (K^* + 1)s + 2K^* = 0 \tag{4.15}$$

由根与系数的关系可得

$$\begin{cases} s_1 + s_2 = x + y\text{j} + x - y\text{j} = 2x = -K^* - 1 \\ s_1 s_2 = (x + y\text{j})(x - y\text{j}) = x^2 + y^2 = 2K^* \end{cases}$$

联立，消去 K^* 解得

$$x^2 + y^2 = -4x - 2$$

即

$$(x+2)^2 + y^2 = 2$$

可以看出，这是一个以 $(-2, \text{j}0)$ 为圆心、$\sqrt{2}$ 为半径的圆。证明根轨迹在复平面一部分是圆。使用 MATLAB 进行仿真验证，程序如下：

```
sys = tf([1, 2], conv([1, 0], [1, 1]));
rlocus(sys)
```

得到的仿真曲线如图 4.3 所示。

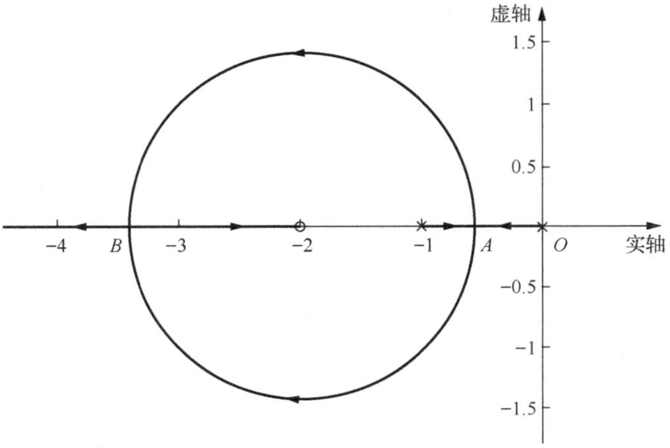

图 4.3 例 4.2 中带有分离点和会合点的控制系统根轨迹

继续分析当K^*变化时，系统性能指标的变化。具体分析可分为三个阶段：从开环极点到分离点A，从分离点A沿圆弧到会合点B，由会合点B到开环零点。需要求出A、B两点的根轨迹增益K_A^*和K_B^*。令式（4.14）中$A(s)=s+2$，$B(s)=s(s+1)$，故有

$$s(s+1)=(s+2)(2s+1)$$

解得

$$s_A=-2+\sqrt{2},\quad s_B=-2-\sqrt{2}$$

对应的根轨迹增益可代入特征方程（4.15）中得到

$$K_A^*=0.17,\quad K_B^*=5.83$$

（1）系统的稳定性。从图 4.3 中发现，随着K^*从零到无穷变化，两个闭环极点不会越过虚轴进入右半复平面，故系统是一个能够一直保持稳定的系统。

（2）系统的稳态误差。从开环传递函数可以看出，该系统是一个Ⅰ型系统，根轨迹的K^*与开环增益K_{K}之间只差一个比例系数（K^*为传递函数化成首 1 形式，K_{K}为传递函数化为尾 1 形式），即

$$2K^*=K_{\mathrm{K}}$$

故只需计算系统的速度稳态误差系数，根据表 3.3 可算出对斜坡输入信号的稳态误差、对阶跃输入信号的无差跟踪，以及无法跟踪加速度信号。

（3）根据开环增益分析系统动态性。当$0<K^*<0.17$时，系统两个闭环极点均位于左半复平面的实轴上。该系统为过阻尼二阶系统，单位阶跃响应为非周期过程，无超调。当$K^*=0.17$时，两闭环极点重合，为临界阻尼系统。当$0.17<K^*<5.83$时，两个闭环极点为共轭复数极点，系统为欠阻尼二阶系统。单位阶跃响应为阻尼振荡过程，随着K^*逐渐增大，系统调节时间逐渐变短，超调量先增大后减小。当$K^*=5.83$时，两闭环极点再次重合，为临界阻尼系统。当$5.83<K^*<\infty$时，两个闭环极点均为负实数极点，系统又变回过阻尼二阶系统。但当K^*增大至某个值后，离虚轴近的极点会变为主导极点，从而可以忽略离虚轴远的极点的影响，系统的阶跃输入响应可近似为一阶系统的阶跃输入响应。

4.4 根轨迹法设计控制器

从前面部分可以看出，系统参数变化会引起根轨迹增益发生变化。根轨迹是系统的根轨迹增益变化时闭环极点的变化轨迹，可以改变根轨迹增益将系统的闭环极点配置到需要的位置上。前提是设计的闭环极点能在根轨迹上，否则无法通过改变根轨迹增益得到想要的结果。在很多情况下，需配置的闭环极点不在当前根轨迹上，需要先加入其他环节改变当前根轨迹，使改变后的根轨迹出现期望的闭环极点，再通过改变根轨迹增益得到期望的闭环控制系统。

那么，如何改变系统的根轨迹走向呢？由于根轨迹的形状是由系统的开环零极点确定的，可以通过改变系统开环零极点的位置改变根轨迹的形状。由于被控对象是固定不变的，

不能直接改变它的参数，需要调整被控对象以外的参数。常见的方法是在被控对象前面增加控制装置，改变或增加控制装置的参数，改变系统的开环零极点，进而改变整个闭环控制系统的根轨迹走向。根轨迹法是通过在系统的开环传递函数中附加额外的零极点，使得根轨迹经过期望的闭环极点。

4.4.1 附加开环零极点

1. 附加开环零点

增加开环零点会影响系统根轨迹的走向，也就是改变系统闭环极点的位置，使新的根轨迹向左侧弯曲或者移动，有利于系统的稳定和动态性能。常常使用附加开环零点的方法改善系统性能。

【例 4.3】 单位反馈系统的开环传递函数为

$$G_K(s)=\frac{K^*}{s(s+1)(s+2)}$$

分析附加开环零点对系统稳定性的影响。

解： 由根轨迹的画法得到系统的根轨迹如图 4.4 所示。可以看到，当 K^* 逐渐增大时，根轨迹将越过虚轴，导致系统不稳定。附加开环零点 $s=-z$ 后，系统开环传递函数变为

$$G_K(s)=\frac{K^*(s+z)}{s(s+1)(s+2)}$$

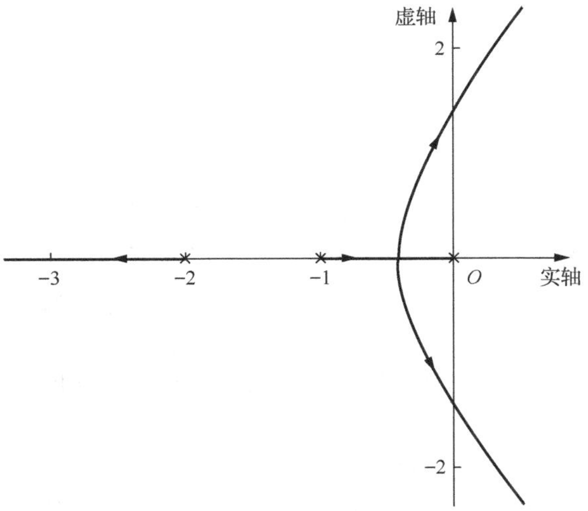

图 4.4　例 4.3 中原系统的根轨迹

开环零点位置不同，将导致根轨迹的走向不同。根据极点的位置，将开环零点取值划分为三个范围：$z>2$，$1<z<2$，$0<z<1$。z 分别取 4、1.5、0.5 时系统的根轨迹如图 4.5 所示。

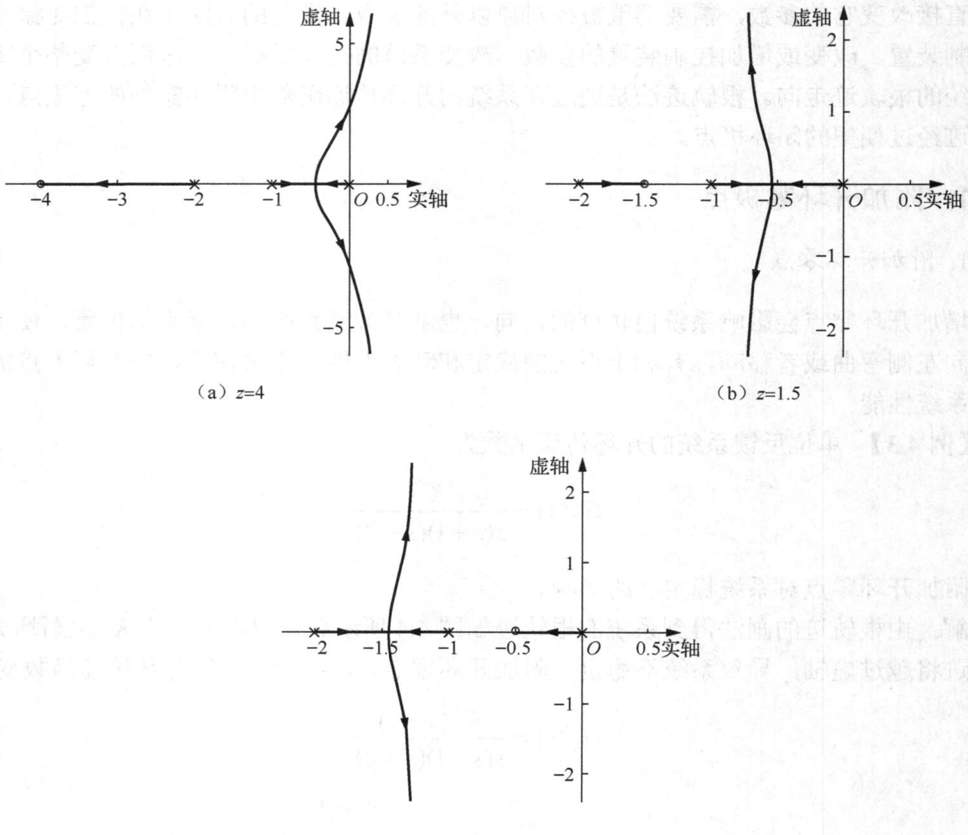

图 4.5　例 4.3 中附加的开环零点位置不同时系统的根轨迹

从图 4.5 中可以看出，加入的开环零点后根轨迹仍为 3 支，相比于原来的根轨迹，新的根轨迹向左侧弯曲或者移动，改变了系统极点位置。极点向左半复平面移动，有利于系统的稳定性。但并不是加入了开环零点系统性能就能显著地调高，当开环零点设置不当，仍有可能出现系统不稳定的情况。在 $z=4$ 时，根轨迹仍越过虚轴，临界根轨迹增益和临界频率都不高，存在使系统不稳定的根。在 $z=1.5$ 时，根轨迹有左倾趋势，不可能越过虚轴，系统总能保持稳定。若此时系统设计得当，将出现两个共轭虚根和一个左侧的实数极点，还可能出现主导共轭虚根，系统就可以近似为欠阻尼二阶系统，性能指标可以使用时域分析法中的公式计算。在 $z=0.5$ 时，和第二种情况类似，系统也能保持稳定。不同的点在于，这种情况下，右侧的实数极点将占据重要地位，而不是左侧的共轭虚根，系统将近似于一阶系统，具有较慢的响应速度。综上所述，合理地配置附加开环零点有利于改善系统的性能。

2. 附加开环极点

附加开环极点增加系统阶次，对系统性能有何影响呢？下面举例说明。

【例 4.4】 考虑单位反馈系统的开环传递函数为

$$G_K(s)=\frac{K^*}{s(s+1)}$$

分析附加开环极点对系统稳定性的影响。

解： 由根轨迹的画法得到系统的根轨迹如图 4.6 所示。

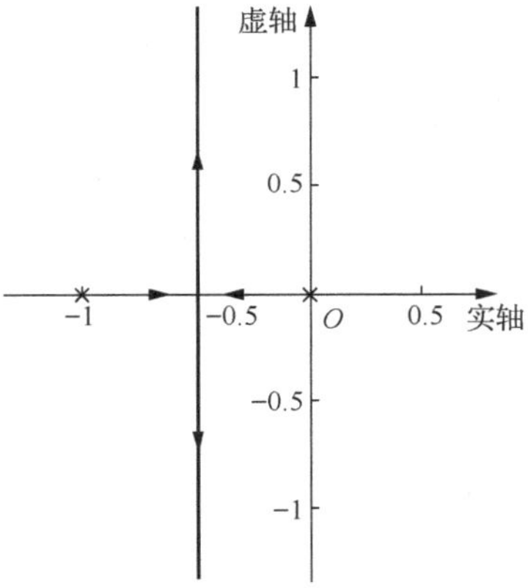

图 4.6 例 4.4 中原系统根轨迹

增加开环极点 $s=-p$ 后，系统的开环传递函数变为

$$G_K(s)=\frac{K^*}{s(s+1)(s+p)}$$

现有极点位于 0 和 1 之间，附加的极点 p 分别取 2 和 0.5 时，对应的根轨迹如图 4.7 所示。

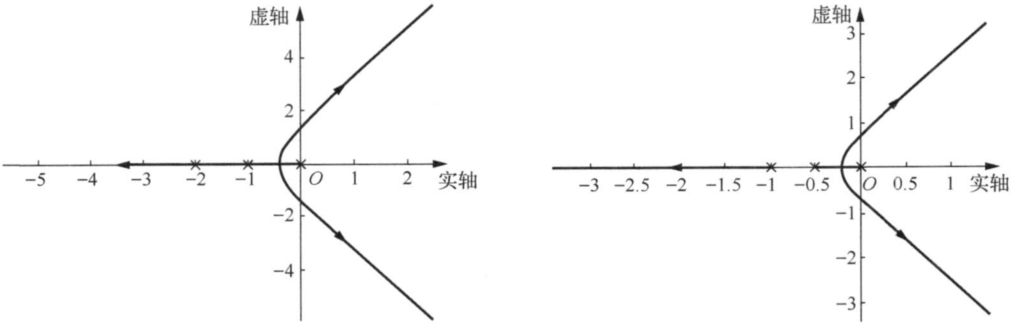

（a）$p=2$ （b）$p=0.5$

图 4.7 附加的开环极点位置不同时系统的根轨迹

可以看到，增加开环极点后，渐近线变为 3 条，斜率由原来的 ±90°变为了 ±60°、180°，根轨迹出现向右侧发展的趋势，会越过虚轴，导致对应的系统不稳定。这不是控制系统设计希望看到的，因此，一般不会单独增加开环极点。

3. 附加开环零极点对系统根轨迹影响的定量描述

如何定量的描述附加开环零极点与系统的性能关系呢？即开环零极点加在何处会使系

统的根轨迹经过期望的点呢？下面举例说明。

【例 4.5】 考虑单位负反馈控制系统方框图，如图 4.8 所示。

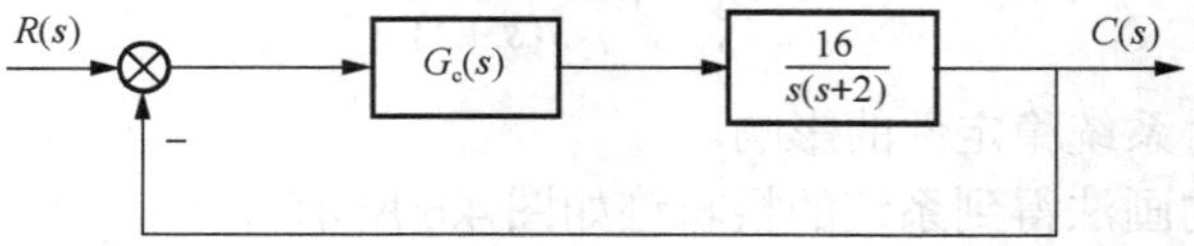

图 4.8 例 4.5 控制系统方框图

分析附加开环零极点对系统稳定性的影响。

解： 当控制器为比例控制，且比例增益为 1，即 $G_c(s)=1$ 时，对应的闭环传递函数为

$$G_B(s)=\frac{16}{s^2+2s+16}$$

系统的根轨迹如图 4.9 所示。当两个极点从分离点向无穷趋近时，由于距虚轴较近，对应的调节时间较长。若要缩短系统的调节时间，可将闭环极点向左侧配置。要让根轨迹产生左倾的趋势，需要附加开环零点。

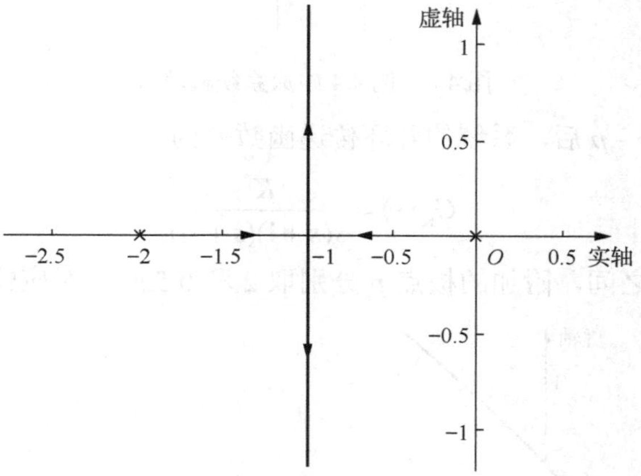

图 4.9 例 4.5 中原系统根轨迹

假设配置的零点位置为 $s=-a$，系统的开环传递函数变为

$$G_K(s)=\frac{16K^*(s+a)}{s(s+2)}$$

选择将闭环极点配置为 $-4\pm 2\mathrm{j}$，两个开环极点提供的相角分别为 135° 和 153.5°，按照相角条件需要设计附加的开环零点进行相角补偿。相角补偿是指，当已有的开环零极点无法满足预想配置的闭环极点的相角条件时，需要另加开环零极点，使得新加的开环零极点提供的相角，能满足预想配置闭环极点的相角条件。附加的开环零点提供的相角 φ 应满足

$$\varphi-(135^\circ+153.5^\circ)=\pm180^\circ$$

解得 $\varphi=108.5^\circ$。本例中，需要使用附加开环零点补偿不足的相角 $135^\circ+153.5^\circ-180^\circ=108.5^\circ$。根据几何关系可求得开环零点应位于−3.33 处。配置开环零点的角度，如图 4.10 所示。此

时对应的开环传递函数为

$$G_K(s)=\frac{16K^*(s+3.33)}{s(s+2)}$$

和特征方程为

$$s^2+(16K^*+2)s+53.28K^*=0$$

再将特征根（预期配置的闭环极点）$-4\pm2j$ 代入可得根轨迹增益 $K^*=0.375$。

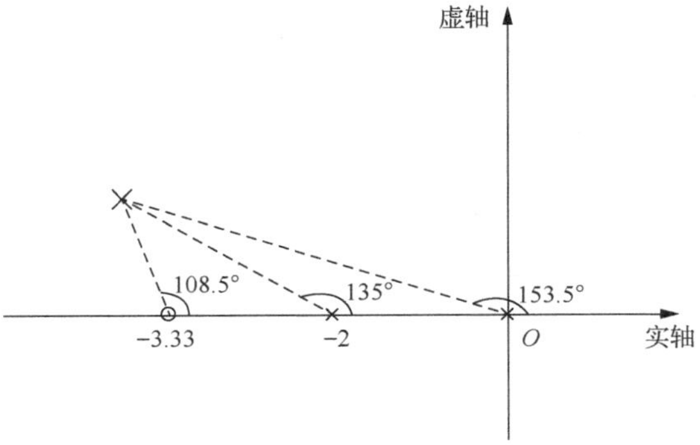

图 4.10　配置开环零点补偿相角

在开环传递函数中附加零点的方法，形成比例微分（PD）控制，因为它是在被控对象前面加入了 $K(s+a)$ 环节。该环节由一个比例环节 Ka 和微分环节 Ks 并联构成。这种控制方法可以提高系统的响应速度。但是也有两个缺点：一是实际系统中这种配置不好实现，PD 控制器需要额外的能量来源，无法通过被动元件实现；二是 PD 控制器会放大高频噪声。

4.4.2　控制器设计

单纯的 PD 控制器是因为仅附加了零点，无法提供能量来源，而积分环节可以储蓄能量。可尝试与附加开环极点配合，设计补偿器为

$$G_c(s)=\frac{s+a}{s+b} \tag{4.16}$$

式中，$-a$、$-b$ 分别为该环节的零极点。补偿器给开环传递函数额外提供一个零点和一个极点。通过调整 a、b 的值可调整该环节所能提供的额外相角值。当 $a>b$，即配置的零点在极点左侧时，该环节所提供的相角小于 0；当 a 比 b 大很多时，补偿器可近似为附加开环极点；当 $a<b$，即配置的零点在极点右侧时，该环节所提供的相角大于 0，当 b 比 a 大很多时，补偿器可近似为附加开环零点。两种情况的适用场合不同，对系统的影响也不同。下面以具体例子进行分析。

【例 4.6】 单位负反馈控制系统方框图如图 4.11 所示。$G(s)$ 为被控对象的传递函数，$G_c(s)$ 为控制器的传递函数，设计控制器分别满足：

（1）在单位阶跃响应下，缩短系统的调节时间。

（2）在单位阶跃响应下，减小系统稳态误差。

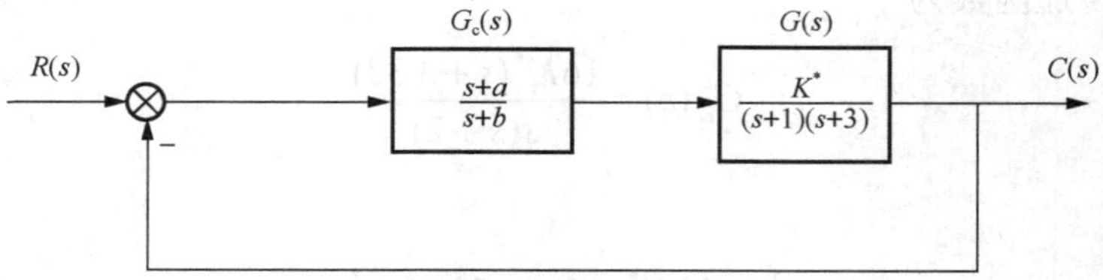

图 4.11 例 4.6 控制系统方框图

解：（1）缩短调节时间。

系统的闭环极点配置到离虚轴较远的位置，可以减小调节时间。假设需要将闭环极点配置到 $-3\pm2\mathrm{j}$，由相角条件（4.6）已知（为了方便分析，相角条件等号右侧取 $-180°$），零点提供的相角 φ_a 和极点提供的相角 φ_b 应满足

$$\varphi_a-(\varphi_b+90°+135°)=-180°$$

即 $\varphi_a-\varphi_b=45°$。取 $\varphi_a=60°$，$\varphi_b=15°$，所对应的几何关系如图 4.12 所示。

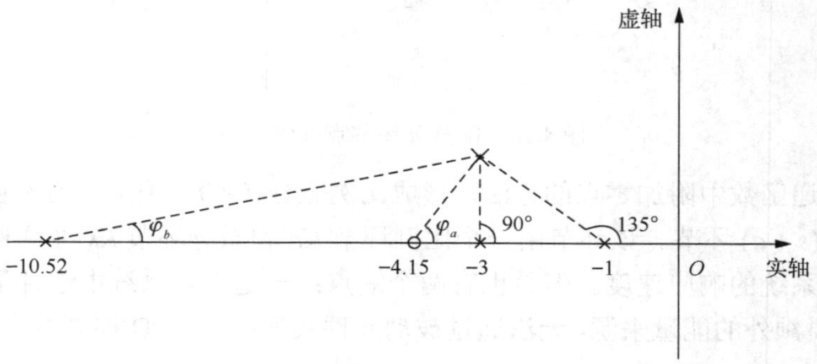

图 4.12 配置开环零极点提供相角

由图 4.12 中的几何关系可计算出，补偿器的零极点分别为 $a=4.15$，$b=10.52$，补偿器的传递函数为

$$G_c(s)=\frac{s+4.15}{s+10.52}$$

系统的根轨迹如图 4.13 所示。可以看到，新系统的根轨迹确实通过 $-3\pm2\mathrm{j}$，此点的根轨迹增益为 $K^*=19.2$，闭环极点配置完成。当根轨迹增益 $K^*=19.2$ 时，画出控制器设计前后系统单位阶跃输入响应曲线，如图 4.14 所示。可以看出，新系统的调节时间比原系统短，同时超调量有所减小。

（2）减小稳态误差。

系统为单位阶跃输入时，误差信号的拉普拉斯变换为

$$E(s)=G_e(s)R(s)=\frac{\frac{1}{s}}{1+\frac{s+a}{s+b}G(s)}$$

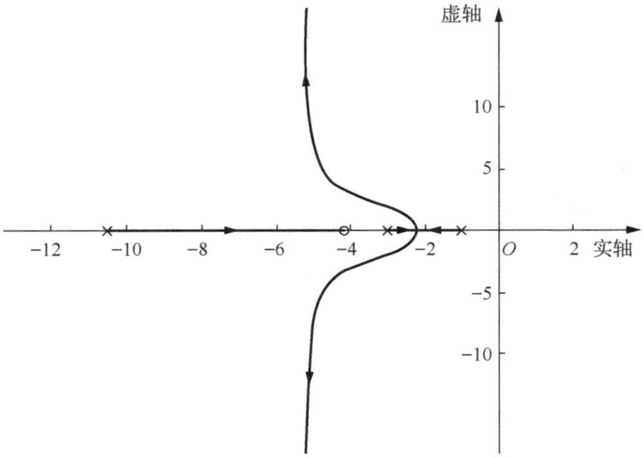

图 4.13 例 4.6 中补偿后系统的根轨迹

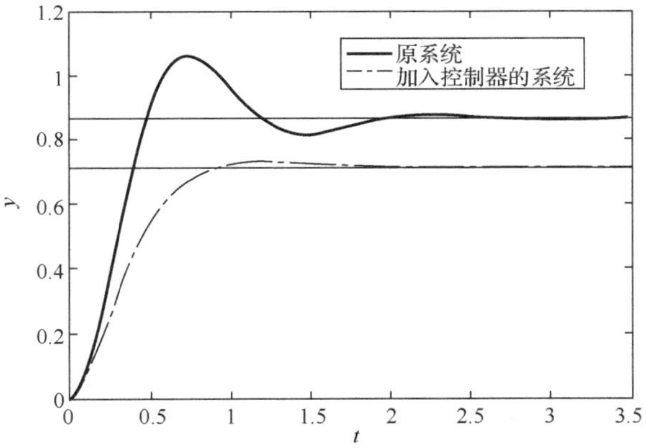

图 4.14 加控制器前后系统单位阶跃响应对比

系统的稳态误差为

$$e_{ss}=\lim_{s\to 0}sE(s)=\lim_{s\to 0}\frac{1}{1+\dfrac{s+a}{s+b}G(s)}=\frac{1}{1+\dfrac{a}{b}G(0)}$$

可以看到，当 a/b 越大，稳态误差 e_{ss} 越小，即新加的开环零点位于开环极点左侧越远越好，当 a 比 b 大很多时，$a/b\to\infty$，此时的系统可看作只附加了一个开环极点。

在不使用补偿器的情况下，当根轨迹增益 $K=1$ 时，系统的稳态误差为

$$e_{ss}=\frac{1}{1+G(0)}=\frac{1}{1+\dfrac{1}{3}}=0.75$$

若要加上补偿器，使得稳态误差减小，则可以令 $a/b=6$，此时的稳态误差变为

$$e_{ss}=\frac{1}{1+2}=0.33$$

对于满足 $a/b=6$ 的条件，a、b 的取值有很多种。例如，令补偿器的零极点分别位于 -0.6、

−0.1 或者 −6 、 −1，控制器的传递函数为

$$G_c(s)=\frac{s+0.6}{s+0.1}\text{或}G_c(s)=\frac{s+6}{s+1}$$

这两种选择下，系统的根轨迹如图 4.15 所示。第一种选择使得零极点距离虚轴更近，附加后系统的根轨迹与原来的根轨迹十分相似，仅增加了一条从−0.1 指向−0.6 的分支。第二种选择下根轨迹改变较大，穿越了虚轴，可能产生不稳定的系统。当根轨迹增益为 $K^*=1$ 时，两种选择对应单位阶跃输入响应如图 4.16 所示。

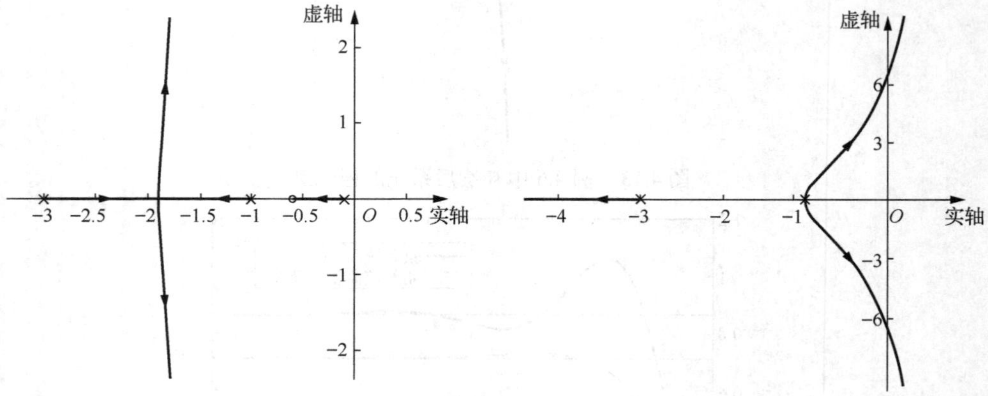

（a）$a=-0.6$，$b=-0.1$　　（b）$a=-6$，$b=-1$

图 4.15　补偿器零极点不同时对应根轨迹

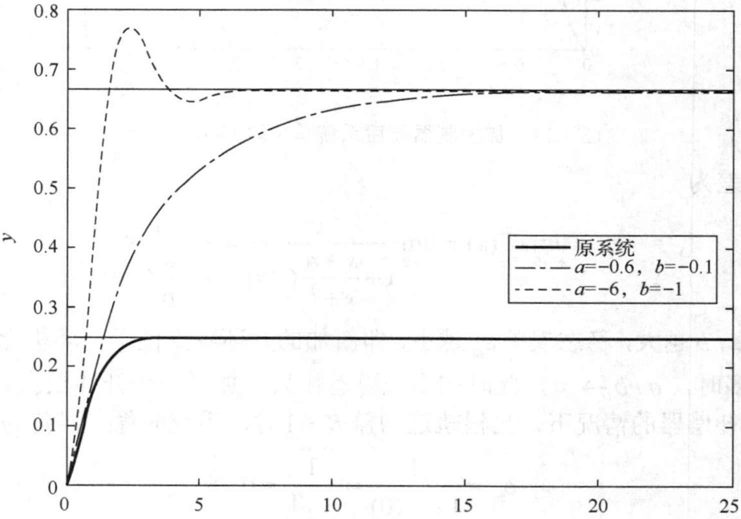

图 4.16　单位阶跃响应对比

可以看到，增加补偿器后，系统的稳态误差均从 0.75 下降至 0.33。使用附加零极点为 −0.6 、 −0.1 的系统输出同原输出趋势一致，不会产生超调，逐渐趋于终值。而使用附加零

极点为−6、−1的系统则会产生一定的超调，与原系统输出有完全不同的表现。

【例 4.7】 某飞机模型的输入升降舵和输出俯仰角之间的传递函数为

$$G(s)=\frac{160(s+2.5)(s+0.7)}{(s^2+5s+40)(s^2+0.03s+0.06)}$$

使用根轨迹的方法设计控制器，要求当升降舵阶跃输入时，上升时间 $t_r \leqslant 1\text{s}$，超调量 $\sigma\%<10\%$。

解：为了使超调量小于 10%，阻尼比要满足 $\zeta>0.6$；为使上升时间小于 1s，ω_n 需大于 1.8rad/s。

在不明确控制器的形式时，首先从比例控制入手，即将控制器的传递函数设为 $G_c(s)=K$。在 MATLAB 中根轨迹的绘制，仿真程序如下：

```
num = 160 * conv([1, 2.5], [1, 0.7]);
den = conv([1, 5, 40], [1, 0.03, 0.06]);
sys = tf(num, den);
rlocus(sys)
```

仿真得到的结果如图 4.17 所示。将根轨迹图分为两部分分析，分别为距离实轴较近的一对共轭虚根 s_1 和 s_2 所在两支根轨迹和距离实轴较远的一对共轭虚根 s_3 和 s_4 所在两支根轨迹。根轨迹分支 s_1 和 s_2 对应阻尼比较大，可以满足超调量要求，根轨迹分支 s_3 和 s_4 对应阻尼比较小，最大阻尼比约为 0.395，无法满足超调量需求。同时，考虑根轨迹到虚轴的距离 $\zeta\omega_n$ 的限制，$\zeta\omega_n$ 需满足 $\zeta\omega_n>0.6\times1.8=1.08$，根轨迹分支 s_3 和 s_4 到虚轴的距离可满足要求，但根轨迹分支 s_1 和 s_2 无法满足要求。因此，仅通过改变根轨迹增益无法实现较好的极点配置，比例控制达不到控制要求，需要附加开环零极点改变根轨迹的走向。由于系统的动态性能需要满足一定的指标，根轨迹分支 s_3 和 s_4 对应响应应要比 s_1 和 s_2 快，对系统的动态性能影响较大。因此，应重点关注响应快速的根轨迹分支 s_3 和 s_4，下面考虑配置额外的零极点使得根轨迹分支 s_3 和 s_4 对应阻尼比增大。

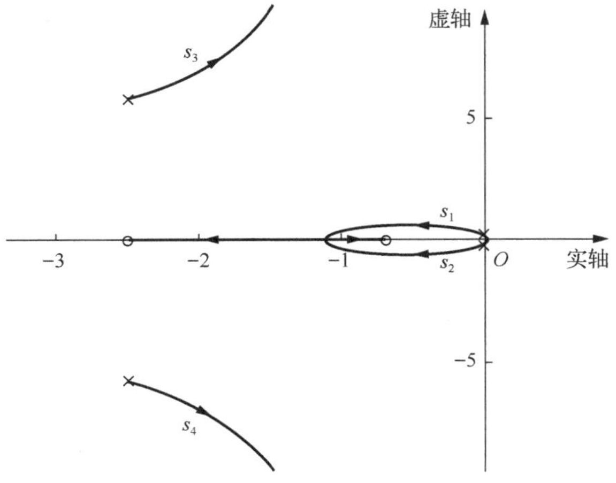

图 4.17 例 4.7 中原系统的根轨迹

要增大阻尼比以及振荡角频率，需将根轨迹向左弯曲，保证补偿器的零点在极点的右侧。取 $a=3$ 、 $b=20$ 时，系统能够满足要求，即

$$G_c(s)=\frac{s+3}{s+20}$$

系统的根轨迹如图 4.18 所示，图 4.18（a）是系统根轨迹图，图 4.18（b）是图 4.18（a）在原点附近的根轨迹放大图，实线表示原来的根轨迹，点画线表示新的根轨迹。可以看到，s_1、s_2 对应的分支并没有发生太大的变化，s_3、s_4 对应分支变为向左侧弯曲，同时附加了一个实轴上的分支。此时的上升时间和超调量分别为

$$t_r=0.125\text{s},\quad \sigma\%=\frac{1.05-0.963}{0.963}=9\%$$

满足设计要求的超调量和上升时间。附加后系统的单位阶跃输入响应如图 4.19 所示。

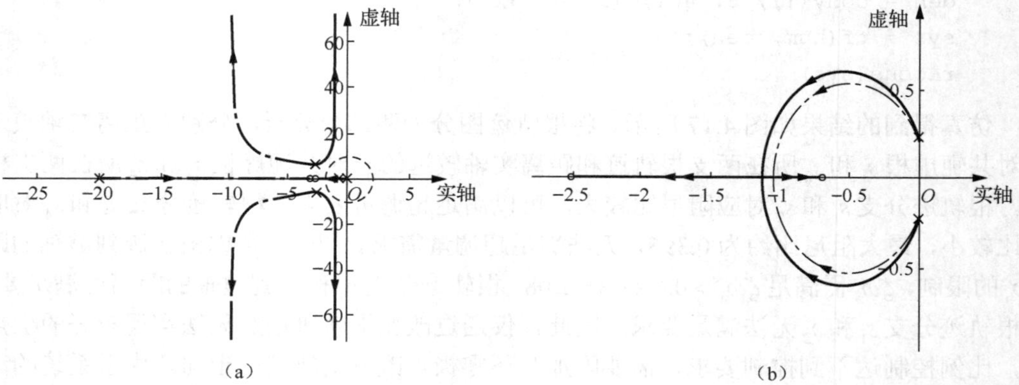

图 4.18　加控制器前后的根轨迹对比

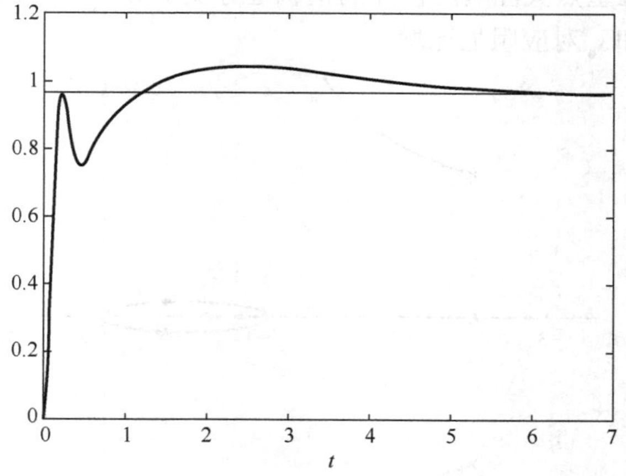

图 4.19　加入补偿器后的系统单位阶跃响应

总而言之，在设计系统时，参数的选定不是一蹴而就的，需不断地调整补偿器的参数，考察当前调整对输出响应的影响，反复进行才能设计出满意的系统。

4.5 本章小结

本章主要介绍了根轨迹的相关概念及利用根轨迹进行系统的分析和设计。根轨迹法是一种图解方法，通常指根轨迹增益变化时系统闭环极点在 s 平面形成的轨迹，形象且直观地反映出系统参数的变化对根的分布位置的影响。在系统的分析方面，主要介绍了根的位置不同时，系统的性能指标发生何种变化。在系统的设计方面，分别定性和定量地介绍了附加开环零极点对系统根轨迹的影响，并利用根轨迹进行控制器参数的设计。

习　　题

4.1　某单位负反馈系统开环传递函数为

$$G_K(s)=\frac{K^*(s+1)}{s^2(s+3.6)}$$

绘制系统根轨迹。

4.2　某单位负反馈系统开环传递函数为

$$G_K(s)=\frac{K^*}{s(s+1)(s^2+4s+13)}$$

绘制系统根轨迹。

4.3　某单位负反馈系统开环传递函数为

$$G_K(s)=\frac{K^*}{s(s+4)(s^2+4s+20)}$$

绘制系统根轨迹。

4.4　某单位反馈系统开环传递函数为

$$G_K(s)=\frac{6.9(s^2+6s+25)}{s(s^2+8s+25)}$$

试用根轨迹法计算闭环控制系统根的位置。

4.5　某单位反馈系统开环传递函数为

$$G_K(s)=\frac{K^*}{s(s+2)(s+4)}$$

（1）绘制 K^* 由 $0\to\infty$ 变化的根轨迹。

（2）求系统产生持续等幅振荡时的 K^* 值和振荡频率。

（3）确定系统呈阻尼振荡动态响应的 K^* 范围。

（4）求主导极点具有阻尼比为 0.5 时的 K^* 值。

4.6 设一个单位负反馈系统的开环传递函数为

$$G_K = \frac{K^*}{s^2(s+2)}$$

（1）由所绘制的根轨迹图，说明对所有的 K^* 值，系统总是不稳定的。
（2）在 $s=-a(0<a<2)$ 处附加一个开环零点，证明加零点后的系统是稳定的。

4.7 如图 4.20 所示的激光操作控制系统，可用于外科手术时在人体内钻孔。手术要求激光操作系统必须具有高度精确的位置和速度响应，直流电动机的参数选为 T_1=0.1s，电机和荷载组合的机电时间常数 $T_2=0.2\text{s}$，要求调整放大器增益 K_a，使系统在单位斜坡输入 $r(t)=At(A=1\text{mm}/\text{s})$ 时，系统稳态误差 $e_{ss}\leqslant 0.1\text{mm}$。

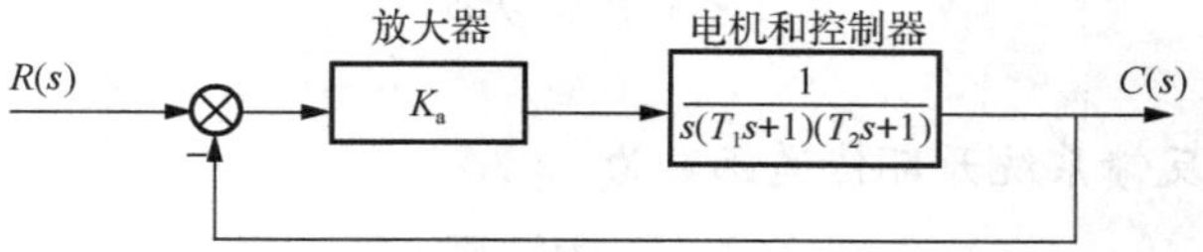

图 4.20 激光操作控制系统

4.8 考虑如图 4.21 所示的控制系统模型，试设计一个校正装置 $G_c(s)$，使得主导闭环极点的阻尼比 ζ 和无阻尼固有频率 ω_n 分别为 0.5和2rad / s。

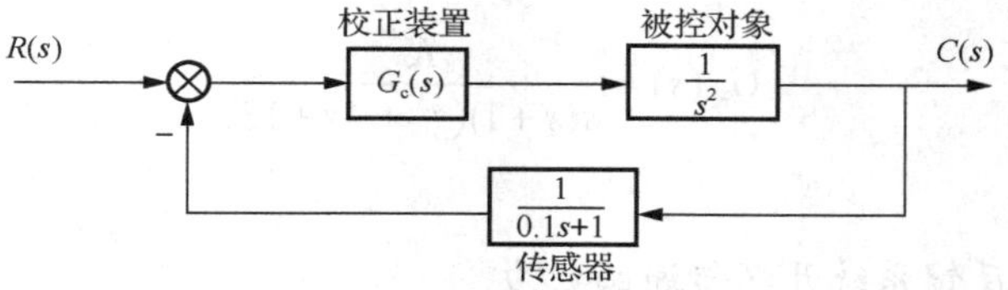

图 4.21 题 4.8 系统方框图

4.9 设有一个单位负反馈系统，开环传递函数为

$$G_K(s) = \frac{K(s+9)}{s(s^2+4s+11)}$$

试确定闭环极点在根轨迹上的位置，以保证闭环主导极点具有的阻尼比等于 0.5。此外，确定响应的增益 K 值。

4.10 考虑图 4.22 所示控制系统，试设计校正装置，使速度稳态误差系数 $K_v=20\text{s}^{-1}$，同时不会使原本的一对共轭复数闭环极点的位置发生明显改变。

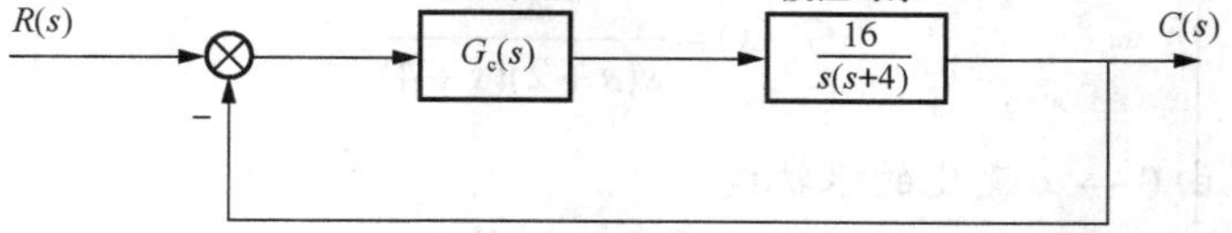

图 4.22 题 4.10 系统方框图

5 控制系统的频域分析

基于系统的微分方程和传递函数的时域分析法对于低阶系统比较适用，而求解响应困难导致其很难适用于普遍存在的高阶系统。即便是以图解为基础的根轨迹法，也同样存在着高阶系统根轨迹难以绘制的问题。实际系统建模时也是忽略了一些因素得到的数学模型，难以全面表征系统的特性。频域分析法是从输入信号的频域组成出发，利用系统的频率特性，分析和改进难以精确建模系统的静态和动态性能。

5.1 频 率 特 性

由傅里叶变换可知，任何信号都可以由不同频率正弦信号的叠加表示。系统的输入信号可由不同频率的正弦信号合成，再根据线性系统叠加原理，系统输出响应就可以表示成不同频率的正弦输入信号对应的系统输出响应的和。那么，可以通过系统对正弦信号的响应分析系统的性能，也就是利用系统的频率特性分析系统的性能，称为频域分析法。频域分析法的优点是不依赖于精确系统模型，对物理系统进行频率响应实验即可获得系统的频率特性。通过频率特性图解方法能够间接揭示系统的时域性能，提供改善系统性能的新工具。

5.1.1 频率特性的概念

对于一个稳定的线性定常系统，若系统的输入为正弦信号，其稳态输出是与输入同频率的正弦信号，只是幅值与相位不同。

假设线性定常系统的传递函数表示为

$$G(s)=\frac{N(s)}{D(s)}=\frac{N(s)}{(s+s_1)(s+s_2)\cdots(s+s_n)} \tag{5.1}$$

若输入信号是幅值 X 、频率 ω 的正弦函数 $r(t)=X\sin(\omega t)$ ，其拉普拉斯变换为

$$R(s)=\frac{\omega X}{s^2+\omega^2}$$

系统输出的部分分式形式为

$$\begin{aligned}C(s)&=G(s)R(s)=G(s)\frac{\omega X}{s^2+\omega^2}\\&=\frac{a}{s+\mathrm{j}\omega}+\frac{\overline{a}}{s-\mathrm{j}\omega}+\frac{b_1}{s+s_1}+\frac{b_2}{s+s_2}+\cdots+\frac{b_n}{s+s_n}\end{aligned} \tag{5.2}$$

式中， a 、 $\overline{a}$ 和 $b_i\,(i=1,2,\cdots,n)$ 均为常数。对上式进行拉普拉斯反变换得

$$c(t)=a\mathrm{e}^{-\mathrm{j}\omega t}+\overline{a}\mathrm{e}^{\mathrm{j}\omega t}+b_1\mathrm{e}^{-s_1 t}+b_2\mathrm{e}^{-s_2 t}+\cdots+b_n\mathrm{e}^{-s_n t} \tag{5.3}$$

由于稳定系统的极点均具有负实部，当$t\to\infty$时，有$\mathrm{e}^{-s_i t}\to 0\,(i=1,2,\cdots,n)$，即式（5.3）右侧除了前两项以外，其余项都将在稳态时消失。系统（5.1）的稳态输出由前两项决定，可表示为

$$c_{\mathrm{ss}}(t)=a\mathrm{e}^{-\mathrm{j}\omega t}+\overline{a}\mathrm{e}^{\mathrm{j}\omega t} \tag{5.4}$$

根据式（5.2）结合部分分式法，计算$\overline{a}$与a为

$$a=G(s)\frac{\omega X}{s^2+\omega^2}(s+\mathrm{j}\omega)\bigg|_{s=-\mathrm{j}\omega}=-\frac{XG(-\mathrm{j}\omega)}{2\mathrm{j}}$$

$$\overline{a}=G(s)\frac{\omega X}{s^2+\omega^2}(s-\mathrm{j}\omega)\bigg|_{s=\mathrm{j}\omega}=\frac{XG(\mathrm{j}\omega)}{2\mathrm{j}}$$

将复变量$G(\mathrm{j}\omega)$写为

$$G(\mathrm{j}\omega)=|G(\mathrm{j}\omega)|\underline{/G(\mathrm{j}\omega)}=A(\omega)\mathrm{e}^{\mathrm{j}\varphi(\omega)}$$

式中，$A(\omega)=|G(\mathrm{j}\omega)|$和$\varphi(\omega)=\underline{/G(\mathrm{j}\omega)}$分别表示$G(\mathrm{j}\omega)$的模值和幅角。同理，有

$$G(-\mathrm{j}\omega)=|G(-\mathrm{j}\omega)|\underline{/G(-\mathrm{j}\omega)}=A(\omega)\mathrm{e}^{-\mathrm{j}\varphi(\omega)}$$

那么，a与$\overline{a}$可表达为

$$a=-\frac{X|G(\mathrm{j}\omega)|\mathrm{e}^{-\mathrm{j}\varphi(\omega)}}{2\mathrm{j}},\quad \overline{a}=\frac{X|G(\mathrm{j}\omega)|\mathrm{e}^{\mathrm{j}\varphi(\omega)}}{2\mathrm{j}}$$

由欧拉公式知，式（5.4）表示为

$$\begin{aligned}c_{\mathrm{ss}}(t)&=XA(\omega)\frac{\mathrm{e}^{\mathrm{j}(\omega t+\varphi(\omega))}-\mathrm{e}^{-\mathrm{j}(\omega t+\varphi(\omega))}}{2\mathrm{j}}\\&=XA(\omega)\sin(\omega t+\varphi(\omega))\end{aligned} \tag{5.5}$$

式（5.5）表明，对于稳定的线性定常系统，当输入频率为ω的正弦信号时，系统的稳态输出是与输入信号频率相同的正弦信号，幅值和相位为频率ω的函数。

综合以上分析，给出下面定义。

（1）系统对正弦输入信号的稳态输出响应称为频率特性，又称频率响应。它显示系统对不同频率信号的响应特性，也反映了系统的静动态性能。

（2）系统稳态输出与输入的幅值之比称为幅频特性。

（3）系统稳态输出与输入的相位之差称为相频特性。

系统的频率特性包含幅频特性和相频特性。系统（5.1）的频率特性为

$$A(\omega)\mathrm{e}^{\mathrm{j}\varphi(\omega)}=|G(\mathrm{j}\omega)|\mathrm{e}^{\mathrm{j}\underline{/G(\mathrm{j}\omega)}}=G(\mathrm{j}\omega) \tag{5.6}$$

式中，$A(\omega)$为幅频特性；$\varphi(\omega)$为相频特性。频率特性$G(\mathrm{j}\omega)$可通过将传递函数中的s替换为$\mathrm{j}\omega$得到。它和传递函数与微分方程一样，也是一种系统的数学模型，能够表征系统的运动规律。幅频特性$A(\omega)$描述系统对不同频率正弦信号输入量的放缩特性。相频特性$\varphi(\omega)$描述系统对不同频率正弦输入信号在相位上的超前或者滞后。

频率特性 $G(\mathrm{j}\omega)$ 除了式（5.6）的指数形式与幅角形式表示外，还可以用复数形式 $G(\mathrm{j}\omega)=P(\omega)+\mathrm{j}Q(\omega)$ 表示，其中 $P(\omega)$ 和 $Q(\omega)$ 分别称为系统的实频特性与虚频特性。幅频、相频特性与实频、虚频特性的关系如图 5.1 所示，计算可得

$$P(\omega)=A(\omega)\cos\varphi(\omega),\quad Q(\omega)=A(\omega)\sin\varphi(\omega)$$

$$A(\omega)=\sqrt{P^2(\omega)+Q^2(\omega)},\quad \varphi(\omega)=\arctan\frac{Q(\omega)}{P(\omega)}$$

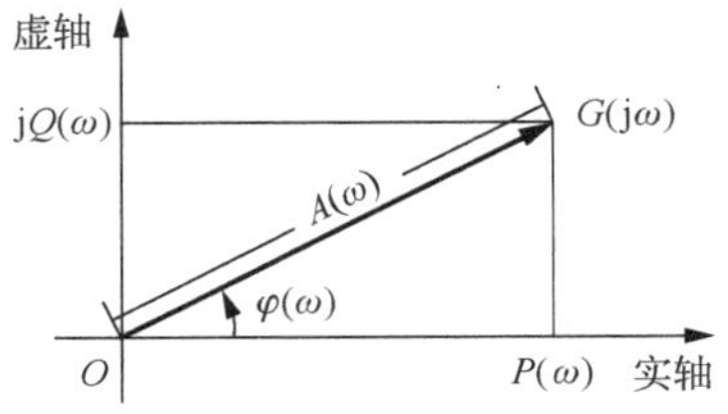

图 5.1　$G(\mathrm{j}\omega)$ 在复平面上的表示

5.1.2 频率特性的图解方法

当系统比较复杂时，系统频率特性的解析表达式也比较复杂。在实际工程分析和设计中，可以将频率特性绘制成一些图线，直观展示幅值与相位随频率的变化情况，并据此分析系统性能，避免复杂的计算过程。常用的频率特性图解方法包括奈奎斯特图、伯德图和尼科尔斯图。

1. 奈奎斯特图简介

奈奎斯特图，又称幅相频率特性曲线，简称奈氏图或奈氏曲线，是当频率从 0 变化至 ∞ 时，在复平面中刻画幅频特性与相频特性的曲线图。由于它的坐标系是极坐标系，又称极坐标图。

假设系统的频率特性为 $G(\mathrm{j}\omega)=A(\omega)\mathrm{e}^{\mathrm{j}\varphi(\omega)}$，频率 ω 的 $G(\mathrm{j}\omega)$ 可用模值为 $A(\omega)$、幅角为 $\varphi(\omega)$ 的向量表示，也称极坐标表示，见图 5.2。$G(\mathrm{j}\omega)$ 线上的每一点都代表一个频率对应的向量端点，而向量 $G(\mathrm{j}\omega)$ 在实轴与虚轴上的投影是 $G(\mathrm{j}\omega)$ 的实部与虚部。当频率 ω 从 0 增大至 ∞ 时，向量 $G(\mathrm{j}\omega)$ 的端点在复平面上也随之变化，形成的轨迹是幅相频率特性的曲线，构成 $G(\mathrm{j}\omega)$ 的奈奎斯特图。在绘制奈奎斯特图时，也会同时绘制出频率 ω 从 0 减小至 $-\infty$ 时，向量 $G(\mathrm{j}\omega)$ 端点的轨迹。由于幅频特性 $A(\omega)$ 为偶函数，相频特性 $\varphi(\omega)$ 为奇函数，频率 ω 从 0 减小至 $-\infty$ 时的幅相频率特性曲线，与频率 ω 从 0 增大至 ∞ 时的幅相频率特性曲线关于实轴对称，称为奈奎斯特图关于实轴的镜像。尽管负频率没有实际的物理意义，但其对应的奈奎斯特图的镜像部分对于系统的稳定性分析是非常必要的。

奈奎斯特图的特点包括：①建立系统的开环频率特性与系统闭环稳定性的关系；②直观地展示系统在整个频率范围内的频率特性，但不能表明传递函数中每个单独环节对系统的影响。

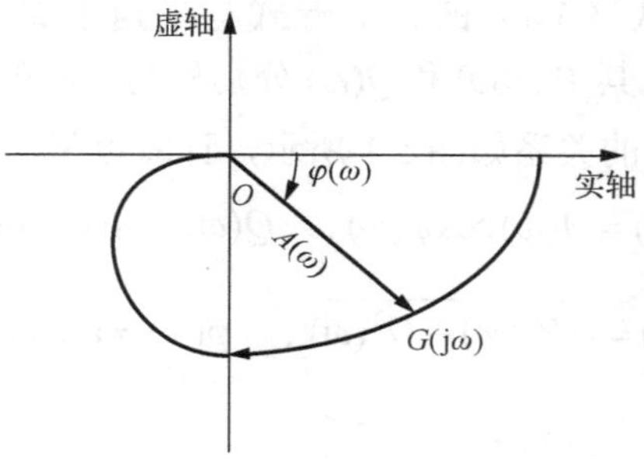

图 5.2 频率特性 $G(\mathrm{j}\omega)$ 的奈奎斯特图

2. 伯德图简介

伯德图，又称对数频率特性曲线，由幅频图和相频图组成，分别刻画系统的幅频特性和相频特性。它不但计算简单，绘制容易，也能直观体现参数对系统性能的影响，在频域分析法中应用最广泛。幅频图与相频图共用同一横轴，坐标表示输入频率 ω，单位为rad/s，采用对数分度，便于在较大的频率范围内显示系统的频率特性。在对数分度的横轴上，当频率发生 10 倍变化时，称十倍频程（dec），横坐标变化一个单位长度。幅频图的纵坐标为 $L(\omega)=20\lg|G(\mathrm{j}\omega)|$，单位为分贝（dB），表示功率的比值，因为功率与振幅呈平方关系。相频图的纵坐标为相位 $\underline{/G(\mathrm{j}\omega)}$，单位为度（°）。幅、相频图纵轴均采用线性分度。

伯德图的特点包括：①由于伯德图的横坐标采用对数分度，系统的中、低频段被扩宽，高频段则被压缩。这对实际工程问题的分析有积极作用，便于研究中、低频段的特性。②采用对数幅值可将幅值的乘除运算转化为加减运算，简化曲线的绘制。如系统由多个环节串联组成，系统的频率特性为各个环节频率特性的乘积。当绘制系统的伯德图时，仅需将各个环节的伯德图进行叠加即可。③对于较难通过解析法获取传递函数的系统，可以根据由频率响应实验获得的伯德图反推系统的传递函数。

3. 尼科尔斯图简介

尼科尔斯图，又称对数幅相特性曲线，是对数幅值与相位的关系图。图中纵坐标为对数幅值 $L(\omega)$，横坐标为相位 $\varphi(\omega)$，横纵坐标均为线性刻度，可以看作由幅频图与相频图合并而成。尼科尔斯图可以帮助判断闭环控制系统的相对稳定性，并且也可以用于解决系统的校正问题，但实际应用还是以更加方便的奈奎斯特图与伯德图为主，因此本章不对尼科尔斯图做详细介绍，请感兴趣的读者自行查阅相关文献与书籍。

5.1.3 典型环节的频率特性

由叠加原理可知，线性控制系统的数学模型从结构和原理上可以看作由不同的典型环节组合而成，如比例环节、积分环节、微分环节、惯性环节、一阶微分环节、振荡环节和延迟环节等。那么对控制系统的分析，就可以从典型环节频率特性入手。下面介绍常见典型环节的频率特性及其奈奎斯特图与伯德图。

1. 比例环节

由比例环节的传递函数可得其频率特性为

$$G(\mathrm{j}\omega)=G(s)\big|_{s=\mathrm{j}\omega}=K\angle 0^\circ$$

比例环节的幅频和相频特性与频率 ω 无关，其奈奎斯特图是实轴上的一个点 $(K,\mathrm{j}0)$，如图 5.3 所示。

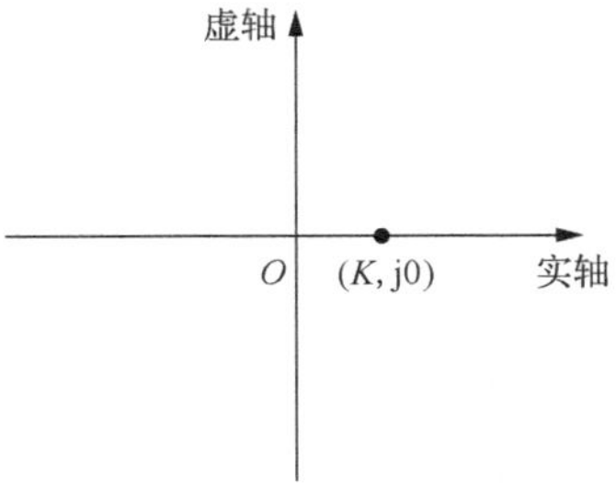

图 5.3 比例环节的奈奎斯特图

比例环节的对数幅频特性与相频特性为

$$\begin{cases}L(\omega)=20\lg\left|G(\mathrm{j}\omega)\right|=20\lg K\\ \varphi(\omega)=0^\circ\end{cases}$$

幅频特性曲线是在幅频图中一条平行于横轴且幅值依赖于 K 的直线；相频特性曲线是一条与横轴重合的直线。由此，绘制比例环节的伯德图如图 5.4 所示。

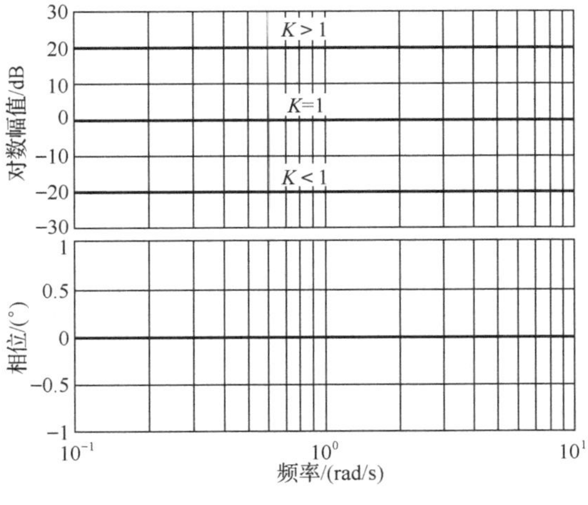

图 5.4 比例环节的伯德图

2. 积分环节

由积分环节的传递函数可得其频率特性为

$$G(\mathrm{j}\omega)=G(s)\big|_{s=\mathrm{j}\omega}=\frac{1}{s}\bigg|_{s=\mathrm{j}\omega}=\frac{1}{\mathrm{j}\omega}=\frac{1}{\omega}\angle -90^\circ$$

积分环节的幅值从无穷大变为零，相位固定为 -90°，曲线是与虚轴重合、从无穷远处开始、终止于坐标原点的直线。积分环节的奈奎斯特图如图 5.5 所示。

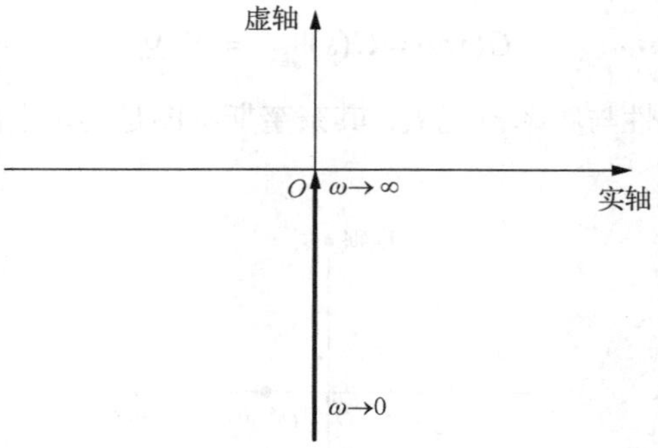

图 5.5 积分环节的奈奎斯特图

积分环节的对数幅频和相频特性为

$$\begin{cases} L(\omega) = 20\lg\left|G(\mathrm{j}\omega)\right| = 20\lg\omega^{-1} = -20\lg\omega \\ \varphi(\omega) = -90^\circ \end{cases}$$

由于伯德图的横轴采用对数分度，对数幅频特性曲线可由自变量为 $\lg\omega$、因变量为 $L(\omega)$ 的函数表征，那么幅频特性曲线是一条斜率为 –20dB/dec 的直线，并且在 $\omega=1$ 处穿越 0dB 线（横轴）；相频特性曲线是一条平行于横轴且相位为 -90° 的直线。由此可绘制积分环节的伯德图如图 5.6 所示。

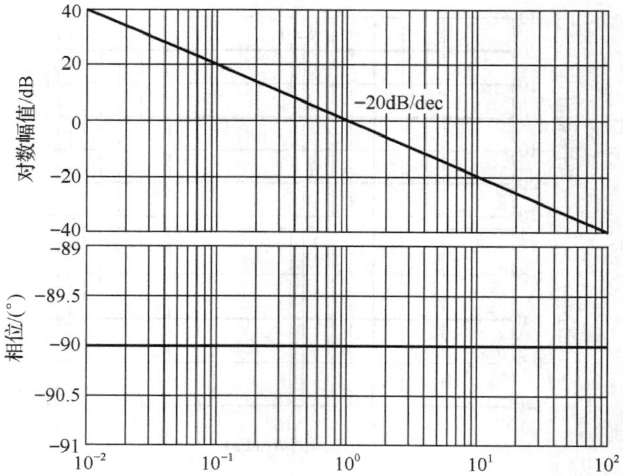

图 5.6 积分环节的伯德图

3. 微分环节

由纯微分环节的传递函数可得其频率特性为

$$G(\mathrm{j}\omega) = G(s)\big|_{s=\mathrm{j}\omega} = s\big|_{s=\mathrm{j}\omega} = \mathrm{j}\omega = \omega\underline{/90^\circ}$$

微分环节的幅值从零变为无穷大，相位固定为 90°，曲线是与虚轴重合、从坐标原点开始、终止于无穷远处的直线。由此绘制微分环节的奈奎斯特图如图 5.7 所示。

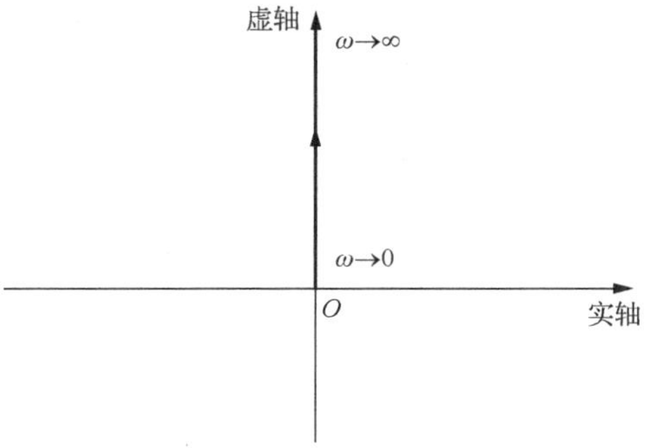

图 5.7 纯微分环节的奈奎斯特图

微分环节的对数幅频和相频特性为

$$\begin{cases} L(\omega)=20\lg\left|G(\mathrm{j}\omega)\right|=20\lg\omega \\ \varphi(\omega)=90^\circ \end{cases}$$

参照积分环节的分析可绘制微分环节伯德图，如图 5.8 所示。幅频图是一条斜率为 20dB/dec 于 $\omega=1$ 穿越横轴的直线；相频图是一条平行于横轴且相位为 90° 的直线。

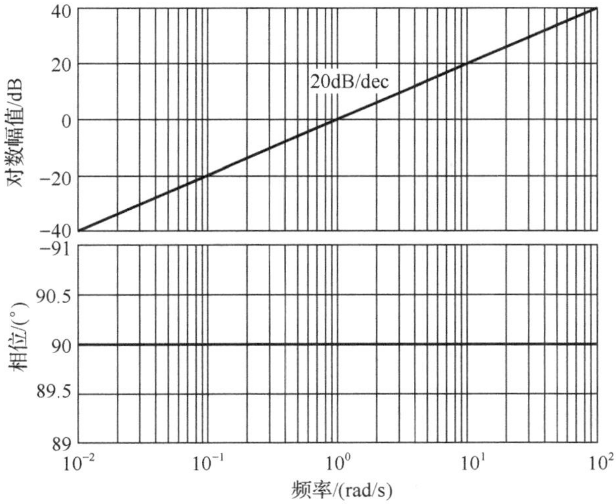

图 5.8 纯微分环节的伯德图

4. 惯性环节

由惯性环节的传递函数可得其频率特性为

$$G(\mathrm{j}\omega)=G(s)\big|_{s=\mathrm{j}\omega}=\left.\frac{1}{Ts+1}\right|_{s=\mathrm{j}\omega}=\frac{1}{\mathrm{j}\omega T+1}=\frac{1}{\sqrt{1+(\omega T)^2}}\angle{-\arctan(\omega T)}$$

从频率特性表达式中不易直观看出奈奎斯特图的形状，但知道它是由在复平面上与频率相关的向量端点组成的轨迹。它的复数形式为 $G(\mathrm{j}\omega)=P(\omega)+\mathrm{j}Q(\omega)$，其中，

$$P(\omega)=\frac{1}{\omega^2T^2+1},\quad Q(\omega)=\frac{-\omega T}{\omega^2T^2+1}$$

由于 $Q(\omega)$ 的分子上有 ω，分母中有 ω^2，故尝试将 $P(\omega)$ 与 $Q(\omega)$ 平方和表达为与它们相关的形式，即

$$\left(\frac{1}{\omega^2T^2+1}\right)^2+\left(\frac{-\omega T}{\omega^2T^2+1}\right)^2=\frac{1}{\omega^2T^2+1}$$

等号右侧即 $P(\omega)$，故采用配方法有

$$\left(\frac{1}{\omega^2T^2+1}\right)^2-\frac{1}{\omega^2T^2+1}+\frac{1}{4}+\left(\frac{-\omega T}{\omega^2T^2+1}\right)^2=\frac{1}{4}$$

即

$$\left(P(\omega)-\frac{1}{2}\right)^2+\left(Q(\omega)\right)^2=\left(\frac{1}{2}\right)^2$$

由此可知，惯性环节的奈奎斯特图为如图 5.9 所示的一个圆心为(0.5, j0)、半径为 0.5 的半圆。

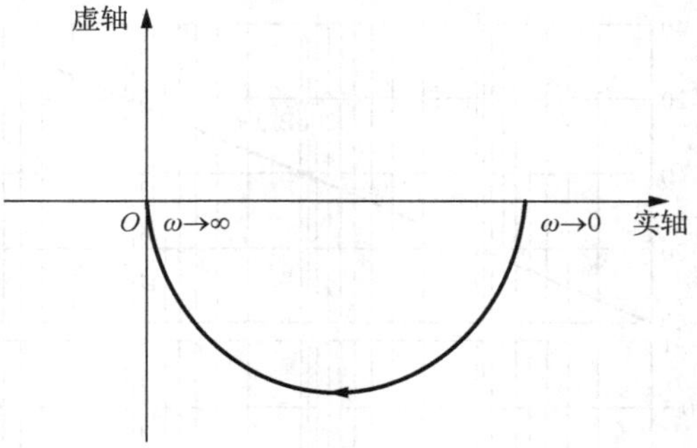

图 5.9　惯性环节的奈奎斯特图

惯性环节的对数幅频和相频特性为

$$\begin{cases}L(\omega)=20\lg|G(\mathrm{j}\omega)|=20\lg\dfrac{1}{\sqrt{1+\omega^2T^2}}=-20\lg\sqrt{1+\omega^2T^2}\\ \varphi(\omega)=-\arctan(\omega T)\end{cases}$$

函数比较复杂，难以直接画出曲线。通过观察发现，可以按照 ωT 与 1 的关系划分，将 $\omega T\ll 1$ 时作为低频段，将 $\omega T\gg 1$ 时作为高频段，先在高、低频段绘制渐近曲线，再局部修正。

（1）低频段：当 $\omega\ll\dfrac{1}{T}$ 或 $\omega\to 0$ 时，有 $L(\omega)\to 0\text{dB}$ 和 $\varphi(\omega)\to 0^\circ$。幅频特性渐近线为 0dB 线，相频特性渐近线为 0° 线，均与横轴重合。

（2）高频段：当 $\omega\gg\dfrac{1}{T}$ 或 $\omega\to\infty$ 时，则有 $L(\omega)\to -20\lg(\omega T)$ 和 $\varphi(\omega)\to -90^\circ$。幅频特性渐近线是一条斜率为 −20dB/dec 的直线，相频特性渐近线为与横轴平行的 90° 线。

（3）转折点：幅频特性曲线的转折点即高、低频段渐近线的交点，称为转折频率，或

者交接频率；相频特性曲线的转折点也是这个转折频率。那么，由 $-20\lg(\omega_0 T)=0\text{dB}$ 或 $-\arctan(\omega_0 T)=-45°$，求得转折频率为 $\omega_0=1/T$，代入对数幅相特性可得

$$\begin{cases} L(\omega_0)=-20\lg\sqrt{1+\omega_0^2T^2}=-20\lg\sqrt{2}\approx-3\text{dB} \\ \varphi(\omega_0)=-\arctan(\omega_0 T)=-45° \end{cases}$$

不难发现，渐近特性曲线与精确特性曲线还是存在误差的。误差表达式为

$$\Delta L(\omega)=\begin{cases} -20\lg\sqrt{1+T^2\omega^2}, & \omega\leqslant\dfrac{1}{T} \\ -20\lg\sqrt{1+T^2\omega^2}+20\lg(T\omega), & \omega>\dfrac{1}{T} \end{cases}$$

最大误差值出现在转折频率 $\omega_0=1/T$ 处，误差值为 $\Delta L(\omega_0)=-3\text{dB}$。工程中可以采用渐近线代替精确曲线进行分析，或依照误差表达式对渐近线进行修正。

计算相频特性可得，当 $\omega\to 0$ 时，$\varphi(\omega)\to 0°$；当 $\omega\to\infty$ 时，$\varphi(\omega)\to -90°$；在转折频率处 $\varphi(\omega_0)=-45°$。又由于惯性环节的相位与频率呈反正切函数关系，因此相频特性曲线将关于 $(1/T,-45°)$ 中心对称。较为精确的相频图可以根据取点再平滑连线的方式绘制。惯性环节的伯德图如图 5.10 所示。

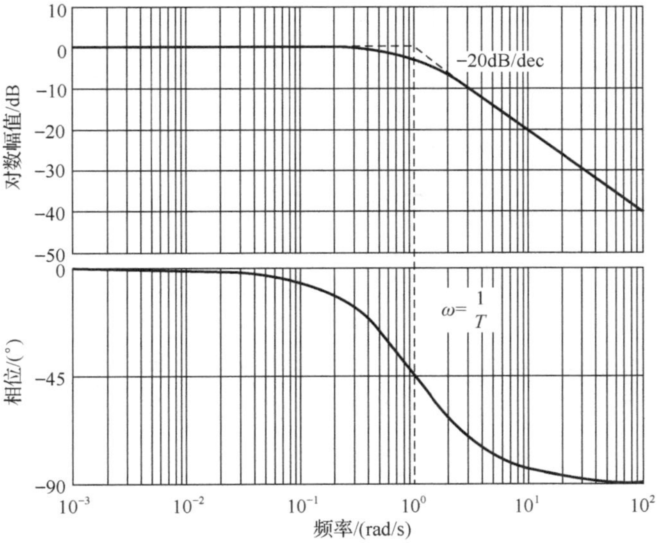

图 5.10 惯性环节的伯德图

5. 一阶微分环节

由一阶微分环节的传递函数可得其频率特性为

$$G(\text{j}\omega)=G(s)\big|_{s=\text{j}\omega}=Ts+1\big|_{s=\text{j}\omega}=1+\text{j}\omega T=\sqrt{1+\omega^2T^2}\,\underline{/\arctan(\omega T)}$$

可以看出，当 $\omega=0\to\infty$ 时，奈奎斯特图的实部始终为 1，虚部则随 ω 线性增加到无穷大。一阶微分环节的奈奎斯特图是从 $(1,\text{j}0)$ 出发到 $(1,\text{j}\infty)$ 的直线，如图 5.11 所示。

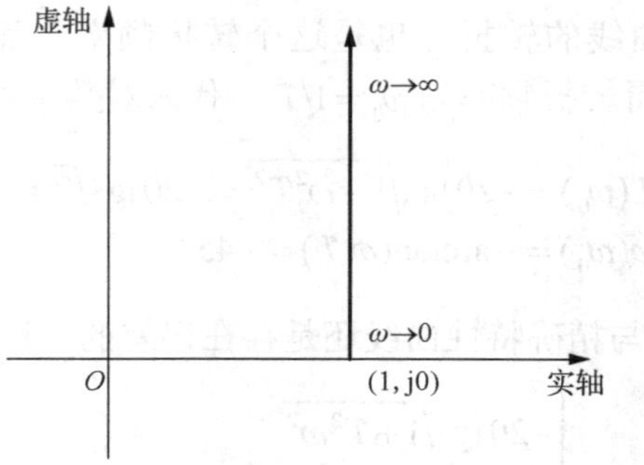

图 5.11 一阶微分环节的奈奎斯特图

一阶微分环节的对数幅频和相频特性为

$$\begin{cases} L(\omega)=20\lg|G(\mathrm{j}\omega)|=20\lg\sqrt{1+\omega^2T^2} \\ \varphi(\omega)=\arctan(\omega T) \end{cases}$$

与惯性环节的对数幅频和相频特性比较发现，一阶微分环节的表达式与惯性环节的互为相反数，伯德图关于 ω 轴镜像对称，如图 5.12 所示。

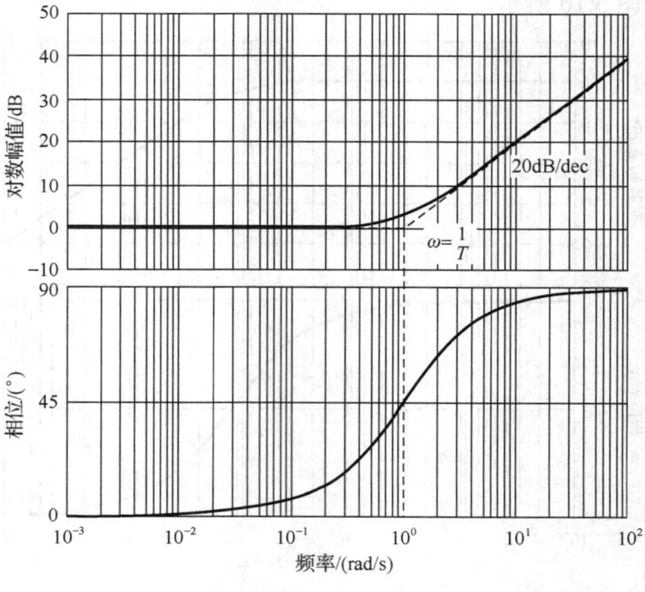

图 5.12 一阶微分环节的伯德图

6. 振荡环节

选择欠阻尼的二阶闭环控制系统作为振荡环节，由其传递函数可得频率特性为

$$G(\mathrm{j}\omega)=G(s)\big|_{s=\mathrm{j}\omega}=\frac{1}{T^2s^2+2\zeta Ts+1}\bigg|_{s=\mathrm{j}\omega}=\frac{\omega_{\mathrm{n}}^2}{\omega_{\mathrm{n}}^2-\omega^2+\mathrm{j}2\zeta\omega_{\mathrm{n}}\omega}$$

式中，ω_{n} 为自然振荡角频率；ζ 为阻尼比。对应的幅值和相位表达式为

$$A(\omega)=\frac{1}{\sqrt{\left(1-\frac{\omega^2}{\omega_n^2}\right)^2+4\zeta^2\frac{\omega^2}{\omega_n^2}}}$$

$$\varphi(\omega)=-\arctan\frac{2\zeta\frac{\omega}{\omega_n}}{1-\frac{\omega^2}{\omega_n^2}}$$

可以看到，当频率 $\omega\to 0$ 时，幅值 $A(\omega)\to 1$，$\varphi(\omega)\to 0^\circ$；当频率 $\omega\to\infty$ 时，幅值 $A(\omega)\to 0$，$\varphi(\omega)\to -180^\circ$，振荡环节的相频特性从 0° 单调递减至 -180°，其奈奎斯特图位于第三和第四象限。令 $\varphi(\omega)=-90^\circ$，有 $\omega=\omega_n=1/T$，$A(\omega)=0.5\zeta$，可得奈奎斯特图与负虚轴的交点为 $(0.5\zeta,-90^\circ)$。综上，振荡环节的奈奎斯特图是一簇依赖 ζ 的曲线，如图 5.13 所示。

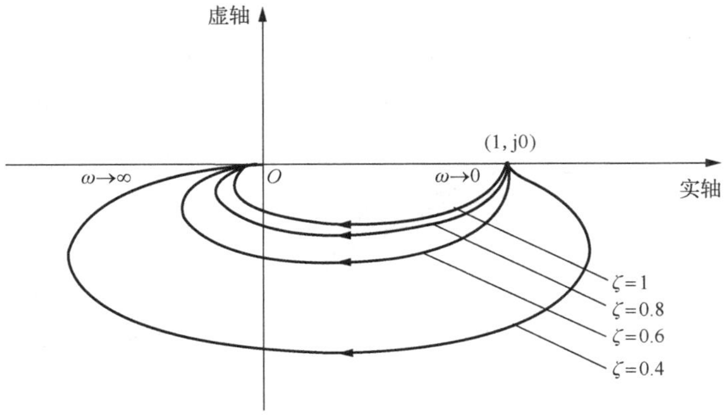

图 5.13　振荡环节的奈奎斯特图

振荡环节的对数幅频和相频特性为

$$\begin{cases} L(\omega)=20\lg|G(j\omega)|=-20\lg\sqrt{(1-\omega^2T^2)^2+(2\zeta\omega T)^2} \\ \varphi(\omega)=\begin{cases}-\arctan\dfrac{2\zeta\omega T}{1-(\omega T)^2}, & \omega T\leqslant 1 \\ -180^\circ\pm\arctan\dfrac{2\zeta\omega T}{1-(\omega T)^2}, & \omega T>1\end{cases}\end{cases}$$

可知，曲线形状依赖于阻尼比。采用与惯性环节伯德图画法类似的方法绘制曲线。

（1）低频段：当 $\omega\ll 1/T$ 或 $\omega\to 0$ 时，有 $L(\omega)\to 0\text{dB}$ 与 $\varphi(\omega)\to 0^\circ$。低频段对数幅频特性渐近线与惯性环节一致，为 0dB 线，相频特性渐近线为 0° 线。

（2）高频段：当 $\omega\gg 1/T$ 或 $\omega\to\infty$ 时，有 $L(\omega)\to -40\lg(\omega T)$ 与 $\varphi(\omega)\to -180^\circ$。高频段对数幅频特性渐近线是一条斜率为 –40dB/dec 的直线，相频特性渐近线为 -180° 线。

（3）转折点：由两条渐近线相交点 $-40\lg(\omega T)=0\text{dB}$ 可得转折频率为 $\omega_0=1/T=\omega_n$，代入对数幅相特性表达式可得

$$\begin{cases} L(\omega) = -20\lg(2\zeta) \\ \varphi(\omega) = -90° \end{cases}$$

与惯性环节类似，振荡环节的幅频图渐近线与精确曲线也是存在误差的，其误差表达式为

$$\Delta L(\omega) = \begin{cases} -20\lg\sqrt{(1-T^2\omega^2)^2 + (2\zeta T\omega)^2}, & \omega \leqslant \dfrac{1}{T} \\ -20\lg\sqrt{(1-T^2\omega^2)^2 + (2\zeta T\omega)^2} + 20\lg(T^2\omega^2), & \omega > \dfrac{1}{T} \end{cases}$$

其相频图的特点也和惯性环节类似，采用惯性环节中的局部曲线校正方法，可绘制不同阻尼比的振荡环节伯德图如图 5.14 所示。

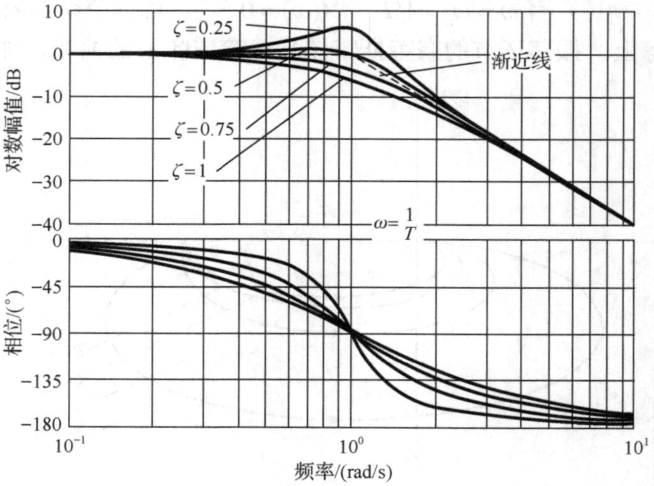

图 5.14 振荡环节的伯德图

7. *延迟环节*

由延迟环节的传递函数可得其频率特性为

$$G(\mathrm{j}\omega) = G(s)\big|_{s=\mathrm{j}\omega} = \mathrm{e}^{-\tau s}\big|_{s=\mathrm{j}\omega} = 1\underline{/-\omega\tau}$$

延迟环节不改变信号幅值，其幅频特性值为 1，相位随频率线性减小，由此可知其奈奎斯特图是以坐标原点为圆心、半径为 1 的一个圆，如图 5.15 所示。

延迟环节的对数幅频和相频特性为

$$\begin{cases} L(\omega) = 20\lg|G(\mathrm{j}\omega)| = -20\lg 1 = 0\mathrm{dB} \\ \varphi(\omega) = -\dfrac{180°}{\pi}\tau\omega \end{cases}$$

对数幅频特性曲线是横轴；相频特性是线性衰减的，随 ω 的增大而减小，直至负无穷远点，两条曲线如图 5.16 所示。

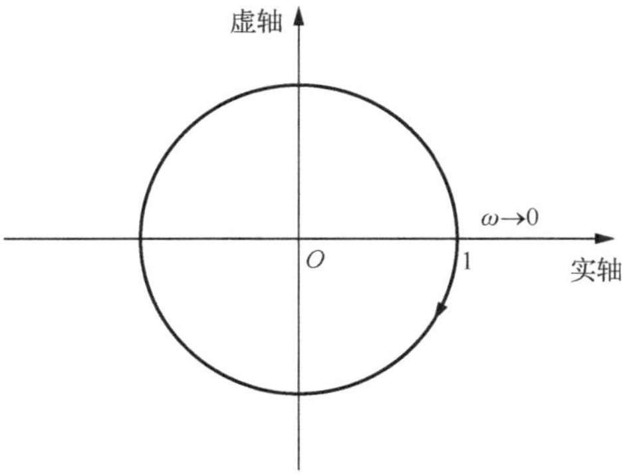

图 5.15 延迟环节的奈奎斯特图

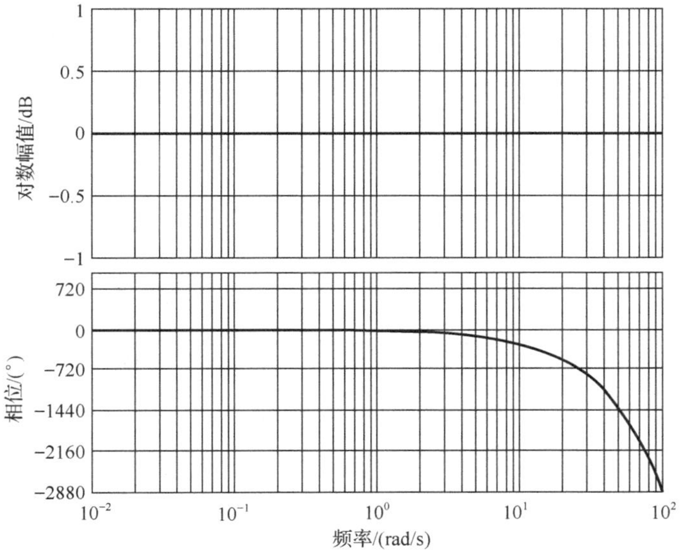

图 5.16 延迟环节的伯德图

5.2 奈奎斯特图与系统稳定性

频域分析法利用开环控制系统的频率特性分析闭环控制系统的性能，奈奎斯特图表征了开环控制系统频率特性与闭环控制系统稳定性的关系。在典型环节奈奎斯特图的基础上，将给出一般线性系统奈奎斯特图的绘制规则，并使用奈奎斯特图判断系统稳定性。

5.2.1 奈奎斯特图的绘制

由于判断系统的稳定性，没有必要绘制完整的奈奎斯特图，仅利用系统频率特性的一些重要特征绘制近似的图即可，包括起点、终点、与负实轴的交点，称为奈奎斯特图的“三要素”，下面分别进行讨论。

式（3.20）所示v型系统的开环频率特性可以表示为

$$G_{\mathrm{K}}(\mathrm{j}\omega)=\frac{K}{(\mathrm{j}\omega)^{v}}\cdot\frac{\prod_{i=1}^{m}(1+\mathrm{j}\omega\tau_i)}{\prod_{l=1}^{n-v}(1+\mathrm{j}\omega T_l)} \tag{5.7}$$

1. 起点

由于起点是$\omega\to 0$的位置，代入式（5.7）得

$$G_{\mathrm{K}}(\mathrm{j}\omega)\Big|_{\omega\to 0}=\frac{K}{(\mathrm{j}\omega)^{v}}\Bigg|_{\omega\to 0}=\frac{K}{\omega^{v}}\Bigg|_{\omega\to 0}\underline{/-v\cdot 90^\circ} \tag{5.8}$$

即起点与系统型别相关。由式（5.8）可知，当$v=0$时，$G_{\mathrm{K}}(\mathrm{j}\omega)\big|_{\omega\to 0}=K\underline{/0^\circ}$，起点位于$(K,\mathrm{j}0)$；当$v=1$时，$G_{\mathrm{K}}(\mathrm{j}\omega)\big|_{\omega\to 0}=\infty\underline{/-90^\circ}$，起点位于$(0,-\mathrm{j}\infty)$，即负虚轴方向的无穷远处；当$v=2$时，$G_{\mathrm{K}}(\mathrm{j}\omega)\big|_{\omega\to 0}=\infty\underline{/-180^\circ}$，起点位于$(-\infty,\mathrm{j}0)$，即负实轴方向的无穷远处。不同型别开环控制系统的曲线起点位置如图 5.17 所示。

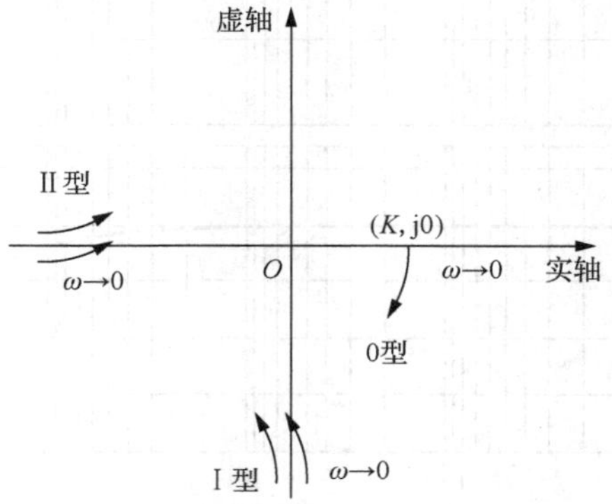

图 5.17　不同系统型别的开环奈奎斯特图起点

2. 终点

曲线的终点对应$\omega\to\infty$的位置，由式（5.7）得

$$G_{\mathrm{K}}(\mathrm{j}\omega)\Big|_{\omega\to\infty}=\frac{K'}{(\mathrm{j}\omega)^{n-m}}\Bigg|_{\omega\to\infty}=\frac{K'}{\omega^{n-m}}\Bigg|_{\omega\to\infty}\underline{/-(n-m)\cdot 90^\circ} \tag{5.9}$$

式中，$K'=K\prod_{i=1}^{m}\tau_i\Big/\prod_{l=1}^{n-v}T_l$。曲线的终点取决于传递函数的零极点个数。由式（5.9）可知，当$n=m$时，$G_{\mathrm{K}}(\mathrm{j}\omega)\big|_{\omega\to\infty}=K'\underline{/0^\circ}$，曲线终止于正实轴上的点$(K',0^\circ)$；当$n>m$时，$G_{\mathrm{K}}(\mathrm{j}\omega)\big|_{\omega\to\infty}=0\underline{/-(n-m)\cdot 90^\circ}$，曲线沿不同坐标轴方向终止于原点。具有不同零极点个数的曲线终点位置如图 5.18 所示。

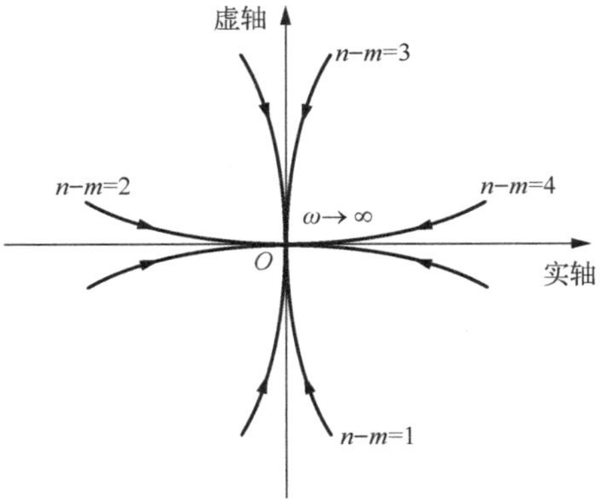

图 5.18 不同零极点个数的开环奈奎斯特图终点

3. 曲线与负实轴的交点

有两种方法计算交点：①将频率特性写为幅相形式，即 $G_K(j\omega)=A(\omega)\underline{/\varphi(\omega)}$。将 $\varphi(\omega)=-180^\circ$ 时的频率 ω_g 代入 $A(\omega_g)$，得到交点的坐标为 $(A(\omega_g),-180^\circ)$。②将频率特性写为实虚部形式，即 $G_K(j\omega)=P(\omega)+jQ(\omega)$。将虚部 $Q(\omega)=0$ 时的频率 ω_g 代入 $P(\omega_g)$，得到交点的坐标为 $(P(\omega_g),j0)$。

近似绘制的概略图虽然不能准确描述系统的频率特性，但在多数情况下已经能够满足使用需求，精确的图线可以通过 MATLAB 进行绘制。

【例 5.1】 设单位负反馈系统的开环传递函数为

$$G_K(s)=\frac{K}{s(1+T_1s)(1+T_2s)}$$

已知 $K=100$，$T_1=0.02$，$T_2=0.2$，试绘制系统的奈奎斯特图。

解：（1）确定起点。由系统的型别分类可知，系统为 I 型系统，且 $K=100$，曲线的起点为与负虚轴平行的渐近线方向的无穷远处。

（2）确定终点。开环传递函数中，$m=0$，$n=3$，曲线沿正虚轴方向终止于坐标原点。

（3）与负实轴有交点。系统的开环频率特性为

$$G_K(j\omega)=\frac{100}{j\omega(1+j0.02\omega)(1+j0.2\omega)}=\frac{-22\omega+j(0.4\omega^2-100)}{\omega(1+0.0004\omega^2)(1+0.04\omega^2)}$$

令虚部 $Q(\omega_g)=0$ 可得 $\omega_g^2=250$，交点频率为 $\omega_g=15.8$，代入

$$P(\omega_g)=\frac{-22}{(1+0.0004\omega_g^2)(1+0.04\omega_g^2)}\approx-1.8$$

则交点为 $(-1.8,j0)$。

综合上面的三要素得到 $G_K(s)$ 的奈奎斯特图如图 5.19 所示。

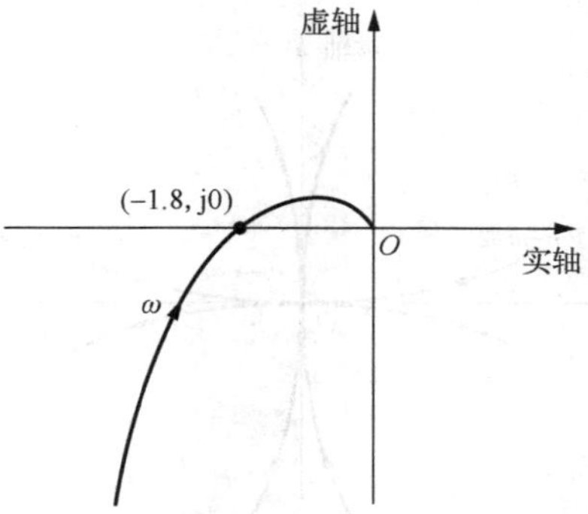

图 5.19 例 5.1 的奈奎斯特图

在 MATLAB 中绘制系统 $G_K(s)$ 的奈奎斯特图如图 5.20 所示，具体程序如下：

```
k=[25000];
z=[];
p=[-50 -5 0];
sys=zpk(z,p,k);
figure(1)
nyquist(sys) %绘制奈奎斯特图
xlabel('实轴')
ylabel('虚轴') %坐标轴标签
axis([-5,0.5,-1,0.5]); %显示范围
```

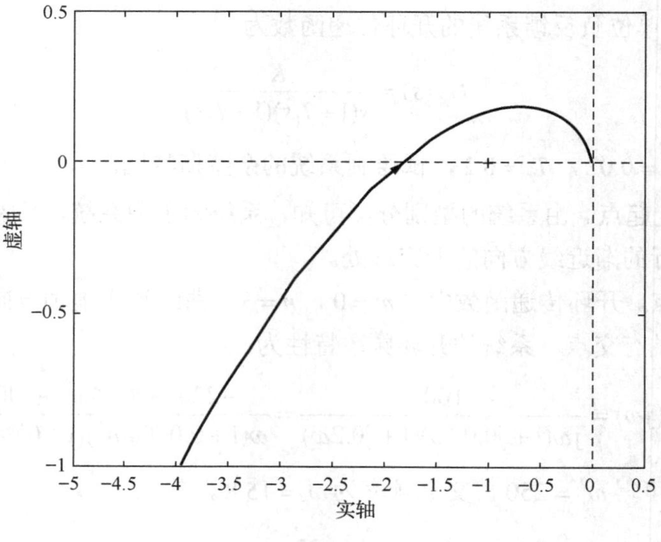

图 5.20 例 5.1 的精确奈奎斯特图

5.2.2 奈奎斯特稳定判据

由于系统的稳定性与系统的特征根有关，而奈奎斯特图是系统特征根的变化轨迹，可以利用奈奎斯特图判断系统的稳定性，得到奈奎斯特稳定判据，或简称奈氏判据。奈奎斯特

特稳定判据将开环频率特性与闭环控制系统特征方程在右半复平面内的根的数量联系在一起，能够快速判断闭环控制系统的稳定性，是频率特性分析法的重要内容之一。

1. 幅角原理

奈奎斯特稳定判据是利用复变函数的幅角原理，根据系统的开环频率特性判断闭环控制系统稳定性的准则。先回顾一下复平面上的图形映射关系。

考虑典型的控制系统框图如图 5.21 所示。定义图中系统的开环传递函数为

$$G_K(s)=G(s)H(s)=N(s)/D(s)$$

定义闭环控制系统特征多项式的辅助函数为

$$F(s)=1+G(s)H(s)=\frac{D(s)+N(s)}{D(s)}=|F(s)|\underline{/F(s)}$$

式中，s 是复变量；$F(s)$ 是复变函数，它们都可用复平面上的向量表示，所对应的平面分别称为复平面 M 和 M'。实际上，这两个复平面是以 $F(s)$ 为映射关系的坐标变换。由复变函数理论可知，对于复平面 M 上任一点 γ，通过 $F(s)$ 的映射关系，可在复平面 M' 上找到与之相对应的点 γ，称为 γ 在复平面 M' 的像。同理，对于复平面 M 上任一条不包括 $F(s)$ 任何奇异点的封闭曲线 Γ，通过 $F(s)$ 的映射关系，可在复平面 M' 上找到与之相对应的封闭曲线 Γ'，称为 Γ 在复平面 M' 的像，如图 5.22 所示。

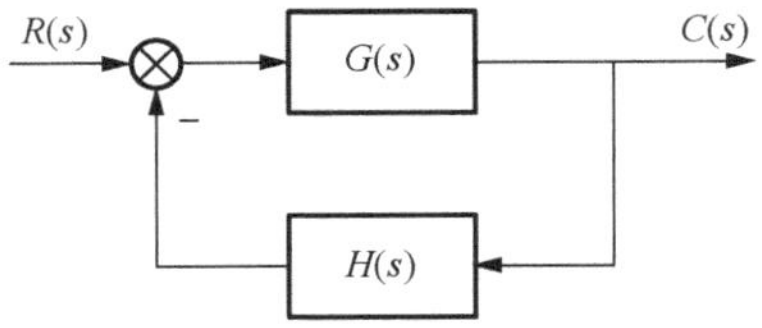

图 5.21 闭环控制系统结构图

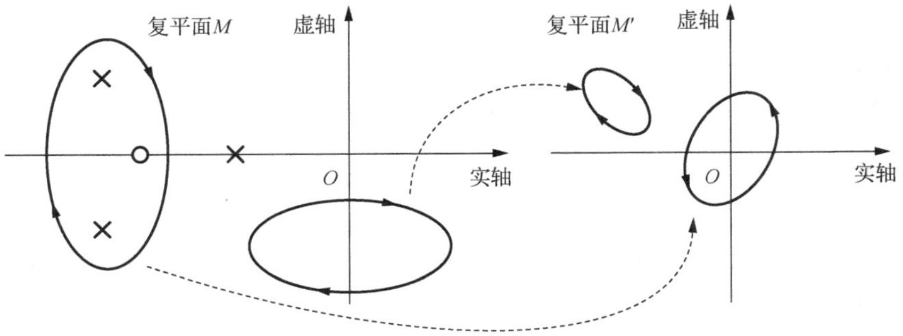

图 5.22 复平面 M 与复平面 M' 之间的映射关系

被控对象的传递函数 $G(s)$ 的分母多项式 $D(s)$ 阶数 n 大于等于分子多项式 $N(s)$ 阶数 m，但辅助函数 $F(s)$ 的分子分母为同阶，零极点数相等，幅角形式为

$$\underline{/F(s)}=\sum_{i=1}^{n}\underline{/s+z_i}-\sum_{i=1}^{n}\underline{/s+p_i} \tag{5.10}$$

式中，$-z_1,-z_2,\cdots,-z_n$ 和 $-p_1,-p_2,\cdots,-p_n$ 分别为零点和极点。假设复平面 M 上的封闭曲线 Γ 上没有 $F(s)$ 的零极点。若 Γ 仅包围 $F(s)$ 的一个零点 $-z_i$，当 s 沿顺时针在曲线 Γ 上绕行一周时，向量 $(s+z_i)$ 的幅角变化为 -2π，在复平面 M' 上体现为 $F(s)$ 在映射曲线 Γ' 上顺时针绕原点一周；同理，若 Γ 仅包围 $F(s)$ 的一个极点 $-p_i$，当 s 沿顺时针在曲线 Γ 上绕行一周时，向量 $(s+p_i)$ 的幅角变化也为 -2π，在复平面 M' 上体现为 $F(s)$ 在映射曲线 Γ' 上逆时针绕原点一周。若 $F(s)$ 的一个零点 $-z_i$ 在 Γ 外面，当 s 沿顺时针在曲线 Γ 上绕行一周时，向量 $(s+z_i)$ 的幅角变化为零，在复平面 M' 上体现为 $F(s)$ 在映射曲线 Γ' 上幅角没变；同理，若 $F(s)$ 的一个极点 $-p_i$ 在 Γ 外面，当 s 沿顺时针在曲线 Γ 上绕行一周时，向量 $(s+p_i)$ 的幅角变化为零，在复平面 M' 上体现为 $F(s)$ 在映射曲线 Γ' 上幅角没变，如图 5.23 所示。由式（5.10），得当 Γ 包含多个零极点时，s 沿顺时针在曲线 Γ 上绕行一周时，$F(s)$ 的幅角变化为

$$\Delta\underline{/F(s)} = -2\pi(Z-P) = 2\pi(P-Z) = 2\pi N$$

式中，P 为曲线 Γ 所包围的 $F(s)$ 极点数；Z 为 Γ 包围的零点数；$N=P-Z$。依照 $F(s)$ 的幅角变化规律可得到如下幅角原理。

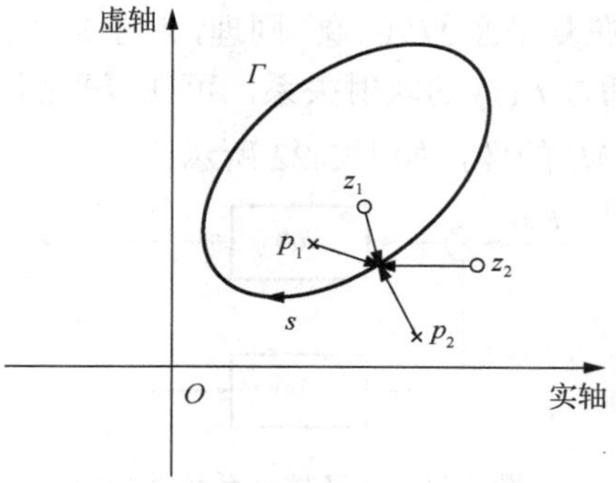

图 5.23　s 沿曲线运动时 $F(s)$ 的幅角变化

幅角原理：若封闭曲线 Γ 包围 $F(s)$ 的 P 个极点与 Z 个零点，当 s 顺时针在封闭曲线 Γ 上绕行一周时，在复平面 M' 上的映射曲线 Γ' 包围坐标原点的总圈数 N 满足

$$N = P - Z \tag{5.11}$$

式中，$N>0$ 代表逆时针绕圈；$N<0$ 代表顺时针绕圈。

由于 $F(s)$ 的极点一般为已知，即 P 为已知，根据式（5.11），在复平面 M' 上确定映射曲线 Γ' 顺时针包围坐标原点的总圈数 N 之后，即可得到 Z 的值，即复平面 M 上封闭曲线 Γ 内的 $F(s)$ 零点数。

2. 奈奎斯特稳定判据

图 5.22 中的闭环传递函数表示为

$$G_{\mathrm{B}}(s) = \frac{G(s)}{1+G(s)H(s)} = \frac{D(s)G(s)}{D(s)+N(s)} = \frac{G(s)}{F(s)}$$

那么，$F(s)$ 的零点和极点分别是闭环传递函数的极点和开环传递函数的极点。闭环控制系统稳定的条件转为复平面 M 的右半部中不存在 $F(s)$ 的零点。为了确定 $F(s)$ 位于复平面 M 右半部的零极点个数，将封闭曲线 Γ 扩展为整个右半复平面，包括两部分。第一部分是虚轴，即 $s=\mathrm{j}\omega$，ω 从 $-\infty$ 开始，经过 0，变化至 ∞。第二部分是以原点为圆心、半径 R 无限大的半圆，即 s 的模为无穷大，如图 5.24 所示。此封闭曲线称为奈奎斯特路径。

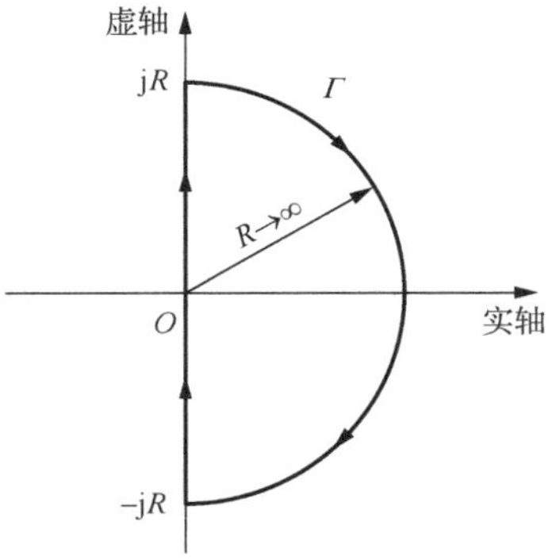

图 5.24 奈奎斯特路径

因为 Γ 包围整个复平面 M 的右半部，也就包围 $F(s)$ 的所有具有正实部的极点和零点。$F(s)$ 的零点即闭环控制系统的极点，如果奈奎斯特路径没有包含 $F(s)$ 的零点，则闭环控制系统是稳定的。由复变函数理论的映射关系可知，Γ 包围 $F(s)$ 位于复平面 M 右半部的零点数与映射曲线 Γ' 包围复平面 M' 坐标原点相关。在复平面 M' 上绘制奈奎斯特路径 Γ 的映射曲线 Γ'。假设 $F(s)$ 的任何零点和极点不在奈奎斯特路径上，当 s 沿 Γ 变化时，映射曲线 Γ' 将由两部分组成，即

（1）对于虚轴部分的 Γ'，由 $F(\mathrm{j}\omega)=1+G(\mathrm{j}\omega)H(\mathrm{j}\omega)$ 知，是由系统开环奈奎斯特图及其关于实轴的镜像，整体右移一个单位（开环频率特性加 1）构成。

（2）对于半径无限大的半圆部分的 Γ'，由 $\lim\limits_{s\to\infty}F(s)=1+\lim\limits_{s\to\infty}G_{\mathrm{K}}(s)=1$ 可知，对包围原点的情况没有影响。

又因为 $G(s)H(s)=-1+F(s)$，复平面 M' 的坐标原点映射到由映射关系 $G(s)H(s)$ 表征的复平面 M'' 上，即点 $(-1,\mathrm{j}0)$。那么，$F(\mathrm{j}\omega)=1+G(\mathrm{j}\omega)H(\mathrm{j}\omega)$ 曲线对坐标原点的包围，等同于 $G(\mathrm{j}\omega)H(\mathrm{j}\omega)$ 轨迹对点 $(-1,\mathrm{j}0)$ 的包围。闭环控制系统的稳定性条件转化为开环奈奎斯特图及其关于实轴镜像对点 $(-1,\mathrm{j}0)$ 的包围情况，如图 5.25 所示。结合幅角原理得到奈奎斯特稳定判据。

奈奎斯特稳定判据：闭环控制系统稳定的充要条件为，当 ω 从 $-\infty$ 变到 $+\infty$ 时，系统的开环频率特性曲线 $G(\mathrm{j}\omega)H(\mathrm{j}\omega)$ 逆时针包围点 $(-1,\mathrm{j}0)$ 的圈数等于 $G(s)H(s)$ 在右半复平面内极点数，即 $N=P$。

当系统的开环频率特性曲线 $G(\mathrm{j}\omega)H(\mathrm{j}\omega)$ 经过点 $(-1,\mathrm{j}0)$ 时，对应的系统闭环传递函数在虚轴上有极点，闭环控制系统处于临界稳定状态。点 $(-1,\mathrm{j}0)$ 称为临界点。系统的开环频率特性曲线 $G(\mathrm{j}\omega)H(\mathrm{j}\omega)$ 顺时针包围点 $(-1,\mathrm{j}0)$ 时，闭环控制系统是不稳定的。

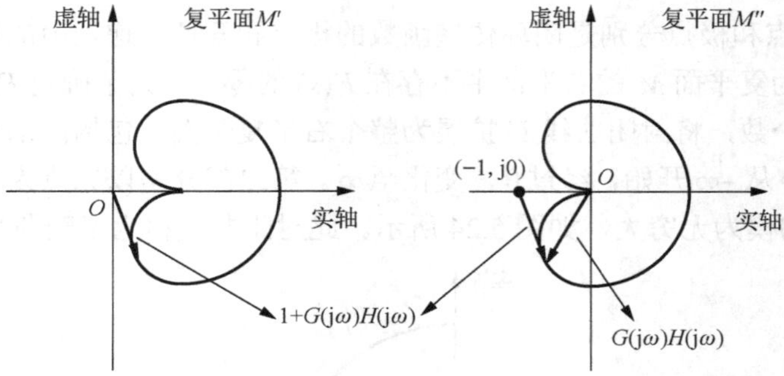

图 5.25 复平面 M' 与复平面 M'' 内的 $1+G(j\omega)H(j\omega)$ 曲线

当系统的开环频率特性曲线 $G(j\omega)H(j\omega)$ 经过点 $(-1, j0)$ 左侧的负实轴时，称为穿越。随着频率的增加，曲线自上向下的穿越为正穿越，反之，为负穿越。正穿越意味着系统的曲线 $G(j\omega)H(j\omega)$ 逆时针包围点 $(-1, j0)$ ，负穿越则意味着系统的开环频率特性曲线 $G(j\omega)H(j\omega)$ 顺时针包围点 $(-1, j0)$ 。此时，奈奎斯特稳定判据改为如下表达形式。

穿越奈奎斯特稳定判据：闭环控制系统稳定的充要条件为，当 ω 从 0 变到 $+\infty$ 时，系统的开环频率特性曲线 $G(j\omega)H(j\omega)$ 正负穿越之差为 $G(s)H(s)$ 在右半复平面内极点数的一半。

【例 5.2】 单位负反馈的 0 型系统开环传递函数为

$$G_K(s)=\frac{50}{(s+2)(s^2+2s+5)}$$

试利用奈奎斯特稳定判据判断闭环控制系统的稳定性。

解：（1）当 $\omega=0$ 时，奈奎斯特图的起点位于实轴点 $(5, j0)$ 处；当 $\omega=\infty$ 时，奈奎斯特图的终点位于坐标原点；计算其频率特性可得，当 $\omega=3$ 时，奈奎斯特图与负实轴相交于点 $(-1.923, j0)$ 。

（2）绘制奈奎斯特图关于实轴的镜像曲线，完整的曲线如图 5.26 所示。

（3）开环控制系统位于右半复平面的极点数 $P=0$ ，而图 5.26 中奈奎斯特图及其镜像逆时针包围了点 $(-1, j0)$ 两圈，即 $N=2$ 。根据奈奎斯特稳定判据可知，闭环控制系统是不稳定的。

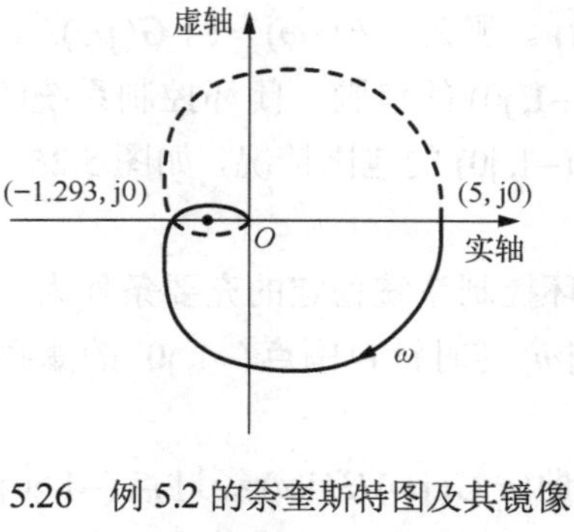

图 5.26 例 5.2 的奈奎斯特图及其镜像

对于开环传递函数 $G(s)H(s)$ 在虚轴上存在极点时，由于幅角原理要求在路径 Γ 上没有 $F(s)$ 的零极点，奈奎斯特稳定判据不能直接应用。最常见的虚轴上存在极点的系统是开环

传递函数带有积分环节的非 0 型系统，传递函数为

$$G(s)H(s)=\frac{K(\tau_1 s+1)(\tau_2 s+1)\cdots(\tau_m s+1)}{s^{v}(T_1 s+1)(T_2 s+1)\cdots(T_{n-v}s+1)}$$

在坐标原点处具有 v 重极点，这不符合幅角原理中封闭曲线 Γ 不通过 $F(s)$ 奇异点的要求（奈奎斯特路径将通过原点）。只要对奈奎斯特路径进行一定的修改，绕过坐标原点，奈奎斯特稳定判据仍然可以使用。具体细节感兴趣的读者可以查阅相关书籍。

5.3 系统的相对稳定性

仅判断控制系统是否稳定，对系统运行来说是不充分的，这是一种“绝对稳定性”的概念。可能由于参数变化、建模不精确等问题使得所设计的控制系统在实际中是不稳定的，所以还需要系统具有适当的相对稳定能力。这种“相对稳定性”采用稳定裕量进行刻画，是系统相对稳定程度的指标。奈奎斯特稳定判据不仅能够判断闭环控制系统的稳定性（绝对稳定性），也可以确定系统的稳定程度（相对稳定性）。

5.3.1 稳定裕量

奈奎斯特稳定判据基于奈奎斯特图包围点 $(-1,\mathrm{j}0)$ 的情况判断系统稳定与否。对于稳定的闭环控制系统来说，开环频率特性曲线 $G_{\mathrm{K}}(\mathrm{j}\omega)$ 越靠近点 $(-1,\mathrm{j}0)$，系统阶跃响应的振荡越剧烈，系统相对稳定性越差。当曲线经过点 $(-1,\mathrm{j}0)$ 时，阶跃响应为等幅振荡，系统为临界稳定。随着曲线越来越远离点 $(-1,\mathrm{j}0)$，振荡与超调都越来越小。因此，开环奈奎斯特图与点 $(-1,\mathrm{j}0)$ 的接近程度反映了闭环控制系统的稳定程度，即相对稳定性，常用稳态裕量表示，可分为幅值裕量和相位裕量。而幅值裕量和相位裕量又可由截止频率 ω_{c} 与穿越频率 ω_{g} 来度量，如图 5.27 所示。

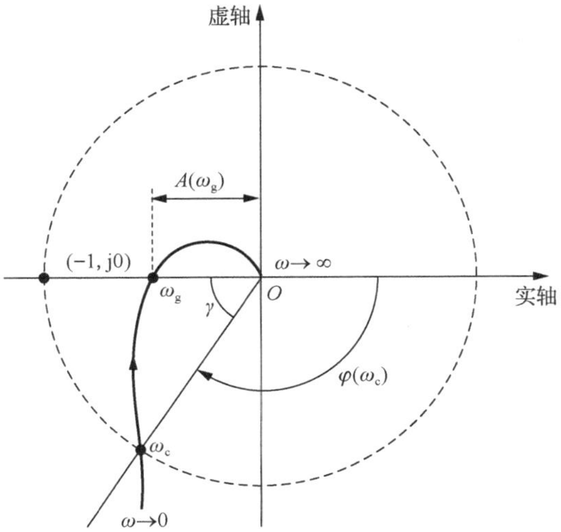

图 5.27 截止频率与穿越频率

1. 相位裕量

相位裕量是系统幅频特性 $A(\omega_c)=|G_K(j\omega_c)|=1$ 时，$G_K(j\omega_c)$ 与负实轴的夹角，即奈奎斯特图上幅值为 1 的点与 $-180°$ 线的相位差，可表示为

$$\gamma=\varphi(\omega_c)-(-180°)=180°+\varphi(\omega_c)$$

式中，ω_c 为奈奎斯特图上幅值为 1 的点对应频率（或对数幅频特性曲线穿越 0dB 线时的频率 $L(\omega_c)=0\text{dB}$），称为截止频率，如图 5.27 所示。若闭环控制系统稳定，开环最小相位系统的相位裕量 $\gamma>0°$；若闭环控制系统临界稳定，奈奎斯特图穿越点(−1,j0)，此时相位裕量 $\gamma=0°$；若闭环控制系统不稳定，则相位裕量 $\gamma<0°$。相位裕量的物理意义可以理解为：对于闭环稳定系统，若在截止频率 ω_c 处增加 γ 角度的相位滞后，系统将处于临界稳定状态；若增加的相位滞后超过 γ，系统将变为不稳定。一般而言，系统的相位裕量越大，系统的相对稳定性就越强，在实际工程中，通常要求 $\gamma=30°\sim60°$。

2. 幅值裕量

幅值裕量，或称增益裕量，是系统相频特性相位为 $\varphi(\omega_g)=\underline{/G_K(j\omega_g)}=-180°$ 时，点 $(-1,j0)$ 处的幅值 1 与 $A(\omega_g)=|G_K(j\omega_g)|$ 之比，即奈奎斯特图上相位为 $-180°$ 的频率点对应幅频特性曲线的幅值的倒数，表示为

$$K_g=\frac{1}{A(\omega_g)}=\frac{1}{|G_K(j\omega_g)|}$$

式中，ω_g 称为穿越频率，即 $\varphi(\omega_g)=-180°$，如图 5.27 所示。在对数幅频特性中，可采用 $K_g(\text{dB})=20\lg K_g=-20\lg|G(j\omega_g)|$ 表示 K_g 的分贝值，其中 $K_g(\text{dB})$ 称为对数幅值裕量。若闭环控制系统稳定，开环最小相位系统的幅值裕量 $K_g>1$；若闭环控制系统临界稳定，奈奎斯特图穿越点(−1,j0)，此时幅值裕量 $K_g=1$；若闭环控制系统不稳定，则幅值裕量 $K_g<1$。幅值裕量的物理意义可以理解为：对于闭环稳定系统，若系统的开环增益 K 的值再增大 K_g 倍，系统将处于临界稳定状态；若开环增益 K 增大的倍数超过 K_g，系统将变为不稳定。一般而言，系统的幅值裕量越大，系统的相对稳定性越好，在实际工程中，一般要求 $A(\omega_g)\leqslant0.5$，即 $K_g(\text{dB})\geqslant6\text{dB}$。

【例 5.3】 单位负反馈Ⅰ型系统的开环传递函数为

$$G_K(s)=\frac{K}{s(s+1)(s+5)}$$

试求 $K=10$ 时系统的相位裕量和增益裕量。

解：将传递函数化为标准形式得

$$G_K(s)=\frac{2}{s(s+1)(0.2s+1)}$$

根据截止频率的定义有

$$A(\omega_c)=\frac{2}{\omega_c\sqrt{\omega_c^2+1}\sqrt{0.04\omega_c^2+1}}=1$$

按转折频率分段近似求解可得

$$A(\omega_c) \approx \begin{cases} \dfrac{2}{\omega_c}, & \omega_c \leqslant 1 \\ \dfrac{2}{\omega_c \cdot \omega_c}, & 1 < \omega_c \leqslant 5 \\ \dfrac{2}{\omega_c \cdot \omega_c \cdot 0.2\omega_c}, & 5 < \omega_c \end{cases}$$

令 $A(\omega_c)=1$，则上式唯一符合取值范围的解为

$$A(\omega_c) \approx \frac{2}{\omega_c^2} = 1 \Rightarrow \omega_c = 1.4\text{rad/s}$$

根据相位裕量的定义有

$$\gamma = 180^\circ + \varphi(\omega_c) = 180^\circ - 90^\circ - \arctan\omega_c - \arctan(0.2\omega_c)$$

将 $\omega_c = 1.4\text{rad/s}$ 代入可得 $\gamma \approx 20^\circ$。

根据穿越频率定义有

$$\varphi(\omega_g) = -90^\circ - \arctan\omega_g - \arctan(0.2\omega_g) = -180^\circ$$

解之可得 $\omega_g = 2.2\text{rad/s}$，代入系统幅频特性可得

$$K_g = \frac{1}{A(\omega_g)} = \frac{\omega_g\sqrt{\omega_g^2+1}\sqrt{0.04\omega_g^2+1}}{2} \approx 2.8$$

利用 MATLAB 程序计算系统稳定裕量的精确数值，具体程序如下：

```
num=[10];
den=[1,6,5,0];
sys=tf(num,den);
[Kg,gamma,wg,wc]=margin(sys)
```

运行程序得系统的穿越频率为 $\omega_g = 2.24\text{rad/s}$，截止频率为 $\omega_c = 1.23\text{rad/s}$，相位裕量为 $\gamma = 25.39^\circ$，增益裕量为 $K_g = 3$。系统的奈奎斯特图可绘制如图 5.28 所示。

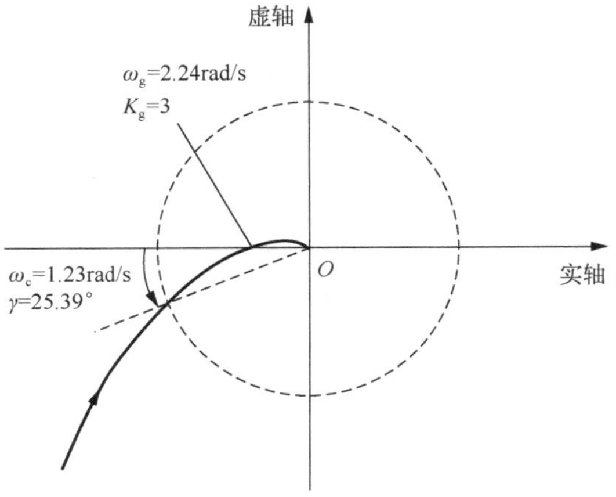

图 5.28 系统的奈奎斯特图与稳定裕量

5.3.2 频域指标与时域指标的关系

在采用频率分析法对系统进行分析与设计时，以频域指标为依据。与控制系统的时域指标一样，都是描述系统的固有特性。频域指标作为间接指标，与时域指标之间存在着确定或近似确定的关系。时域分析法中，主要指标为超调量 $\sigma\%$ 与调节时间 t_s，分别反映了系统响应的平稳性和响应速度。而频域指标主要有截止频率 ω_c、稳定裕量 γ 与 K_g。要分析开环频域指标与时域指标的关系，先确定频域指标与超调量和调节时间的关系。

1. 二阶系统

对于典型二阶系统，已经建立了时域指标 $\sigma\%$、t_s 与阻尼比 ζ、固有频率 ω_n 之间的关系。需建立开环频域指标与 ζ、ω_n 的关系，可得其与时域指标的关系。典型二阶系统开环频率特性为

$$G_K(j\omega)=\frac{\omega_n^2}{j\omega(2\zeta\omega_n+j\omega)}=\frac{\omega_n^2}{\omega\sqrt{4\zeta^2\omega_n^2+\omega^2}}\angle\left(-90^\circ-\arctan\frac{\omega}{2\zeta\omega_n}\right)$$

1）频域指标与超调量的关系

由截止频率的定义可知

$$A(\omega_c)=\frac{\omega_n^2}{\omega_c\sqrt{4\zeta^2\omega_n^2+\omega_c^2}}=1$$

解得

$$\omega_c=\omega_n\sqrt{\sqrt{4\zeta^4+1}-2\zeta^2} \tag{5.12}$$

则系统相位裕量为

$$\gamma=180^\circ+\varphi(\omega_c)=90^\circ-\arctan\frac{\omega_c}{2\zeta\omega_n}=\arctan\frac{2\zeta\omega_n}{\omega_c}$$

将式（5.12）代入上式可得

$$\gamma=\arctan\frac{2\zeta}{\sqrt{\sqrt{4\zeta^4+1}-2\zeta^2}} \tag{5.13}$$

可见，二阶系统的相位裕量 γ 与其阻尼比 ζ 具有直接的对应关系。又因为超调量 $\sigma\%$ 与阻尼比 ζ 同样存在着对应关系：

$$\sigma\%=e^{-\pi\zeta/\sqrt{1-\zeta^2}}\times100\%$$

故相位裕量 γ 与超调量 $\sigma\%$ 一样可由阻尼比 ζ 直接确定。γ 越小，$\sigma\%$ 就越大；γ 越大，$\sigma\%$ 就越小。通常，为了使二阶系统的振荡不至于太剧烈，且调节时间不宜过长，一般期望 $30^\circ\leqslant\gamma\leqslant60^\circ$。

2）频域指标与调节时间的关系

当$\Delta=0.05$时，二阶系统的调节时间为

$$t_s=\frac{3}{\zeta\omega_n}$$

结合式（5.12）可得

$$t_s\omega_c=\frac{3}{\zeta}\sqrt{\sqrt{4\zeta^4+1}-2\zeta^2}$$

考虑式（5.13），上式可化为

$$t_s\omega_c=\frac{6}{\tan\gamma}$$

可见，二阶系统的调节时间与相位裕量γ、截止频率ω_c有关。对于给定的阻尼比ζ或相位裕量γ，截止频率越大，调节时间t_s显然越小。

2. 高阶系统

对于高阶系统而言，很难建立频率特性与时域指标的确切关系。在工程中，一般通过近似公式给出开环频域指标与时域指标的关系。

超调量$\sigma\%$可近似计算为

$$\sigma\%=\left(0.16+0.4\left(\frac{1}{\sin\gamma}-1\right)\right)\times100\%$$

调节时间t_s可近似计算为

$$t_s=\frac{\pi}{\omega_c}\left(2+1.5\times\left(\frac{1}{\sin\gamma}-1\right)+2.5\times\left(\frac{1}{\sin\gamma}-1\right)^2\right)$$

这个近似公式计算的时域指标会带来较大的保守性，即实际性能一般要强于估计性能，近似计算结果可作为进一步参数调节的参考。

5.4 伯德图与系统性能分析

奈奎斯特稳定判据建立了系统开环频率特性与闭环控制系统稳定性的关系，但仅依靠奈奎斯特图难以分析系统的动态和稳态性能。伯德图能方便直观地建立系统开环频率特性与闭环动态和稳态性能的关系。

5.4.1 伯德图的绘制

由于线性系统可以分解为多个典型环节串联的形式，系统的频率特性则为各个环节频率特性的乘积。由于对数的运算规律将幅频特性的乘法运算转换成加法运算，当绘制系统

的伯德图时，仅需将各个环节的伯德图进行叠加即可，这是伯德图的一大优势。

假设包含σ个典型环节系统的开环传递函数为$G_{\rm K}(s)=G_1(s)G_2(s)\cdots G_\sigma(s)$，对数幅频特性可以表达为

$$\begin{cases} L(\omega)=20\lg|G_1(\mathrm{j}\omega)|+20\lg|G_2(\mathrm{j}\omega)|+\cdots+20\lg|G_\sigma(\mathrm{j}\omega)| \\ \varphi(\omega)=\angle G_1(\mathrm{j}\omega)+\angle G_2(\mathrm{j}\omega)+\cdots+\angle G_\sigma(\mathrm{j}\omega) \end{cases}$$

在绘制系统的伯德图时，仅需将各个环节的幅频图与相频图进行叠加。伯德图的绘制步骤概括如下。

1. 开环传递函数用典型环节的乘积表示

为直观显示系统的环节组成，将式（5.7）改写为

$$G_{\rm K}(\mathrm{j}\omega)=\frac{K}{(\mathrm{j}\omega)^\nu}\cdot\frac{\prod_{i=1}^{m_1}(\mathrm{j}T_i\omega+1)\prod_{h=1}^{m_2}((\mathrm{j}T_h\omega)^2+2\zeta_h(\mathrm{j}T_h\omega)+1)}{\prod_{k=1}^{n_1}(\mathrm{j}T_k\omega+1)\prod_{l=1}^{n_2}((\mathrm{j}T_l\omega)^2+2\zeta_l(\mathrm{j}T_l\omega)+1)} \tag{5.14}$$

求出各个环节的转折频率$\omega_i=1/T_i$、$\omega_h=1/T_h$、$\omega_k=1/T_k$、$\omega_l=1/T_l$。

2. 分段绘制幅频图的渐近线

由典型环节的渐近线为直线或折线，可按照低频、中高频分段绘制渐近线，叠加结果仍为直线或折线，表征系统的特性。

1）低频渐近线

将第一个转折频率之前部分称为低频段。根据式（5.14），系统低频段的频率特性近似表达为

$$G_{\rm K}(\mathrm{j}\omega)=\frac{K}{(\mathrm{j}\omega)^\nu}$$

对数频率特性为

$$L(\omega)=20\lg|G_{\rm K}(\mathrm{j}\omega)|\approx20\lg\frac{K}{\omega^\nu}=20\lg K-20\nu\lg\omega$$

可知，系统幅频图的低频段渐近线主要与比例系数K、系统型别ν相关，是斜率为-20ν dB/dec的直线，且其延长线过点$(1,20\lg K)$。绘制低频渐近线时，可以先计算$20\lg K$的值，过点$(1,20\lg K)$作一条斜率为-20ν dB/dec的直线。渐近线或延长线穿越0dB线的频率，可由$20\lg K-20\nu\lg\omega=0\text{dB}$获得，其值为$\omega_0=K^{1/\nu}$。

2）中高频渐近线

将式（5.14）中所有转折频率ω_i、ω_h、ω_k、ω_l按从小到大的顺序排列。从第一个转折频率开始，于每个转折频率处叠加对应环节高频段的斜率。各典型环节的高频渐近线斜率，经过各环节转折频率时，高频渐近线的斜率变化量分别为惯性环节−20dB/dec、一阶微分环节+20dB/dec、振荡环节−40dB/dec、二阶微分环节+40dB/dec。

3. 绘制对数相频特性曲线

对数相频特性曲线可依照系统的相频表达式近似绘制。由式（5.14）可知系统的相频表达式为

$$\varphi(\omega)=\sum_{i=1}^{m_1}\arctan(T_i\omega)+\sum_{h=1}^{m_2}\arctan\frac{2\zeta_h T_h\omega}{1-T_h^2\omega^2}-\sum_{k=1}^{n_1}\arctan(T_k\omega)-\sum_{l=1}^{n_2}\arctan\frac{2\zeta_l T_l\omega}{1-T_l^2\omega^2}-v\cdot 90^\circ$$

近似可得

$$\lim_{\omega\to 0}\varphi(\omega)=-v\cdot 180^\circ$$

$$\lim_{\omega\to\infty}\varphi(\omega)=-(n-m)\cdot 180^\circ$$

即对数相频特性曲线的起始段渐近线为 $-v\cdot 90^\circ$ 线，高频段渐近线为 $-(n-m)\cdot 90^\circ$ 线，m 和 n 分别表示传递函数的分子和分母多项式的次数。中间频段可按照幅频特性斜率和相频特性相位的近似对应关系进行概略绘制，也可以利用相频特性表达式逐点计算，然后以平滑曲线连接。

伯德图渐近线已经较为接近伯德图的精确曲线，在多数场合，可以由渐近线代替伯德图的精确曲线进行分析。如果需要伯德图足够精确，则可使用 MATLAB 进行绘制，或者根据误差修正由渐近线构成的伯德图，请感兴趣的读者自行查阅相关书籍、文献。

【例 5.4】 单位负反馈 I 型系统的开环传递函数为

$$G_K(s)=\frac{50(s+2)}{s(s+1)(s+10)}$$

试绘制其伯德图。

解：（1）将传递函数标准化得

$$G_K(s)=\frac{10(0.5s+1)}{s(s+1)(0.1s+1)}$$

各转折频率及对应的环节分别为 $\omega_1=1\text{rad/s}$ 对应惯性环节 $1/(s+1)$；$\omega_2=2\text{rad/s}$ 对应一阶微分环节 $(0.5s+1)$；$\omega_3=10\text{rad/s}$ 对应惯性环节 $1/(0.1s+1)$。将转折频率以 $\omega_1<\omega_2<\omega_3$ 的顺序标注于 ω 轴上，幅频图分为 4 段。

（2）绘制幅频图渐近线。

低频渐近线：由传递函数可知 $K=10$，$20\lg K=20\text{dB}$，且系统型别 $v=1$。过点 $(1,20)$ 作斜率为 -20dB/dec 的直线至 $\omega_1=1$。中高频渐近线：根据转折频率对应的各个环节，在 $\omega_1=1$ 之后作斜率为 -40dB/dec 的直线到 $\omega_2=2$；在 $\omega_2=2$ 之后作斜率为 -20dB/dec 的直线到 $\omega_3=10$；在 $\omega_3=10$ 之后作斜率为 -40dB/dec 的直线。所绘制的幅频图如图 5.29 所示。

（3）绘制相频图。

系统开环相频特性为

$$\varphi(\omega)=-90^\circ-\arctan\omega+\arctan(0.5\omega)-\arctan(0.1\omega)$$

根据描点连线的方法可以绘制对数相频特性曲线如图 5.29 所示。

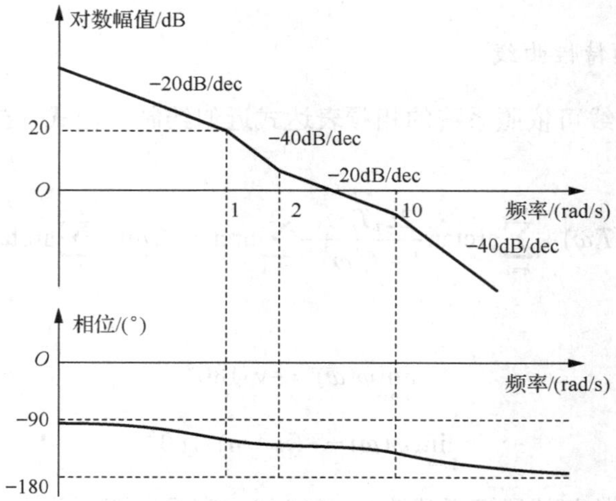

图 5.29　例 5.4 的伯德图渐近线

使用 MATLAB 命令绘制出系统的精确伯德图，如图 5.30 所示，程序如下：

```
z=[-2];
p=[0,-1,-10];
k=[50];
sys=zpk(z,p,k);
figure(1)
w=logspace(-1,2) %确定频率范围
bode(sys,w) %绘制伯德图
```

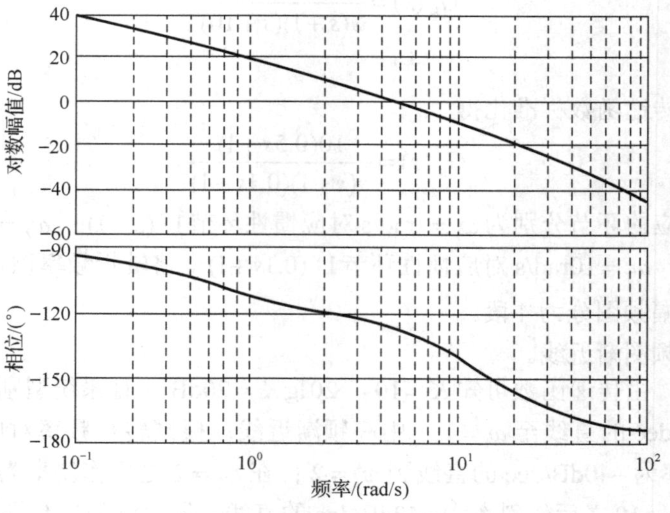

图 5.30　例 5.4 的伯德图

5.4.2　最小相位系统

由伯德图可以看出系统对不同频率的相位变化，又由奈奎斯特稳定判据可知，系统的稳定性与系统的相位变化有关。那么，系统的相位变化与系统特性一定存在明确关联。最

小的相位变化与系统的稳定性有直接关系。在具有相同幅频特性的系统中，当频率 ω 从0变化至 ∞ 时，各个频率上均具有最小相移的系统称为最小相位系统。反之，则称为非最小相位系统。任意具备同样幅频特性的非最小相位系统都拥有比对应最小相位系统更大的相位滞后。最小相位系统的传递函数的所有零点和极点均在左半复平面。非最小相位传递函数系统在右半复平面有零点或极点。

最小相位系统在 $\omega \to \infty$ 时，相位将变为 $-90^\circ \times (n-m)$，其中 m 和 n 分别表示传递函数的分子和分母多项式的次数。确定系统是否为最小相位的，既要检查幅频图高频渐近线的斜率，又要检查 $\omega \to \infty$ 时的相位。如果当 $\omega \to \infty$ 时，幅频图的斜率为 $-20(n-m)$dB/dec，且相位等于 $-90^\circ \times (n-m)$，那么该系统是最小相位系统。最小相位系统的传递函数与系统幅频特性具有唯一的对应关系，而非最小相位系统则无法通过幅频图唯一确定传递函数。这也意味着非最小相位系统的幅频图与系统性能没有直接联系。更大的相位滞后可能导致系统响应迟缓，甚至难以控制。

【例 5.5】 对比如下两个传递函数的相频特性的相位变化：

$$G_1(s) = \frac{s+1}{(s^2+s+1)(s+2)}, \quad G_2(s) = \frac{1-s}{(s^2+s+1)(s+2)}$$

解： $G_1(s)$ 在右半复平面没有零点或极点，属于最小相位系统；而 $G_2(s)$ 有 1 为零点，属于非最小相位系统。使用 MATLAB 绘制两系统的伯德图如图 5.31 所示。由图可见，两系统的幅频特性完全一致，但 $G_1(s)$ 的相位变化从 0° 至 -180°，而 $G_2(s)$ 的相位变化从 0° 至 -360°，即 $G_2(s)$ 具有更大的相位滞后。

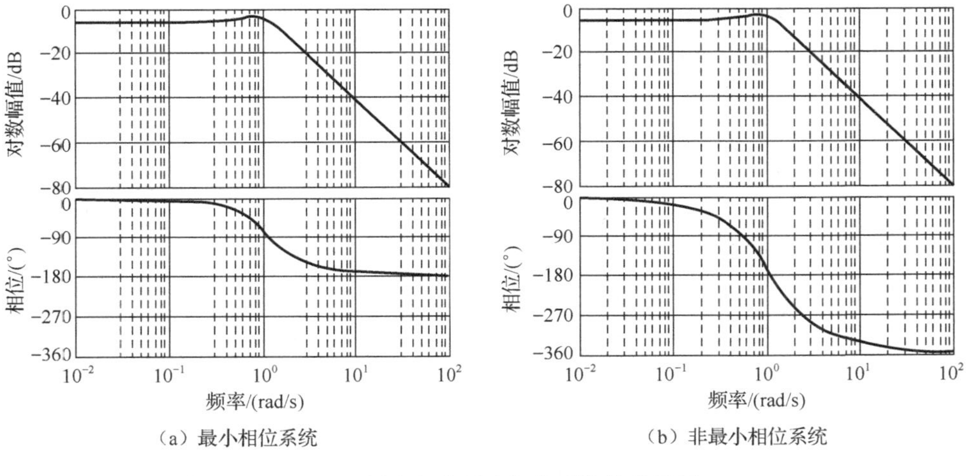

图 5.31 最小与非最小相位系统的伯德图

$G_1(s)$ 与 $G_2(s)$ 的阶跃响应曲线如图 5.32 所示。观察发现，最小相位系统拥有更好的动态性能，而非最小相位系统存在着一个“欲扬先抑”的过程，启动性能不好，响应缓慢。因此，在实际控制系统中，如果着重考虑响应的快速性，就应避免非最小相位环节，延迟环节即一类常见的非最小相位环节。

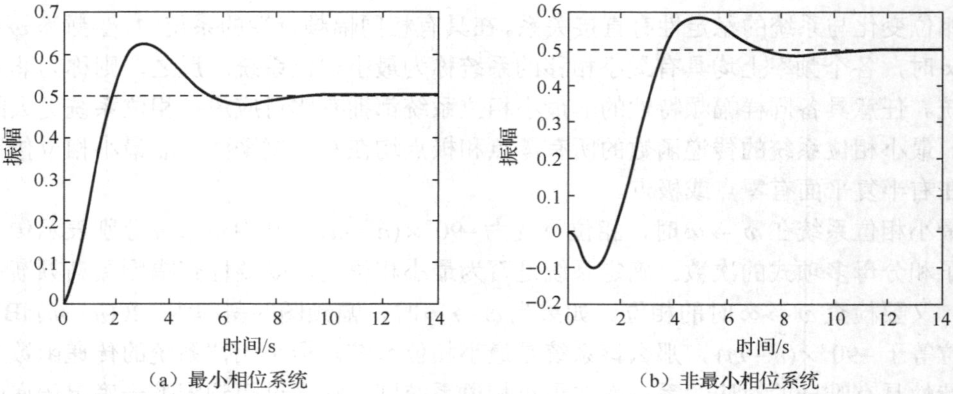

图 5.32 最小与非最小相位系统的阶跃响应

5.4.3 开环伯德图与系统性能的关系

伯德图的优势在于直观显示闭环控制系统的性能。对于最小相位系统，通过系统开环频率特性的幅频曲线便可知晓系统的相关性能参数。开环对数幅频特性的低、中、高频段分别与系统稳态性能、暂态性能等有着密切的关系。

1. 伯德图与系统的稳定性

由奈奎斯特图和伯德图的绘制方法可知，奈奎斯特图以原点为圆心的单位圆对应于伯德图的零分贝线，单位圆以外的区域对应零分贝以上的区域，单位圆以内的区域对应零分贝以下的区域，奈奎斯特图的负实轴对应于伯德图相频特性的 -180° 线，如图 5.33 所示。由穿越奈奎斯特稳定判据可得到伯德图的稳定性判据。

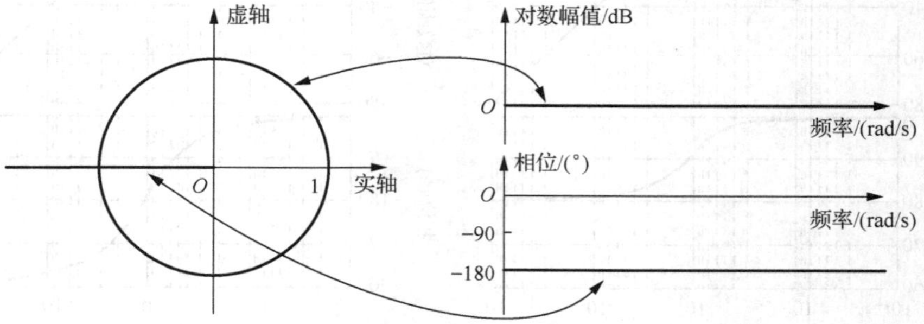

图 5.33 奈奎斯特图和伯德图的对应关系

伯德图稳定性判据：闭环控制系统稳定的充要条件是，在对数幅频特性为正的频段内，对数相频特性曲线与 -180° 相位线的正穿越和负穿越的次数之差是系统开环传递函数在右半复平面极点个数的一半。

如图 5.34 所示，若系统开环传递函数的极点都在左半复平面，在对数幅频特性为正的频段（图中阴影部分）内，对数相频特性曲线与 -180° 相位线的正穿越和负穿越的次数之差为零，则闭环控制系统是稳定的，否则，是不稳定的。

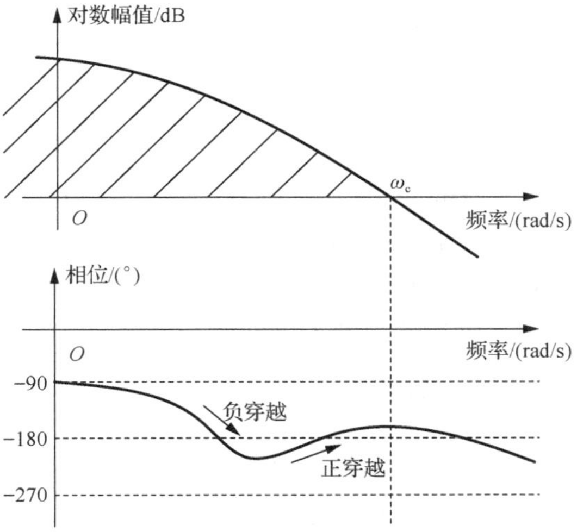

图 5.34 伯德图稳定性判据示意图

除了系统的绝对稳定性之外，还有系统的相对稳定性，那么控制系统的稳定裕量的奈奎斯特图与伯德图的对应关系如图 5.35 所示。图中左侧部分为稳定系统的裕量，右侧部分为不稳定系统的裕量。

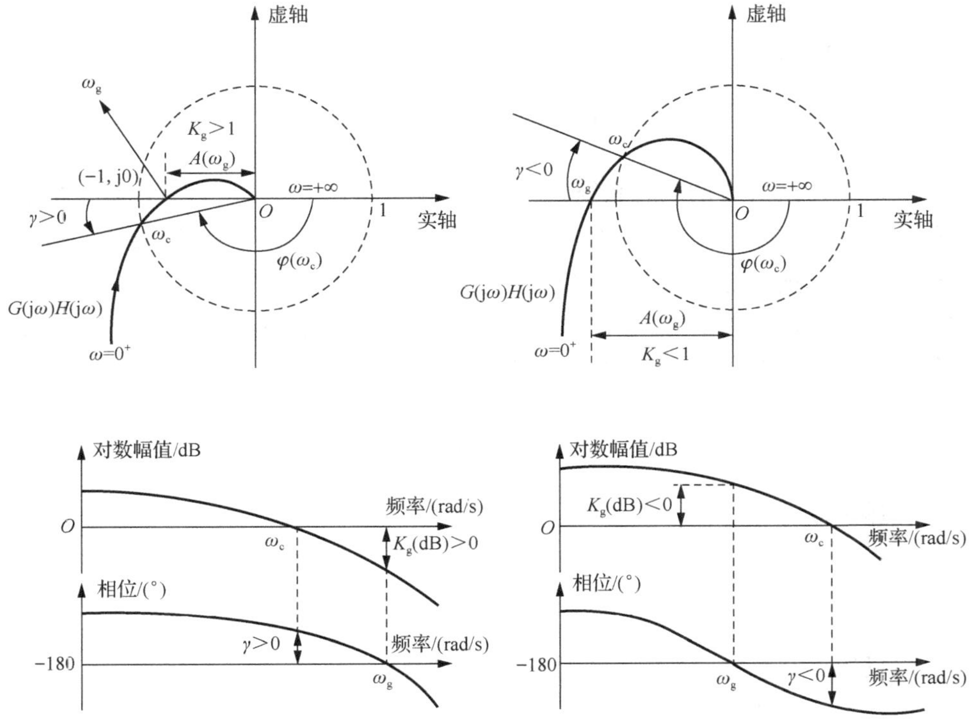

图 5.35 稳定裕量的奈奎斯特图与伯德图的对应关系

2. 幅频图低频段与稳态误差的关系

在伯德图的绘制时，幅频图低频段主要取决于系统型别v与开环增益K。低频段的渐近线或延长线是经过点$(1, 20\lg K)$、斜率为$-20v$ dB/dec的直线。系统型别v决定了低频段的斜率，而增益K决定了低频段的高度。由控制系统时域分析法可知，系统型别v与增益K均与系统的稳态误差有关。简而言之，系统型别越高，开环增益越大，系统的稳态误差越小。低频段曲线位置越高，说明开环增益K越大，稳态误差越小；曲线斜率越小，说明系统型别越高，稳态误差越小。低频段反映系统的稳态性能。

3. 幅频图中频段与暂态性能的关系

系统开环频率特性中，截止频率附近部分称为中频段。幅频图的中频段能够反映系统的暂态性能，包括暂态响应的平稳性与快速性。

（1）对于中频段斜率为–20dB/dec时，若中频段宽度足够，且仅从平稳性与快速性的角度考虑，该段曲线可近似为–20dB/dec的直线（类似于Ⅰ型系统幅频图的低频段），对应的单位负反馈开环传递函数为

$$G_K(s)=\frac{K}{s}=\frac{\omega_c}{s}$$

系统的闭环传递函数为

$$G_B(s)=\frac{G(s)}{1+G(s)}=\frac{1}{\omega_c^{-1}s+1}$$

相当于时间常数为$T=\omega_c^{-1}$的一阶系统。系统阶跃响应单调上升，无超调，稳定裕量足够，调节时间为$t_s=3T=3/\omega_c$。可见，在一定条件下，ω_c越大，则调节时间越小，系统的响应速度就越快，截止频率在一定程度上反映了系统响应的快速性。

（2）对于中频段的斜率为–40dB/dec时，假设中频段宽度足够，则中低频段可以近似为一条斜率为–40dB/dec的直线，对应单位负反馈的开环传递函数为

$$G_K(s)=\frac{K}{s^2}=\frac{\omega_c^2}{s^2}$$

系统闭环传递函数为

$$G_B(s)=\frac{G(s)}{1+G(s)}=\frac{\omega_c^2}{s^2+\omega_c^2}$$

相当于无阻尼的二阶系统。系统阶跃响应为等幅振荡，处于临界稳定状态。

综上所述，一般要求幅频图中频段的斜率为–20dB/dec，且宽度足够，以保证系统的相位裕量满足要求。如果中频段斜率为–40dB/dec，则所占频带不能过宽，否则系统的稳定性将难以满足。若中频段斜率更小，则系统将难以稳定。

4. 幅频图高频段对系统性能的影响

系统开环频率特性中，中频段以后的部分称为高频段。在幅频图的高频段，一般有 $L(\omega) \ll 0\text{dB}$，即 $|G(\mathrm{j}\omega)| \ll 1$，则闭环频率特性为

$$|G_{\mathrm{B}}(\mathrm{j}\omega)| = \left|\frac{G(\mathrm{j}\omega)}{1+G(\mathrm{j}\omega)}\right| \approx |G(\mathrm{j}\omega)|$$

可以认为高频段的开环幅值与闭环幅值近似相等。系统开环幅频图的高频段直接反映了系统对输入端高频噪声的抑制能力。高频段的斜率越小，分贝值越低，则系统的抗干扰能力越强。

5.5 频率响应实验确定传递函数

简单的系统可以用微分方程和传递函数建立数学模型，表征系统输入输出关系，但是复杂的系统难以找到数学规律清楚地建立输入输出关系。由伯德图可知，系统具有固有的频率特性，可以通过频率响应实验方法建立复杂系统的模型，有实际应用意义。频率响应实验方法的思路是，通过在一定频率范围内对系统进行频率响应实验，得到足够多的幅值与相位数据，依此绘制出系统的伯德图，最后利用伯德图的渐近线反推系统的传递函数。

假定通过频率响应实验获得了系统的伯德图，得到转折频率和渐近线斜率。根据典型环节的伯德图和在各转折频率处幅频图渐近线斜率的变化，确定系统所含的各类环节：

（1）如果在转折频率处渐近线斜率变化为 +20dB/dec，则系统传递函数中包含一个一阶微分环节。

（2）如果在转折频率处渐近线斜率变化为 –20dB/dec，则系统传递函数中包含一个惯性环节。

（3）如果在转折频率处，渐近线斜率变化为 +40dB/dec，则系统传递函数中包含一个二阶微分环节。

（4）如果在转折频率处，渐近线斜率变化为 –40dB/dec，则系统传递函数中包含一个振荡环节。

其中，二阶微分环节与振荡环节的固有频率 ω_{n} 等于其对应转折频率，而阻尼比 ζ 则可通过其转折频率附近的谐振峰值大小确定。

确定系统传递函数所含有的一阶和二阶环节后，要确定系统的型别 v 与增益 K。当 $\omega \to 0$ 时，传递函数可表示为

$$\lim_{\omega \to 0} G(\mathrm{j}\omega) = \frac{K}{(\mathrm{j}\omega)^{v}}$$

对等式两侧取对数，当 $\omega \ll 1$ 时有

$$20\lg|G(\mathrm{j}\omega)| = 20\lg K - 20\lg \omega^{v} = 20\lg K - 20v\lg \omega$$

可得：①如果幅频图低频渐近线的斜率为0dB/dec，则系统为 0 型系统；②如果幅频图低频渐近线的斜率为–20dB/dec，则系统为Ⅰ型系统；③如果幅频图低频渐近线的斜率为–40dB/dec，则系统为Ⅱ型系统。

幅频图低频渐近线或延长线穿越横轴的频率为

$$\omega_0 = K^{\frac{1}{\nu}}$$

可以依此求得系统的开环增益$K = \omega_0^{\nu}$。

依上述方法确定系统的传递函数后，可以将实验得到的相频图与求得的传递函数相比对。对于最小相位系统，其相频图应该与刚刚求得的传递函数相吻合，若相频图的高频段的相位值不等于$-90^\circ(n-m)$，那么该系统必为非最小相位系统。

【例 5.6】 假设系统由频率实验所得的开环对数频率特性如图 5.36 所示，试确定该系统的传递函数。

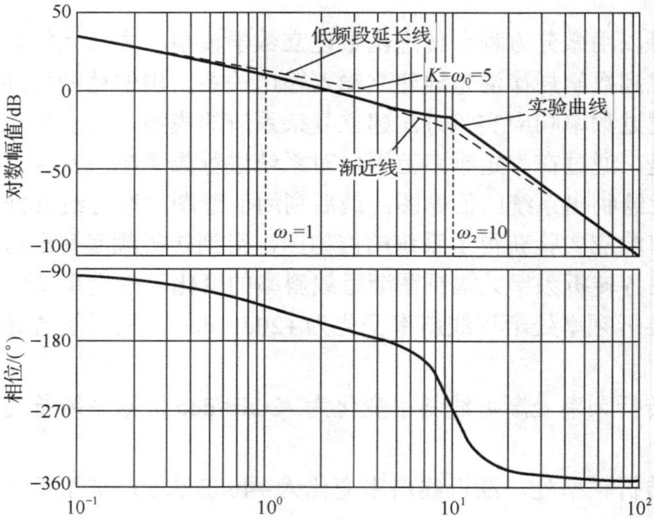

图 5.36 频率实验所得的伯德图

解：在图 5.36 中，绘制幅频图的渐近线，可得低频段斜率为–20dB/dec；中频段斜率为–40dB/dec；高频段斜率为–80dB/dec；转折频率分别为$\omega_1 = 1\text{rad/s}$、$\omega_2 = 10\text{rad/s}$；低频段渐近线的延长线与0dB 线交于$\omega_0 = 5\text{rad/s}$。

（1）幅频图斜率变化两次，分别为–20dB/dec 与–40dB/dec，说明待求传递函数中含有一个惯性环节与一个振荡环节。又由转折频率$\omega_1 = 1\text{rad/s}$确定惯性环节时间常数为$T = 1\text{s}$，振荡环节固有频率为$\omega_n = \omega_2 = 10\text{rad/s}$。再观察谐振峰值，并与振荡环节伯德图对比，可知阻尼比$\zeta \approx 0.2$。

（2）由低频段斜率–20dB/dec 可确定系统为Ⅰ型系统。又因为低频段延长线于$\omega_0 = 5$处穿越横轴，所以$K = \omega_0 = 5$。

（3）综上所述，待求传递函数为

$$G(s)=\frac{500}{s(s+1)(s^2+4s+100)}$$

5.6 本 章 小 结

本章介绍了控制系统的频域分析法，从频率特性的概念、频率特性的图解分析方法、典型环节的频率特性等基础知识出发，重点围绕奈奎斯特图与伯德图，分别介绍了它们的绘制方法与相关应用。奈奎斯特图的最重要应用是奈奎斯特稳定判据，这使得奈奎斯特图可以方便地建立开环频率特性与闭环控制系统稳定性之间的关系。除了绝对稳定性的判别之外，奈奎斯特稳定判据还引出了稳定裕量这一重要概念，而稳定裕量与时域指标的关系则是利用频域法设计控制系统的基础。伯德图的主要作用在于建立系统性能与频率特性之间的联系，对于最小相位系统，根据开环伯德图可以迅速地确定闭环控制系统的性能。此外，伯德图能够清楚地表明传递函数中每个单独环节对系统的具体影响，这使我们可以利用实验得到的伯德图确定系统的传递函数，伯德图的这一特性也是利用频域法进行系统校正的基础。

习 题

5.1 试求如图 5.37 所示 RC 电路的频率特性。

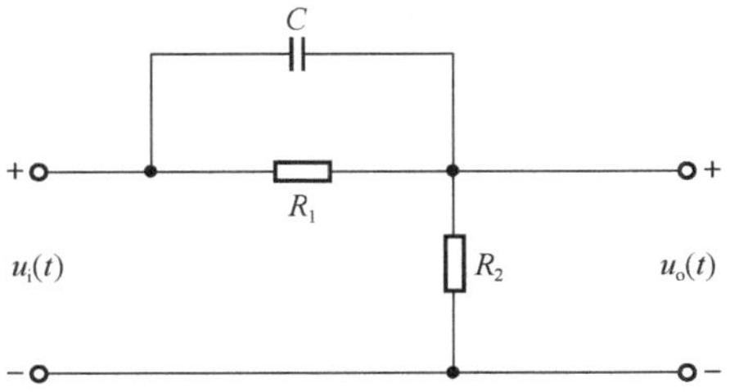

图 5.37 RC 电路

5.2 已知单位反馈系统的开环传递函数为

$$G_K(s)=\frac{1}{s+1}$$

试根据频率特性的物理意义，求其闭环控制系统在输入信号为 $r(t)=\sin(2t)$ 时的稳态输出。

5.3 已知系统的开环传递函数为

$$G_K(s)=\frac{10}{s(s+1)(s^2+0.5s+1)}$$

试计算 $\omega=0.5\text{rad/s}$ 、 1rad/s 、 2rad/s 时，开环频率特性的幅值与相位。

5.4 已知系统的开环传递函数为

$$G_{\mathrm{K}}(s)=\frac{K(\tau s+1)}{s^2(Ts+1)}$$

式中，K、τ、T 均为正实数，试分析并手工绘制系统在 $\tau>T$ 与 $T>\tau$ 两种情况下的奈奎斯特图，并用 MATLAB 验证。

5.5 已知系统开环传递函数为

$$G_{\mathrm{K}}(s)=\frac{1}{s^{v}(s+1)(s+2)}$$

试分别手工绘制 $v=0$、1、2 时，系统的奈奎斯特图，并用 MATLAB 验证。

5.6 对于频率 $\omega=1\mathrm{rad/s}$、$2\mathrm{rad/s}$、$5\mathrm{rad/s}$、$10\mathrm{rad/s}$、$20\mathrm{rad/s}$、$50\mathrm{rad/s}$ 和 $200\mathrm{rad/s}$ 的输入信号，试计算系统

$$G(s)=\frac{1}{s+10}$$

输出信号的幅值与相位。手工绘制系统的伯德图，并与上述计算结果进行比较。

5.7 对于下面列出的所有开环传递函数，手工绘制它们的伯德图与奈奎斯特图，并用 MATLAB 验证。

$$G_{\mathrm{K}}(s)=\frac{2000}{(s+10)(s+200)}$$

$$G_{\mathrm{K}}(s)=\frac{100}{s(0.1s+1)(0.5s+1)}$$

$$G_{\mathrm{K}}(s)=\frac{s+2}{s(s+1)(s+5)(s+10)}$$

$$G_{\mathrm{K}}(s)=\frac{(s^2+4)}{s(s^2+1)}$$

5.8 已知下列系统的开环传递函数:

$$G_{\mathrm{K}}(s)=\frac{1}{(s+1)(s^2+s+1)}$$

$$G_{\mathrm{K}}(s)=\frac{1}{s(s+1)(s+10)}$$

$$G_{\mathrm{K}}(s)=\frac{(s+2)}{s^2(s+5)}$$

试利用奈奎斯特稳定判据判断闭环控制系统的稳定性。

5.9 已知系统的开环传递函数为

$$G_{\mathrm{K}}(s)=\frac{K}{s(Ts+1)(s+1)}$$

式中，$K, T>0$，试根据奈奎斯特稳定判据，判断下列情况下的闭环控制系统稳定条件：

（1）$T=2$ 时，K 的取值范围。

（2）$K=10$ 时，T 的取值范围。

5.10 当系统存在成对的纯虚极点时，需要构建绕开纯虚极点的奈奎斯特路径，其分析方法与绕过原点的情况类似，需要逆时针补作180°且半径无穷大的虚圆弧增补线。已知系统的开环传递函数为

$$G_K(s)=\frac{10}{s(s+1)(s^2/4+1)}$$

试依照Ⅰ、Ⅱ型系统的稳定性分析方法，根据奈奎斯特稳定判据判断系统的闭环稳定性。

5.11 试求题 5.7 中各系统的幅值裕量与相位裕量。

5.12 （1）设单位反馈系统的开环传递函数为

$$G_K(s)=\frac{as+1}{s^2}$$

试确定使相位裕量为 45° 的参数 a 的取值。

（2）设单位反馈系统的开环传递函数为

$$G_K(s)=\frac{K}{s(s^2+s+100)}$$

试确定使幅值裕量为 20dB 的开环增益 K 的取值。

5.13 已知单位反馈系统的开环传递函数为

$$G_K(s)=\frac{10}{s(0.1s+1)}$$

试求该系统的截止频率、相位裕量，并利用频域指标估算系统的时域指标，包括超调量与调节时间。

5.14 某最小相位系统的开环对数幅频特性如图 5.38 所示，试求：

（1）系统的开环传递函数。

（2）系统的相位裕量。

（3）将对数幅频特性曲线向右平移 10dec 对系统性能的影响。

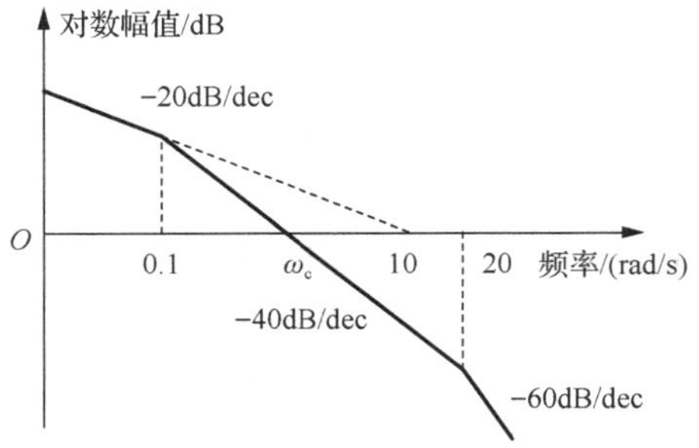

图 5.38 系统开环伯德图

6 控制系统的校正

为了使被控对象达到期望性能，需进行控制系统分析与设计。前面介绍了时域分析法与频域分析法，分析被控对象的动态与稳态性能。下一步需要进行控制系统设计，使得控制系统满足期望的性能要求。本章主要介绍基于频域分析法的系统校正。

6.1 系统校正基本概念与常用方法

被控对象本身不能满足期望的性能要求，根据被控对象性能与期望性能的差距，通过引入额外的装置或元件，改变系统的结构和参数，使得闭环控制系统的性能达到期望的要求，称为系统校正。引入的装置或元件称为校正装置。校正是系统设计的重要内容，实质是在系统中添加适当的环节，调整系统的零极点分布以达到改善系统性能的目的。

1．性能指标与校正目标

1）性能指标

控制系统的时域性能指标分为稳态性能指标与动态性能指标两类。稳态性能指标主要指稳态误差 e_{ss}；动态性能指标包括超调量 $\sigma\%$、调节时间 t_s、上升时间 t_r。有些时候也会直接给出系统的频域性能指标：截止频率 ω_c、相位裕量 γ、增益裕量 K_g。

2）校正目标

时域校正手段主要是根轨迹法，校正后闭环控制系统具有一对主导极点决定着系统的性能。频域指标主要采用频域分析法，通过适当增加校正环节，改善系统的开环对数幅频特性，使校正后系统的开环对数幅频特性曲线的三个频段满足：

（1）低频段具备一定的高度与斜率，以保证系统的稳态性能。

（2）中频段具有足够的宽度与较大的截止频率，以满足系统的快速性。

（3）高频段应有较大的斜率，以满足系统对高频噪声的抑制能力。

由于对数频率特性的叠加性，频域校正的计算量小，对高阶系统优势更为明显。因此，经常将时域性能指标转换成频域性能指标进行校正。系统校正的灵活性较大，对于同一既定性能指标，可能存在多种有效的校正方法，也可能存在多种有效的校正装置。如何选取校正方法或装置则需视实际情况而定，比如被控对象的复杂程度、实现成本等。换言之，校正问题并不存在某个“唯一解”。在考虑系统校正问题时，应充分考虑实际情况，分析所期望的性能指标以及固有系统的条件，设计出简单有效的校正装置。

2. 常用校正方法

按照校正装置在系统中接入位置的不同，一般将系统校正分为串联校正、反馈校正和复合校正。

1）串联校正

串联校正是将校正装置放在系统的前向通道中，与被控对象相串联的校正方式。按照校正装置的特点又可分为超前校正、滞后校正和滞后-超前校正。单位负反馈系统的串联校正的结构如图 6.1 所示，其中 $G_0(s)$ 与 $G_c(s)$ 分别为待校正系统和校正装置的传递函数。

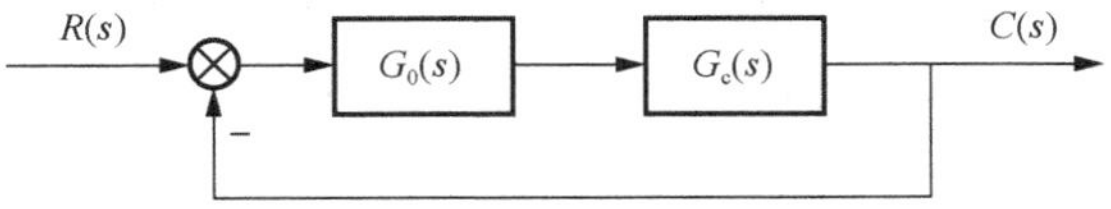

图 6.1 串联校正

串联校正的特点是结构简单、分析简便、易于实现，并且能够实现大部分的校正需求，其缺点是需要附加放大器，且对于系统参数变化较为敏感。

2）反馈校正

反馈校正是将校正装置与被校正对象或对象的一部分构成局部负反馈系统，校正装置作为局部反馈环节。反馈校正的结构图如图 6.2 所示，其中 $G_c(s)$ 为校正装置的传递函数，原系统的开环传递函数为 $G_1(s)G_2(s)$。

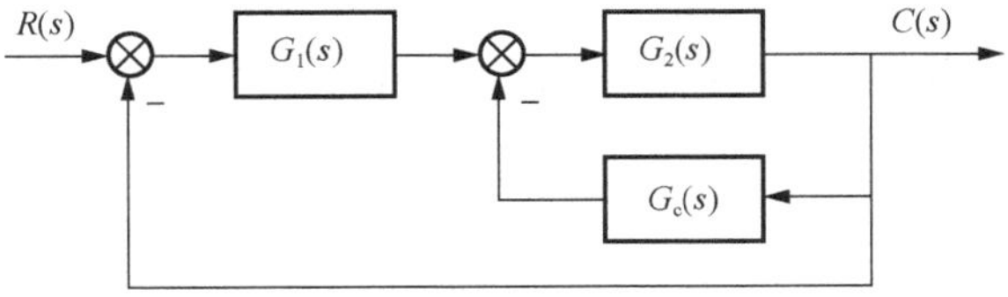

图 6.2 反馈校正

反馈校正的特点是，不仅能够改善系统性能，而且由于 $G_c(s)$ 的负反馈作用，能够抑制系统参数波动及非线性因素对系统造成的影响。

3）复合校正

复合校正是在系统主反馈回路以外，沿外部输入信号的方向根据输入或干扰引起的误差增设前馈补偿，有机结合反馈控制与前馈控制的校正方法。两类复合校正的结构图如图 6.3 所示，其中 $G_c(s)$ 为校正装置的传递函数，原系统的传递函数为 $G_1(s)G_2(s)$。

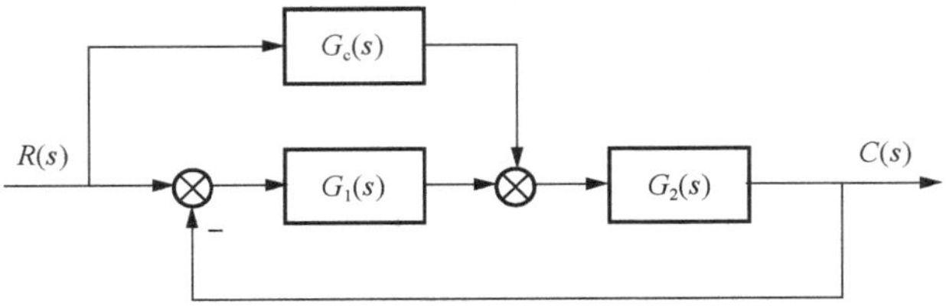

（a）按输入补偿的复合校正

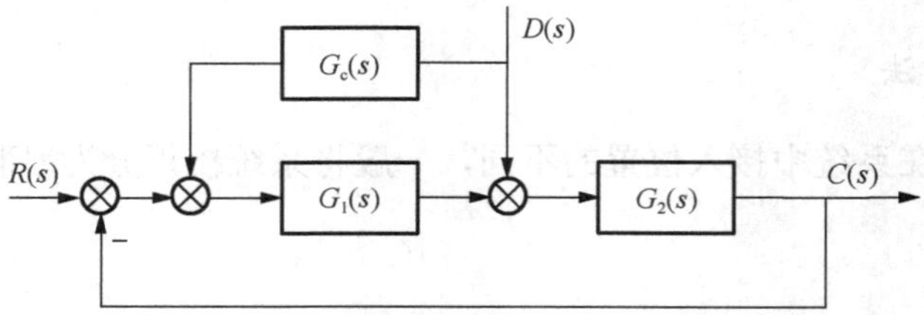

（b）按扰动补偿的复合校正

图 6.3　复合校正

复合校正的特点是，通过设置前馈补偿，可以在保持系统稳定的前提下极大降低稳态误差，或者有效抑制可测量的扰动，比较适用于高精度的控制系统。

反馈校正与复合校正的结构相较于串联校正复杂，实现起来相对困难。作为最简便且常用的校正方法，串联校正是本章重点介绍的内容。反馈校正与复合校正的设计方法请感兴趣的读者自行查阅相关书籍。

6.2　串联超前校正

串联超前校正主要应用于系统动态性能的改善。串联超前校正会使系统中、高频段幅值抬高，相位超前。实质是利用幅值抬高的特性，增大截止频率，改善系统的快速性；利用其相位超前的特性，增加系统的相位裕量，改善其相对稳定性。合理地选择校正装置的转折频率，可使待校正系统的截止频率与相位裕量满足要求，改善系统的动态性能，调整开环增益保证系统的稳态性能。

1. 超前校正装置

具有相位超前特性（正相移）的校正装置称为超前校正装置。超前校正装置可由 *RC* 无源网络组成，也可由运算放大器加入适当电路的有源网络组成。有源、无源超前校正网络的传递函数具有相同形式，只是符号相反。若给有源超前网络添加一级倒相器，则两类装置的传递函数完全相同，有关无源超前校正网络的分析也完全适用于有源的情况。以图 6.4 所示的无源网络为例，分析超前校正装置的特点。网络中 u_i 与 u_o 分别表示输入与输出电压，R_1、R_2 与 C 则分别表示图中电阻器的电阻与电容器的电容。

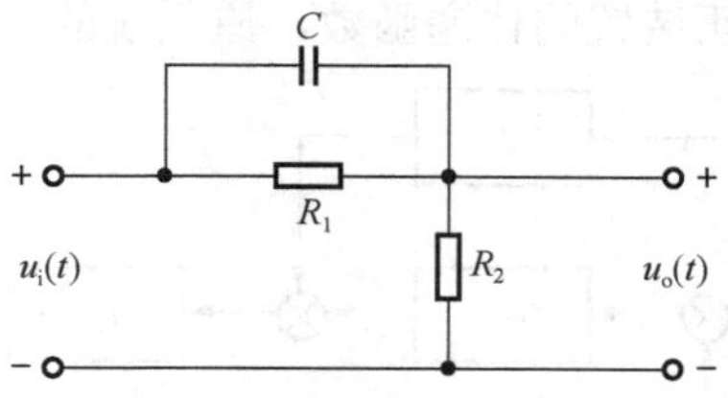

图 6.4　无源超前校正网络

超前校正网络的传递函数为

$$G_c(s)=\frac{U_o(s)}{U_i(s)}=\alpha\frac{Ts+1}{\alpha Ts+1} \tag{6.1}$$

式中，$T=R_1C$；$0<\alpha=R_2/(R_1+R_2)<1$为超前校正装置的衰减因子。超前校正网络的传递函数的首 1 形式为

$$G_c(s)=\alpha\frac{Ts+1}{\alpha Ts+1}=\frac{s+\frac{1}{T}}{s+\frac{1}{\alpha T}}$$

其零点位于$s=-1/T$，极点位于$s=-1/(\alpha T)$。又因为$0<\alpha<1$，在复平面上零点比极点靠近坐标原点。那么，超前校正装置实质是在原系统中额外引入了一对零极点，且零点靠近坐标原点，起主导作用。由于该装置对输入信号有明显的微分作用，也称为微分校正装置。超前校正装置具有类似比例微分（PD）控制的效果，能够有效地降低上升时间、减少超调量、加速系统的响应。从根轨迹的观点来看，超前校正装置的引入将使整体系统的根轨迹向左偏移，有利于改善系统的动态性能。

由式（6.1）可知，当串联一个超前校正网络时，系统的开环增益将减小为原来的α倍，可能会导致系统稳态误差变大。为了使校正后的系统开环增益保持不变，则需要在加入超前装置的同时，增加放大倍数为$1/\alpha$的放大器进行补偿。补偿后网络的传递函数为

$$G_c(s)=\frac{Ts+1}{\alpha Ts+1}$$

频率特性表达式为

$$G_c(j\omega)=\frac{jT\omega+1}{j\alpha T\omega+1}$$

系统具有两个转折频率：$\omega_1=1/(\alpha T)$，$\omega_2=1/T$。

已补偿的超前校正装置的对数幅频和相频特性分别为

$$L_c(\omega)=20\lg\frac{\sqrt{(T\omega)^2+1}}{\sqrt{(\alpha T\omega)^2+1}}$$

$$\varphi_c(\omega)=\arctan(T\omega)-\arctan(\alpha T\omega) \tag{6.2}$$

绘制伯德图如图 6.5 所示。由图可见，超前校正装置具有以下特点：

（1）幅值抬高。相比低频段，高频段的幅值被抬高了$\lim\limits_{\omega\to\infty}L_c(\omega)=20\lg\alpha^{-1}$。

（2）相位超前。在ω由 0 增至∞时，超前校正网络始终具有正相移，即$\varphi_c(\omega)>0°$，并在ω_m处产生最大超前相位$\varphi_m=\varphi_c(\omega_m)$。

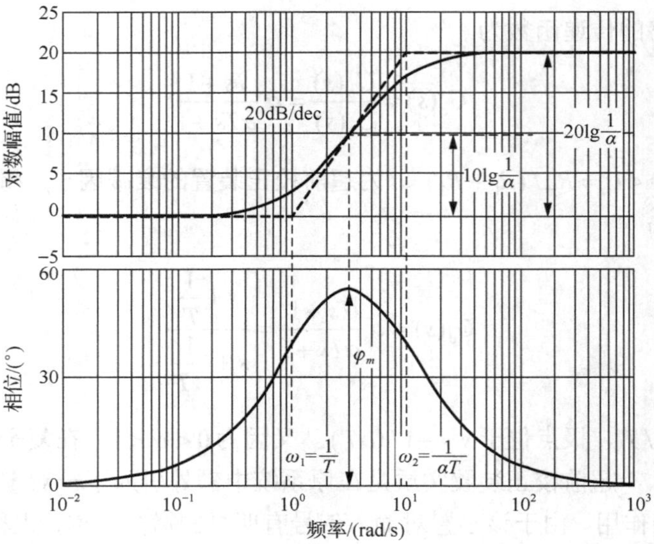

图 6.5 超前校正装置的伯德图

当 $\varphi_{\mathrm{c}}(\omega)$ 为最大时有 $\dfrac{\mathrm{d}\varphi_{\mathrm{c}}(\omega_{\mathrm{m}})}{\mathrm{d}\omega_{\mathrm{m}}}=0$，即

$$\frac{T}{1+T^2\omega_{\mathrm{m}}^2}-\frac{\alpha T}{1+\alpha^2T^2\omega_{\mathrm{m}}^2}=0$$

对上式进行整理可得

$$(T-\alpha T)\alpha T^2\omega_{\mathrm{m}}^2=T-\alpha T$$

$$\omega_{\mathrm{m}}^2=\frac{1}{\alpha T^2}=\omega_1\omega_2$$

则最大超前角频率为 $\omega_{\mathrm{m}}=\sqrt{\omega_1\omega_2}$ 。考虑到

$$\lg\omega_{\mathrm{m}}=\lg\sqrt{\omega_1\omega_2}=\frac{1}{2}(\lg\omega_1+\lg\omega_2)$$

那么，体现在对数坐标系中，ω_{m} 即两个转折频率的几何中心，于是有

$$L_{\mathrm{c}}(\omega_{\mathrm{m}})=\frac{1}{2}\times 20\lg\frac{1}{\alpha}=10\lg\frac{1}{\alpha}$$

将 $\omega=\omega_{\mathrm{m}}$ 代入式（6.2）得超前校正网络的最大超前相位为

$$\varphi_{\mathrm{m}}=\varphi_{\mathrm{c}}(\omega_{\mathrm{m}})=\arctan\frac{1-\alpha}{2\sqrt{\alpha}}=\arcsin\frac{1-\alpha}{1+\alpha} \tag{6.3}$$

最大超前相位 φ_{m} 仅与衰减因子 α 相关。α 越小，超前的相位就越大。但由于校正装置的微分作用对噪声敏感，过小的 α 会导致干扰增大，且 α 的选取也受到物理结构的限制。在实际工程中一般选取 α 为0.05左右，或根据系统校正所需的最大超前相位 φ_{m} ，计算校正装置

的衰减因子 α 。

综上，超前校正装置的设计就是选择参数 α 与 T 的过程。参数选择的原则为，使两个转折频率 $\omega_1=1/(\alpha T)$ 与 $\omega_2=1/T$ 落在校正前系统的截止频率 ω_c 两边，并使得校正后的截止频率 $\omega_c'=\omega_m$ ，以尽可能地发挥校正的作用，改善系统中频段特性，提升系统动态性能。超前校正的原理如图 6.6 所示。

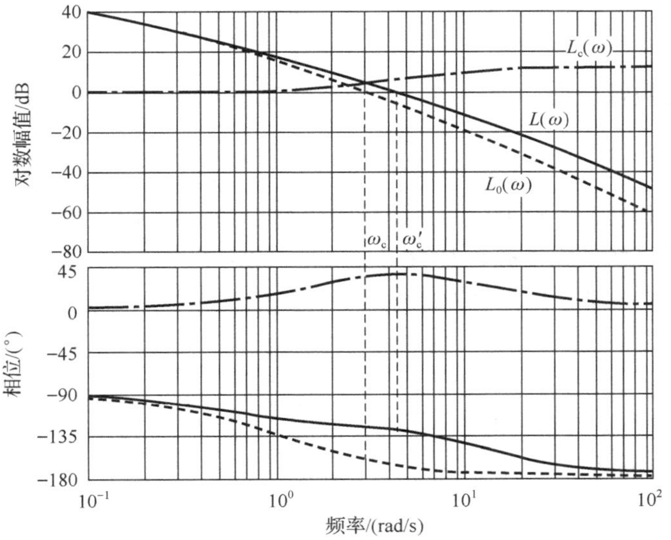

图 6.6 串联超前校正前后系统的伯德图

2. 超前校正的频域设计方法

串联超前校正的设计步骤如下：

（1）根据稳态性能的要求，确定开环增益 K ，绘制待校正系统 $G_0(s)$ 的对数幅频特性曲线 $L_0(\omega)$，并计算截止频率 ω_c 与相位裕量 γ 。若要求校正后截止频率 $\omega_c'>\omega_c$，采用超前校正。

（2）校正装置的传递函数为

$$G_c(s)=\alpha\frac{Ts+1}{\alpha Ts+1}$$

下面分两种情况确定校正装置的参数 α 与 T 。

情况一：若给定指标为截止频率 ω_c'，校正装置 $G_c(s)$ 必须使校正后的系统对数幅频特性在 $\omega_c'=\omega_m$ 处抬高 $10\lg(1/\alpha)$，才能达到校正目的，即

$$-L_0(\omega_c')=L_c(\omega_m)=10\lg\frac{1}{\alpha} \tag{6.4}$$

式中，$-L_0(\omega_c')$ 表示原系统在最大超前角频率 ω_m 处的对数幅值；$L_c(\omega_m)$ 表示校正装置在最大超前角频率 ω_m 处的对数幅值。

由式（6.4）可确定参数 α 的值，进一步由 $\omega_m^2=1/(\alpha T^2)$ 可计算参数 $T=1/(\omega_m\sqrt{\alpha})$ 。

情况二：若给定指标为相位裕量γ'，校正装置在$\omega_c' = \omega_m$处相位超前为

$$\varphi_m = \gamma' - \gamma + \Delta\varphi$$

式中，$\Delta\varphi$为相位滞后补偿量，补偿因系统截止频率增大而带来的相位滞后。若原系统开环幅频图的中频段斜率为–40dB/dec，可取$\Delta\varphi = 5° \sim 12°$；若中频段斜率为–60dB/dec，可取$\Delta\varphi = 15° \sim 20°$。确定$\varphi_m$后，由式（6.3）可计算参数$\alpha$的值为

$$\alpha = \frac{1-\sin\varphi_m}{1+\sin\varphi_m} \tag{6.5}$$

在$L_0(\omega)$上找到对数幅值为$-10\lg\alpha$的点，该点的频率即$\omega_c' = \omega_m$。与情况一相同，参数T的值为$T = \dfrac{1}{\omega_m\sqrt{\alpha}}$。

（3）性能指标检验。由校正后的系统传递函数$G(s) = G_0(s)G_c(s)$绘制对数幅相频率特性曲线。验算校正后系统的性能指标是否满足设计要求，若不满足，使用更大的ω_m重新计算。

【例 6.1】 考虑一类直流电机调速系统，系统的开环传递函数可以简化为

$$G_0(s) = \frac{K}{s(s+1)}$$

试设计校正装置使校正后系统对于单位阶跃响应的超调量$\sigma\% < 25\%$，对于单位斜坡输出响应的稳态误差$e_{ss} \leqslant 0.1$。

解：（1）根据稳态误差要求，确定开环增益。计算系统的稳态误差为

$$e_{ss} = \lim_{s\to 0} s\left(\frac{1}{1+G_c(s)G_0(s)}\right)\frac{1}{s^2} = \frac{1}{KG_c(0)}$$

要使稳态误差$e_{ss} \leqslant 0.1$，可取$K = 10$，校正前系统的截止频率$\omega_c \approx 3\text{rad/s}$，相位裕量$\gamma \approx 18°$，系统的伯德图如图 6.7 所示。

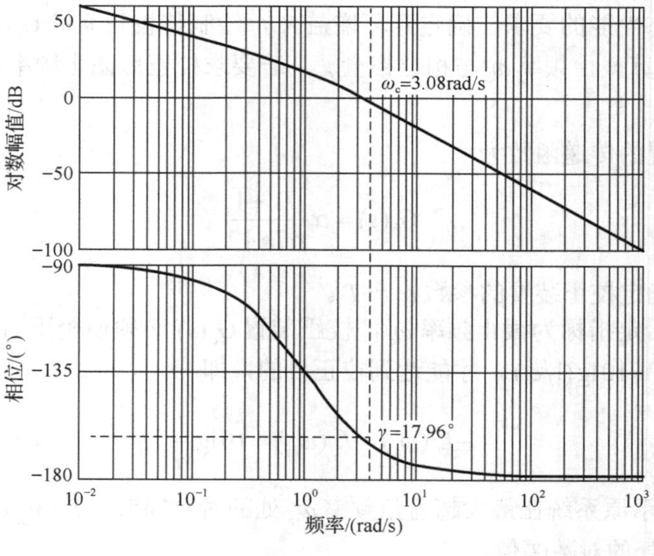

图 6.7 例 6.1 待校正系统的伯德图

要使超调量$\sigma\% < 25\%$，根据开环频域指标与时域指标的关系可知，系统需要相位裕量满足$\gamma' > 45°$，选取相位滞后补偿量$\Delta\varphi = 10°$，则$\varphi_{\mathrm{m}} = \gamma' - \gamma + \Delta\varphi = 37°$。由式（6.5）可计算参数$\alpha$的值为

$$\alpha = \frac{1 - \sin\varphi_{\mathrm{m}}}{1 + \sin\varphi_{\mathrm{m}}} = 0.25$$

又由$L_0(\omega_{\mathrm{m}}) = -10\lg\dfrac{1}{\alpha}$，可得$\omega_{\mathrm{c}}' = \omega_{\mathrm{m}} = 4.42\mathrm{rad/s}$。参数$T$可计算为

$$T = \frac{1}{\omega_{\mathrm{m}}\sqrt{\alpha}} = 0.45\mathrm{s}$$

得到校正装置的传递函数为

$$G_{\mathrm{c}}(s) = \frac{0.45s + 1}{0.11s + 1}$$

校正后系统的传递函数为

$$G(s) = G_{\mathrm{c}}(s)G_0(s) = \frac{10(0.45s + 1)}{s(s + 1)(0.11s + 1)}$$

绘制校正后系统的伯德图如图 6.8 所示。

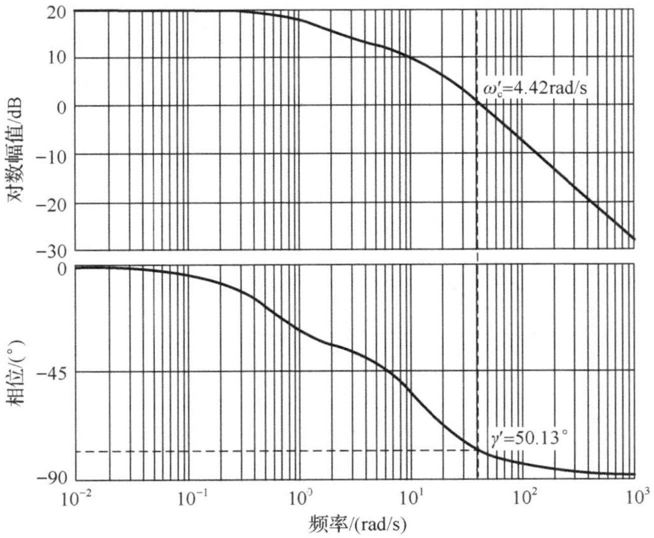

图 6.8 例 6.1 校正后系统的伯德图

利用 MATLAB 对系统进行仿真，可得校正前后系统的单位阶跃与单位斜坡响应如图 6.9 与图 6.10 所示。由两图可以看出，校正后系统的快速性、稳定性都得到了提升。校正后系统的稳态误差$e_{\mathrm{ss}} = 0.1$，超调量$\sigma\% = 22\%$，满足设计要求。

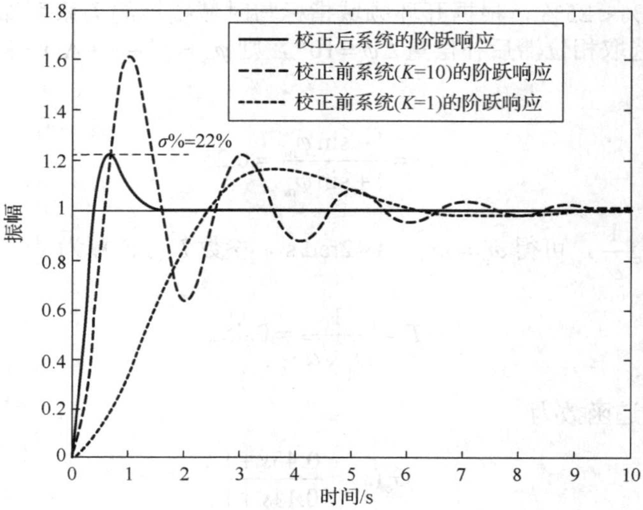

图 6.9 例 6.1 校正前后系统的阶跃响应

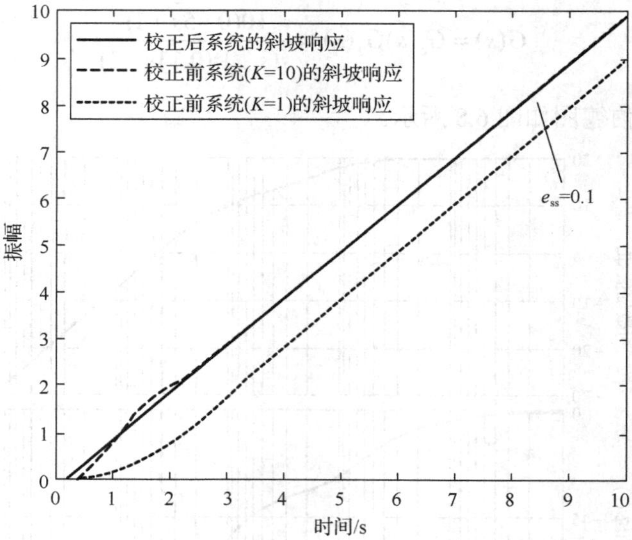

图 6.10 例 6.1 校正前后系统的斜坡响应

6.3 串联滞后校正

串联滞后校正主要应用于系统稳态性能的改善。滞后校正会使幅值降低，相位滞后。实质是利用幅值降低的特性，使系统的中高频段衰减，开环截止频率降低，增加相位裕量，增强系统的抗干扰能力，并损失部分快速性。当控制系统的动态性能已得到满足而稳态性能却不尽如人意时，可采用串联滞后校正以满足稳态性能的要求，再通过增大开环增益使幅频图平行上移，以维持截止频率和相位裕量基本保持不变。滞后校正也适合于对于响应速度的要求不高且对于高频噪声抑制性能有所需求的系统。

1. 滞后校正装置

具有相位滞后特性（负相移）的校正装置被称为滞后校正装置。与超前校正装置类似，滞后校正装置可以由无源或有源网络实现，并且有源、无源滞后校正网络的传递函数互为等价。以图 6.11 所示的无源网络为例，分析滞后校正装置的特点。网络中 u_i 与 u_o 分别表示输入与输出电压，R_1、R_2 与 C 则分别表示图中电阻器的电阻与电容器的电容。

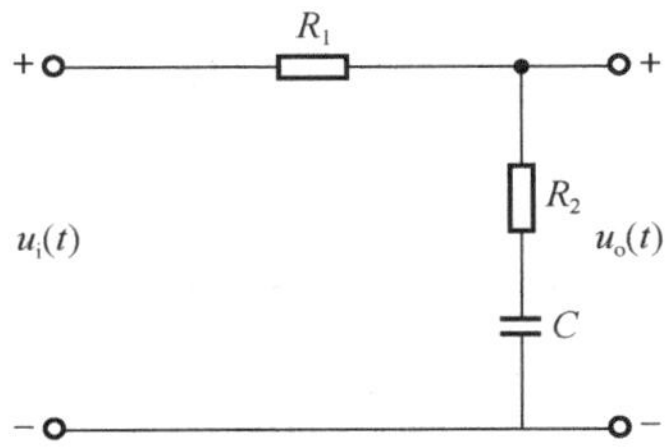

图 6.11 无源滞后校正网络

滞后校正网络的传递函数为

$$G_c(s)=\frac{U_o(s)}{U_i(s)}=\frac{Ts+1}{\beta Ts+1}$$

式中，$T=R_2C$；$\beta=\frac{R_1+R_2}{R_2}>1$。滞后校正网络的传递函数首 1 形式为

$$G_c(s)=\frac{Ts+1}{\beta Ts+1}=\frac{1}{\beta}\cdot\frac{s+\frac{1}{T}}{s+\frac{1}{\beta T}}$$

其零点位于 $s=-1/T$，极点位于 $s=-1/(\beta T)$。又因为 $\beta>1$，在复平面上，极点总是比零点更靠近坐标原点。网络具有相位滞后作用，称为滞后校正装置。滞后校正装置实际是在原系统中额外引入了一对零极点，且极点更加靠近坐标原点，起主导作用。由于该装置对输入信号有积分作用，也称为积分校正装置。滞后校正装置具有比例积分（PI）控制的类似效果，用来改善系统的稳态误差。从根轨迹的观点来看，若时间常数 T 足够大，则滞后网络将提供一对靠近坐标原点的开环偶极子，即距离十分接近的零极点。此时，零极点对系统动态性能的影响将相互抵消，引入更大的开环增益将使系统的稳态性能获得提升。

滞后校正的频率特性表达式为

$$G_c(j\omega)=\frac{jT\omega+1}{j\beta T\omega+1}$$

两个转折频率分别为 $\omega_1=1/(\beta T)$、$\omega_2=1/T$。滞后校正装置的对数幅频和相频特性分别为

$$L_c(\omega)=20\lg\frac{\sqrt{(T\omega)^2+1}}{\sqrt{(\beta T\omega)^2+1}}$$

$$\varphi_c(\omega)=\arctan(T\omega)-\arctan(\beta T\omega) \tag{6.6}$$

绘制滞后校正网络的伯德图如图 6.12 所示。由图可见，滞后校正装置具有与超前校正相反的两个特点：

（1）幅值降低。相对低频段，高频段的幅值降低了 $20\lg\beta$。

（2）相位滞后。在 ω 由 0 增至 ∞ 时，滞后校正网络始终具有负相移，即 $\varphi_c(\omega)<0°$，与超前校正类似，最大滞后相位 φ_m 位于两个转折频率的几何中心点 ω_m 处，即

$$\omega_m=\frac{1}{T\sqrt{\beta}}=\sqrt{\omega_1\omega_2}$$

$$\varphi_m=\arctan\frac{1-\beta}{2\sqrt{\beta}}=\arcsin\frac{1-\beta}{1+\beta} \tag{6.7}$$

最大滞后相位 φ_m 仅与 β 相关。β 越大，滞后网络的积分作用越强，滞后相位越大。

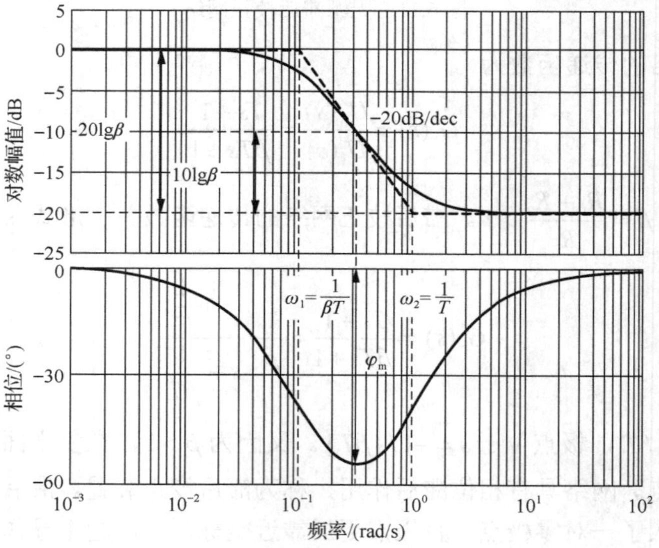

图 6.12 滞后校正网络的伯德图

根据滞后装置的特点在设计过程中也有两种方式设计参数 β。

（1）若给定指标为相位裕量 γ'，可根据系统校正所需的最大滞后相位 φ_m 和式（6.7）计算参数 β。

（2）若给定指标为截止频率 ω_c'，根据校正前系统的幅频特性计算 $L_0(\omega_c')$，由 $L_0(\omega_c')=20\lg\beta$ 得 β。

为了避免最大滞后相位 φ_m 出现在校正后系统的开环 ω_c' 附近，通常要使滞后校正网络的第二个转折频率小于截止频率，一般可取 $\omega_2=\frac{1}{T}=0.1\omega_c'$。

综上，滞后校正装置参数选择的原则为，使两个转折频率设置在低频段，远离截止频率，以尽可能地减小相位滞后所带来的对相对稳定性的影响。滞后校正的原理如图 6.13 所

示。与超前校正装置比较发现，相位超前校正装置是一个高通滤波器，相位滞后装置是一个低通滤波器。

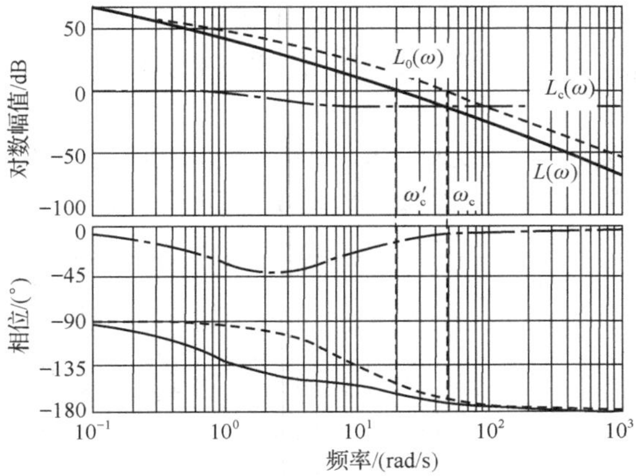

图 6.13 串联滞后校正前后系统的伯德图

2. 滞后校正的频域设计方法

串联滞后校正的设计步骤如下。

（1）根据稳态性能的要求，确定开环增益 K，绘制待校正系统 $G_0(s)$ 的对数幅频特性曲线 $L_0(\omega)$，并计算其截止频率 ω_c 与相位裕量 γ。如要求校正后截止频率 $\omega_c' < \omega_c$，可以应用滞后校正。

（2）根据给定的相位裕量要求 γ'，确定校正后系统的截止频率 ω_c'。

由于滞后校正网络在新的截止频率 ω_c' 处会产生相位滞后 $\Delta\varphi$，那么原系统在 ω_c' 处有相位裕量为

$$\gamma(\omega_c') = \gamma' + \Delta\varphi$$

式中，γ' 为设计指标所要求的相位裕量，一般取 $\Delta\varphi = 5^\circ \sim 15^\circ$。将 $\gamma(\omega_c')$ 代入原系统的相频特性表达式即可求得 ω_c'。

（3）确定参数 β 与 T。

根据校正前系统的幅频特性计算 $L_0(\omega_c')$，由 $L_0(\omega_c') = 20\lg\beta$ 得 β。为了使校正后系统的中频带具有足够宽度，一般要使滞后校正装置的两个转折频率远小于截止频率 ω_c'。可取 $\omega_2 = \dfrac{1}{T} = \left(\dfrac{1}{4} \sim \dfrac{1}{10}\right)\omega_c'$，得到时间常数 T，进而有 $\omega_1 = \dfrac{1}{\beta T}$。

（4）性能指标检验。

由校正后的系统传递函数 $G(s) = G_0(s)G_c(s)$ 绘制其对数幅相频率特性曲线。验算校正后系统的性能指标是否满足设计要求，若不满足，一般增大 $\Delta\varphi$ 重新计算。

【例 6.2】 考虑生活中常见的卫星跟踪天线系统，若以驱动电机的转矩为输入，仰角为输出，该系统的开环传递函数可以简化为

$$G_0(s)=\frac{K}{s(s+1)}$$

虽然与例 6.1 有相同的传递函数，但在这一应用场景中，系统的稳态精度是优先考虑的，而快速性则不那么重要。试设计校正装置，使校正后系统对于单位斜坡输入的稳态误差 $e_{ss}\leqslant 0.01$，相位裕量 $\gamma'\geqslant 45°$。

解：与例 6.1 相似，为满足稳态误差要求，令 $K=K_v=100$，原系统截止频率 $\omega_c=9.97\text{rad/s}$，相位裕量 $\gamma=5.72°$，绘制原系统的伯德图如图 6.14 所示。设计过程如下。

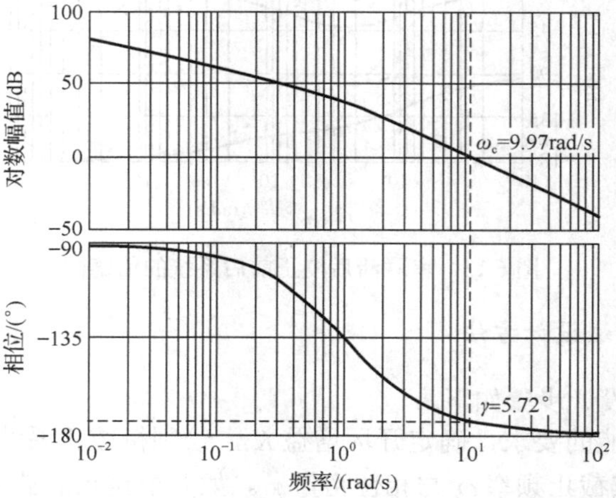

图 6.14 例 6.2 待校正系统的伯德图

（1）根据给定的相位裕量要求 γ'，确定校正后系统的截止频率 ω_c'。

选取相位滞后补偿量 $\Delta\varphi=15°$ 以抵消校正网络在 ω_c' 处产生的相位滞后。将

$$180°+\varphi(\omega_c')=\gamma'+\Delta\varphi=60°$$

代入校正前系统的相频特性可得 $\omega_c'=\sqrt{3}/3\text{rad/s}$。由 $\omega_c>\omega_c'$，应该设计滞后校正装置。

（2）确定参数 β 与 T。

由 $L_0(\omega_c')=20\lg\beta$ 得 $\beta=150$。取转折频率 $\omega_2=1/T=0.2\omega_c'=0.12\text{rad/s}$，得 $T=8.66\text{s}$。

确定滞后校正装置的传递函数为

$$G_c(s)=\frac{8.66s+1}{1299s+1}$$

校正后系统的传递函数为

$$G(s)=G_c(s)G_0(s)=\frac{100(8.66s+1)}{s(s+1)(1299s+1)}$$

校正后系统的伯德图如图 6.15 所示，其相位裕量为 $\gamma'=49.77°$，满足设计要求。

利用 MATLAB 对系统进行仿真，可得校正前后系统的单位斜坡响应与单位阶跃响应如图 6.16 与图 6.17 所示。观察图线可知，在增大开环增益至 $K=100$ 后，系统对于单位斜坡输入的稳态误差 $e_{ss}=0.01$，符合需求。但过大的开环增益导致系统动态性能恶化，系统响

应的振荡非常明显。在引入滞后校正后，系统相位裕量增大，在满足稳态精度的同时又减小了振荡，满足了动态性能要求。

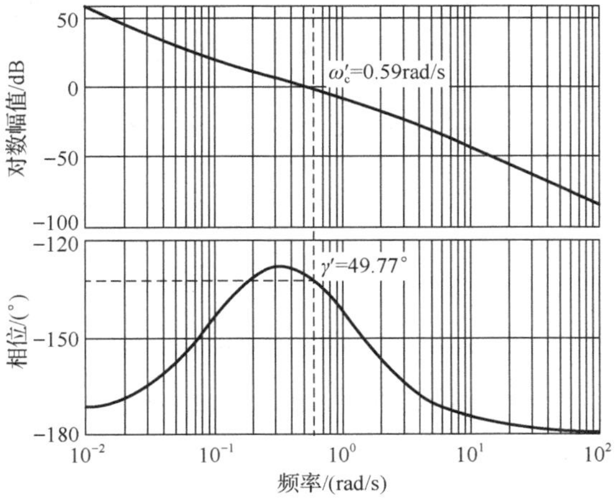

图 6.15 例 6.2 校正后系统的伯德图

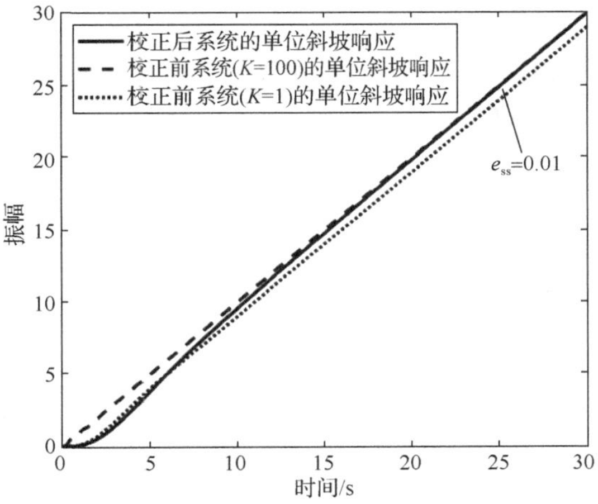

图 6.16 例 6.2 校正前后系统的单位斜坡响应

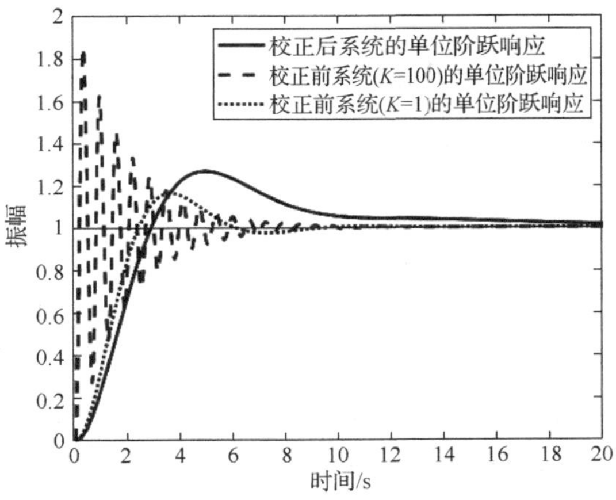

图 6.17 例 6.2 校正前后系统的单位阶跃响应

6.4 串联滞后-超前校正

当待校正系统的各项性能与所需求的性能差距过大，单一的超前校正或滞后校正已经无法满足设计要求时，采用超前和滞后校正方法的结合，即滞后-超前校正。滞后-超前校正能够集合超前校正与滞后校正的优点，给系统性能带来较为全面的改善。

1. 滞后-超前校正装置

在低频段具有相位滞后特性（负相移），同时在高频段具有相位超前特性（正相移）的校正装置称为滞后-超前校正装置。此类校正装置在低频段具有积分控制的作用，在高频段则具有微分控制的作用，工程中常见的 PID 控制是一种滞后-超前校正。以图 6.18 所示的无源滞后-超前校正网络为例，分析滞后-超前校正装置的特点。网络中 u_{i} 与 u_{o} 分别表示输入与输出电压，R_1、R_2 与 C_1、C_2 则分别表示图中电阻器的电阻与电容器的电容。

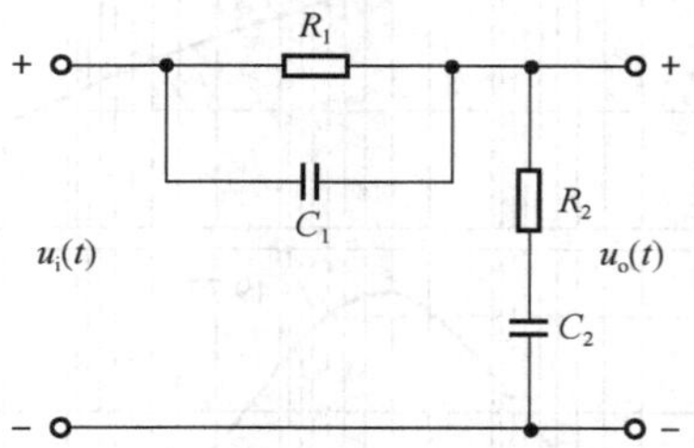

图 6.18 无源滞后-超前校正网络

滞后-超前校正网络的传递函数为

$$G_{\mathrm{c}}(s)=\frac{U_{\mathrm{o}}(s)}{U_{\mathrm{i}}(s)}=\frac{(T_1 s+1)(T_2 s+1)}{\left(\dfrac{T_1}{\lambda}s+1\right)(\lambda T_2 s+1)} \tag{6.8}$$

式中，$T_1=R_1C_1$；$T_2=R_2C_2$；$\lambda=\dfrac{T_1+T_2+R_1C_2+\sqrt{(T_1+T_2+R_1C_2)^2-4T_1T_2}}{2T_2}>1$。首 1 形式的传递函数为

$$G_{\mathrm{c}}(s)=\frac{\left(s+\dfrac{1}{T_1}\right)\left(s+\dfrac{1}{T_2}\right)}{\left(s+\dfrac{\lambda}{T_1}\right)\left(s+\dfrac{1}{\lambda T_2}\right)}$$

两个零点分别位于 $s=-1/T_1$ 与 $s=-1/T_2$，两个极点分别位于 $s=-1/\lambda T_2$ 与 $s=-\lambda/T_1$，如图 6.19 所示。在复平面上随着参数 λ 增大，极点 $s=-1/\lambda T_2$ 将越来越靠近坐标原点，极点 $s=-\lambda/T_1$ 将越来越远离坐标原点。从根轨迹的观点来看，滞后-超前校正综合两对零极点所提供的超前与滞后作用，兼顾了系统的稳态性能与动态品质。

滞后-超前校正网络的频率特性表达式为

$$G_{\mathrm{c}}(\mathrm{j}\omega)=\frac{(\mathrm{j}T_1\omega+1)(\mathrm{j}T_2\omega+1)}{\left(\mathrm{j}\dfrac{T_1}{\lambda}\omega+1\right)(\mathrm{j}\lambda T_2\omega+1)}$$

假设 $T_2>T_1$，则有 $\lambda T_2>T_2>T_1>T_1/\lambda$，系统有 4 个转折频率 $\omega_1=1/(\lambda T_2)$、$\omega_2=1/T_2$、$\omega_3=1/T_1$ 和 $\omega_4=\lambda/T_1$。该装置的对数幅频和相频特性分别为

$$L_{\mathrm{c}}(\omega)=20\lg\frac{\sqrt{(T_1\omega)^2+1}\sqrt{(T_2\omega)^2+1}}{\sqrt{(\lambda^{-1}T_1\omega)^2+1}\sqrt{(\lambda T_2\omega)^2+1}}$$

$$\varphi_c(\omega) = \arctan(T_1\omega) + \arctan(T_2\omega) - \arctan\left(\frac{T_1}{\lambda}\omega\right) - \arctan(\lambda T_2\omega)$$

绘制的伯德图如图 6.20 所示。由图可见，滞后-超前校正装置幅频图低频段呈现滞后校正网络的特性，有利于改善系统的稳态性能；其高频段呈现超前校正网络的特性，有利于改善系统的动态性能与稳定裕量。

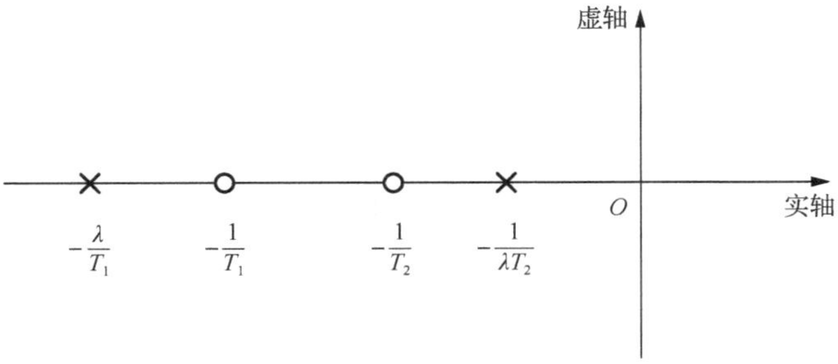

图 6.19 滞后-超前校正网络的零极点

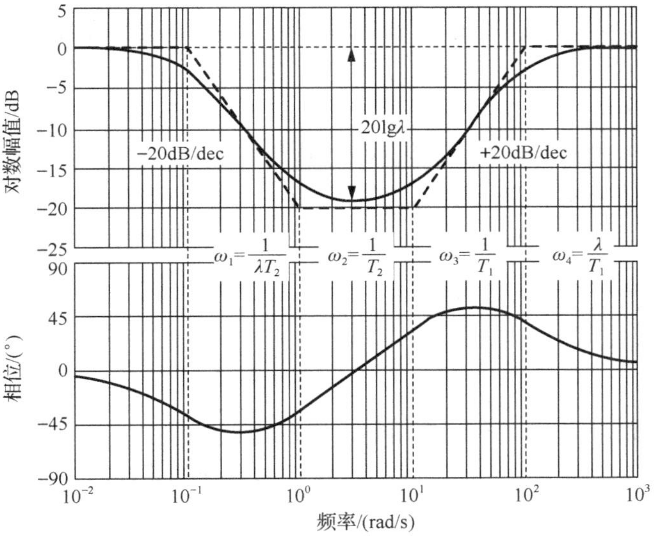

图 6.20 滞后-超前校正网络的伯德图

2. 滞后-超前校正的频域设计方法

串联滞后-超前校正的设计步骤如下。

（1）根据稳态性能的要求，确定开环增益 K，绘制待校正系统 $G_0(s)$ 的对数幅频特性曲线 $L_0(\omega)$，并计算其截止频率 ω_c 与相位裕量 γ。如系统不稳定且需要补偿的超前相位较大，则可以应用滞后-超前校正。

（2）选择校正后系统的截止频率 ω_c'。

选择新的截止频率 ω_c'，保证在 ω_c' 处能够通过超前校正部分提供足够的正相移，以满足相位裕量要求，同时使得滞后部分把 ω_c' 处的对数幅值 $L(\omega_c')$ 降至 0dB。

（3）确定滞后部分的参数 T_2 。

为尽量减小校正装置滞后部分的负相移对系统相位裕量的不利影响，与滞后校正装置的设计过程类似，一般可选取滞后部分第二个转折频率 ω_2 为

$$\omega_2=\frac{1}{T_2}=\frac{\omega_c'}{10}$$

可依此确定参数 $T_2=10/\omega_c'$ 。

（4）确定参数 λ 。

将 $\alpha=1/\lambda$ 代入式（6.5），可得

$$\lambda=\frac{1+\sin\varphi_m}{1-\sin\varphi_m}$$

根据最大超前相位 φ_m ，即可确定参数 λ 的值，并且 φ_m 的选择应当略大于实际需求的相移。

（5）确定超前部分的参数 T_1 。

通过校正将 $L_0(\omega_c')$ 降低至 0dB ，需要 $L_c(\omega_c')=-L_0(\omega_c')$ 。过点 $(\omega_c',-L_0(\omega_c'))$ 作一条斜率为 20dB/dec 的直线，与 $-20\lg\lambda$ 线、0dB 线的交点频率即超前部分的两个转折频率 $1/T_1$ 、λ/T_1 。

（6）性能指标检验。

由校正后的系统传递函数 $G(s)=G_0(s)G_c(s)$ 绘制其对数幅相频率特性曲线。验算校正后系统的性能指标是否满足设计要求，若不满足，一般应重新选择 ω_c' 并计算。

【例 6.3】 已知单个机械臂关节的控制系统为单位负反馈控制系统，系统的开环传递函数可以简化为与例 6.1 相同的形式：

$$G_0(s)=\frac{K}{s(s+1)}$$

虽然本例的传递函数与例 6.1、例 6.2 相同，但在这一场景中，系统的稳态精度与动态性能都十分重要，不能仅考虑其中一个。试设计校正装置使得系统对于单位斜坡输入的稳态误差 $e_{ss}\leqslant 0.01$ ，相位裕量 $\gamma'\geqslant 45^\circ$ ，调节时间 $t_s<3\text{s}$ $(\varDelta=2\%)$ 。

解：（1）根据稳态误差要求，确定开环增益。

与例 6.2 相同，要使稳态误差 $e_{ss}\leqslant 0.01$ ，可取 $K=100$ 。当 $K=100$ 时，由例 6.2 知，未校正系统的截止频率 $\omega_c=9.97\text{rad/s}$ ，相位裕量 $\gamma=5.72^\circ$ 。本例在例 6.2 的基础上，添加了对于调节时间的要求，仅考虑滞后校正并不能满足设计目标。应当采用滞后-超前校正，同时满足对于系统稳态性能与动态性能的要求。

（2）选择校正后系统的截止频率 ω_c' 。

选取新的截止频率 $\omega_c'=5\text{rad/s}$ ，依此求得 $L_0(\omega_c')=11.9\text{dB}$ ， $\varphi_0(\omega_c')=-169^\circ$ ，则校正网络需要在此处提供至少 34° 的正相移，以及 -11.9dB 的对数幅值衰减。

（3）确定滞后部分的参数 T_2 。

选取滞后部分第二个转折频率为 $\omega_2 = 1/T_2 = \omega_c'/10 = 0.5\text{rad/s}$ ，即 $T_2 = 2\text{s}$ 。

（4）确定参数 λ 。

令 $\lambda = 10$ 时校正装置可以提供的最大超前相位为 54.9°，满足需求。并且有 $20\lg\lambda = 20 > 11.9$ 。

（5）确定超前部分的参数 T_1 。

过点 (5rad/s, −11.9dB) 作一条斜率为 20dB/dec 的直线，根据该直线与 $-20\lg\lambda = -20\text{dB}$ 线、0dB 线的交点，即可确定超前部分的两个转折频率 $\omega_3 = 1/T_1 = 2\text{rad/s}$ 、 $\omega_4 = \lambda/T_1 = 20\text{rad/s}$ ，即 $T_1 = 0.5\text{s}$ ，如图 6.21 所示。

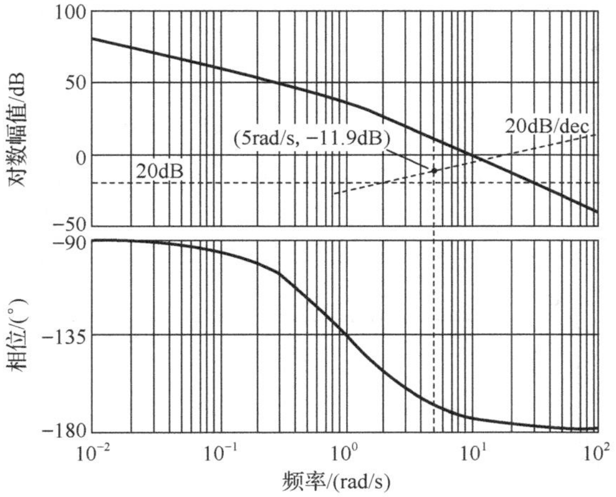

图 6.21　例 6.3 待校正系统的伯德图

（6）性能指标检验。

滞后-超前校正装置的传递函数为

$$G_c(s) = \frac{(s+2)(s+0.5)}{(s+20)(s+0.05)}$$

校正后系统的传递函数为

$$G(s) = G_c(s)G_0(s) = \frac{100(s+2)(s+0.5)}{s(s+1)(s+20)(s+0.05)}$$

绘制校正后系统的伯德图如图 6.22 所示，校正后系统的相位裕量为 $\gamma' = 60.34°$，满足设计要求。利用 MATLAB 对系统进行仿真，可得校正前后系统的单位斜坡与单位阶跃响应如图 6.23 与图 6.24 所示。观察图线可知，相较于例 6.2，滞后-超前校正在滞后校正的基础上进一步改善了系统的动态性能，校正后系统的稳态误差为 $e_{ss} = 0.01$ ，调节时间 $t_s = 1.94\text{s}$ ，均满足设计要求。

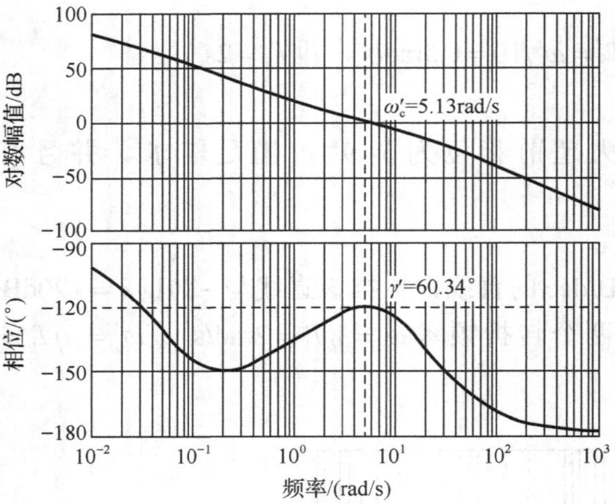

图 6.22　例 6.3 校正后系统的伯德图

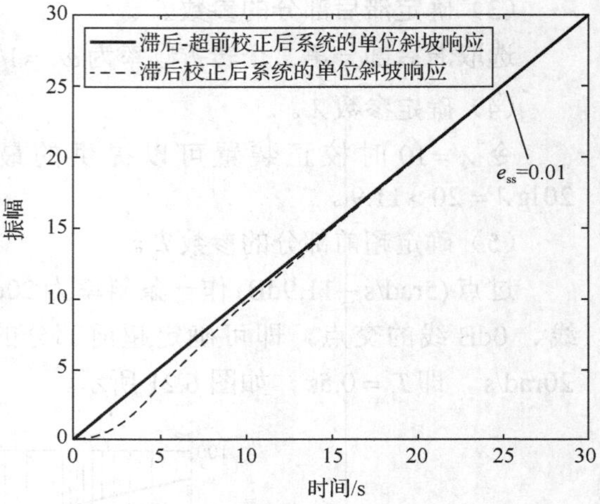

图 6.23　应用不同校正方式时系统的单位斜坡响应

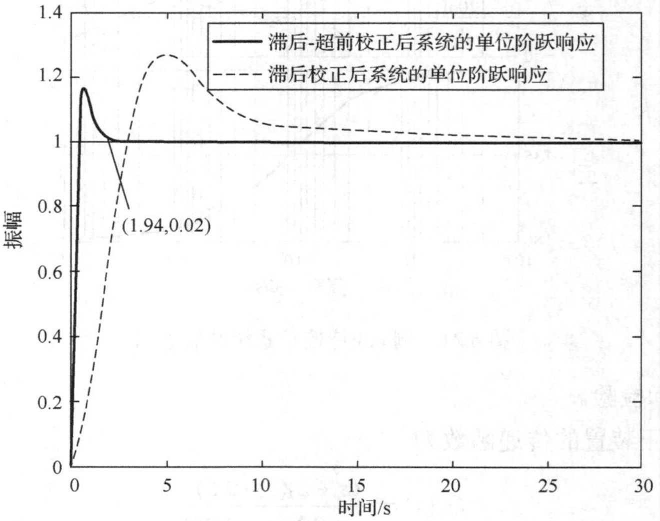

图 6.24　应用不同校正方式时系统的单位阶跃响应

6.5　PID 控制器的频域设计

PID 控制作为目前应用最为广泛的控制方法，本质是一种串联校正。前面章节已经从时域的角度介绍了 PID 控制器，包括基本原理、基于时域分析的设计方法等，现从频域分析的角度出发，重新认识 PID 控制器，给出 PID 控制器的频域设计方法。

6.5.1　PID 控制器的频率特性

前面介绍了超前和滞后校正具有一定的微分和积分作用，这些校正装置相当于简化的 PID 控制器，下面对简化版的控制器分析频域特性，最后总结出一般的 PID 控制器频域解释。

1. PD 控制器的频率特性

如果仅考虑比例和微分控制作用，PID 控制器退化为 PD 控制器，即

$$G_c(s) = K_p + K_d s = K_p(\tau_d s + 1)$$

式中，$\tau_d = K_d / K_p$ 为微分时间常数。PD 控制器的伯德图如图 6.25 所示。

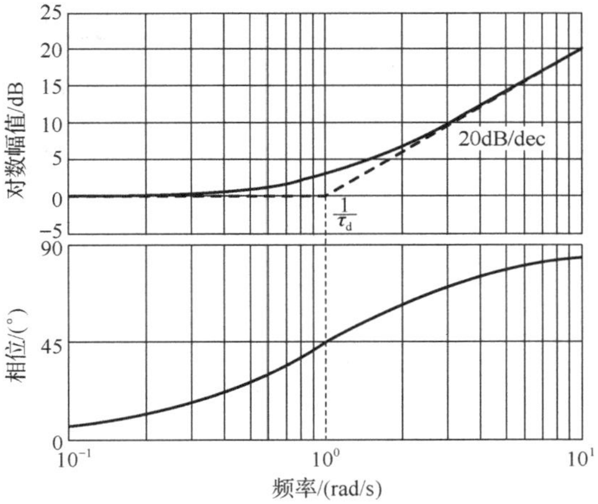

图 6.25　PD 控制器的伯德图

从 PD 控制器的时域形式看，由于引入了误差信号的微分，PD 控制能够捕捉误差信号的变化趋势，产生有效的修正信号，改善系统的稳定性，但同时也会对微分变化剧烈的高频噪声十分敏感。从频域分析的角度看，PD 控制具有超前校正的作用，相当于额外引入了一个一阶微分环节。一阶微分环节所提供的相位超前能够增加系统的相位裕量，从而提升系统的相对稳定性。但由于对高频段的显著抬升作用，PD 控制对高频噪声具有放大作用。单纯的 PD 控制器抗扰性较差，并且微分环节在工程上难以实现，故 PD 控制器的实际应用不多。

2. PI 控制器的频率特性

如果仅考虑比例和积分控制，则 PID 控制器退化为 PI 控制器，即

$$G_c(s) = K_p + \frac{K_i}{s} = \frac{K_p}{s}\left(s + \frac{1}{\tau_i}\right)$$

式中，$\tau_i = K_p / K_i$ 为积分时间常数。PI 控制器的伯德图如图 6.26 所示。

从 PI 控制器的时域形式看，通过捕捉误差信号的积分，对微小的误差具有较好的修正作用，虽然积分控制的引入可以有效消除稳态误差，但因为积分器需要时间来累积误差并做出反应，导致系统响应较慢。从频域分析的角度看，PI 控制具有滞后校正的作用，相当于额外引入了一个积分环节与一个一阶微分环节。积分环节提高了系统的型别，降低了幅频图低频段的斜率，能够显著改善系统的稳态精度，但其所带来的相位滞后将破坏系统的

相对稳定性；一阶微分环节的引入则提供了一定的相位超前，能够在一定程度上弥补系统的稳定性。只要对参数进行适当的选择，就可以使系统的动态、稳态性能均满足设计要求。

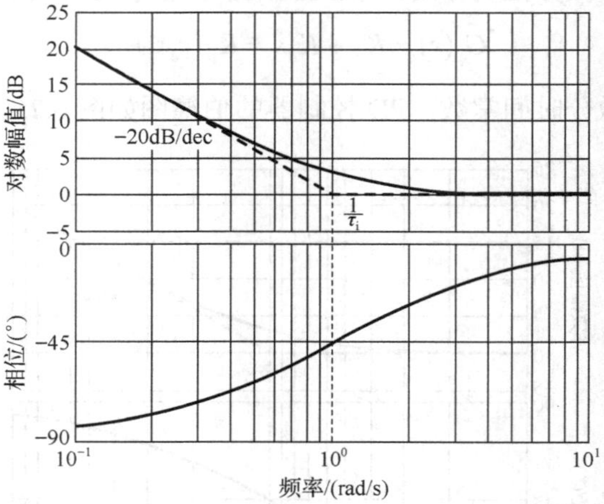

图 6.26 PI 控制器的伯德图

3. PID 控制器的频率特性

PID 控制器的一般形式为

$$G_c(s) = K_p + \frac{K_i}{s} + K_d s = K\frac{(\tau_1 s+1)(\tau_2 s+1)}{s}$$

伯德图如图 6.27 所示。PID 控制器结合了 PD 控制与 PI 控制的优点，既能够捕捉误差信号的变化趋势，改善系统的响应速度，又能够捕捉微小误差信号的积分，改善系统的稳态精度。

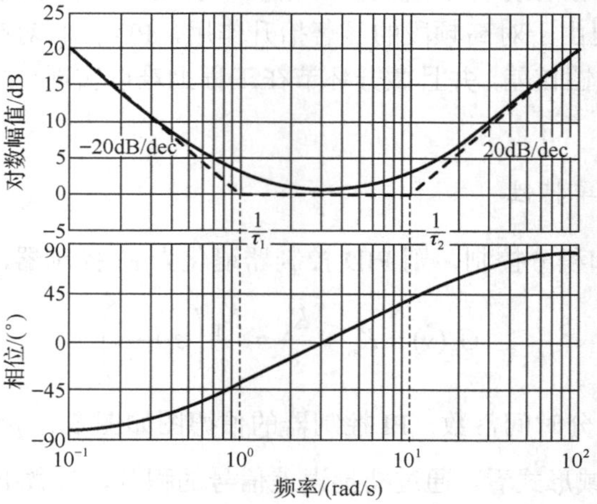

图 6.27 PID 控制器的伯德图

从频域分析的角度看，PID 控制相当于在原系统中引入了两个一阶微分环节与一个积分环节，使得系统低频段相位滞后、高频段相位超前。PID 控制器是一类滞后-超前校正装置。相较于 PI 控制器，PID 控制器由于多引入了一个零点，在改善系统动态性能方面更具优越性。

6.5.2 PID 控制器的频域设计方法

在第 3 章已经介绍了 PID 参数整定的方法，利用频域分析法也可以设计合适的 PID 控制器。设计步骤如下：

（1）明确设计要求，确定所需控制器形式（PD、PI、PID）。

（2）确定控制器参数。以 PID 控制为例，最简单的方法是从相位裕量的角度出发，可以根据实际所需，确定一组能够提供足够相位超前的控制器参数 τ_1、τ_2，并选择合适的 ω_c' 以满足相位裕量的要求，最后通过调整 K 使得幅频图于 ω_c' 处穿越横轴即可。若设计要求中包含误差系数要求，即 K 已经确定的情况下，则需通过调整参数 τ_1、τ_2 以获得所需的相位裕量。

（3）性能指标检验。

一般情况下，因为 PID 控制器对于幅值的抬升与降低都并非固定量，PID 控制器的频域设计并不总能像超前、滞后校正设计一样，根据频域指标要求进行固定步骤的定量计算，而是要根据系统的具体情况、性能要求灵活设计。

下面通过一个例子了解 PID 控制器的频域设计法。

【例 6.4】 考虑一个简化的航天器姿态控制系统，如图 6.28 所示。试设计合适的 PID 控制器，使补偿后系统的相位裕量 $\gamma' > 60°$，对于常量干扰转矩的稳态误差为 0。

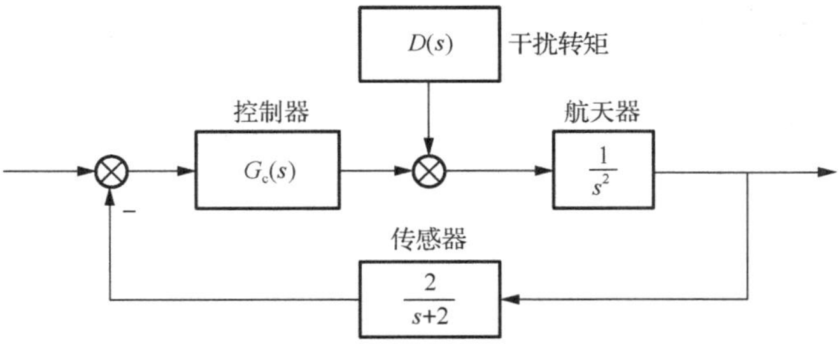

图 6.28 简化后的航天器姿态控制系统方框图

解：（1）根据系统性能要求，确定所需控制器形式。

由于要求系统对于常量干扰转矩的稳态误差为 0，航天器左端的总转矩（干扰转矩加控制输入）应为零。这样控制器包含一个积分项（PI 控制）。

航天器与传感器的原系统开环传递函数为

$$G_0(s) = \frac{2}{s^2(s+2)}$$

开环伯德图如图 6.29 所示。如果仅考虑 PI 控制，即不引入相位超前的话，系统的相位总满足 $\varphi(\omega) \leqslant -180°$，那么对于任何 K_p 与 K_i，系统都是不稳定的。必须也要引入微分控制，将幅频图中频段斜率变为 -20dB/dec。因此，设计一般形式的 PID 控制器为

$$G_c(s) = K\frac{(\tau_1 s+1)(\tau_2 s+1)}{s}$$

为了确定控制器参数，可以从相位裕量出发，在一个较高的频率点使系统的相位裕量为 $\gamma' = 60°$。假设 $\tau_1 = 20\tau_2$，由于两者相差较多，仅通过调节 τ_2 即可达成相位裕量的目标，之后再分别确定穿越频率 ω_c' 与 K。

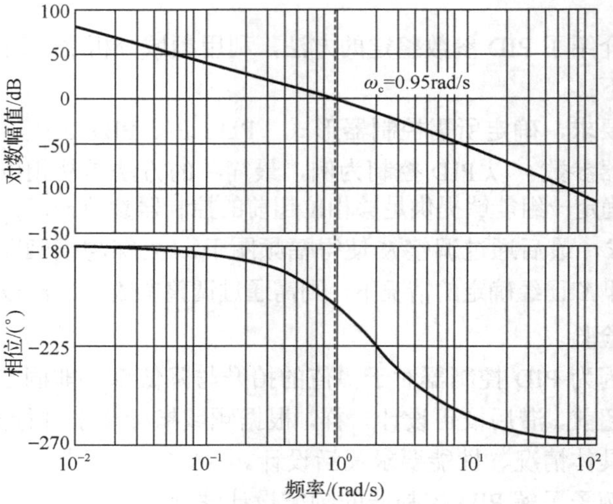

图 6.29　例 6.4 待校正系统的伯德图

（2）确定控制器参数 τ_1 与 τ_2。

根据 PID 控制器的频率特性可知，$G_c(s)$ 最多能在高频处提供 $90°$ 的相位超前。只要参数 τ_1 与 τ_2 足够大，PID 控制器就可以使系统相位在某些频率段大于 $-120°$。此时，就总能找到一个 ω_c' 使之满足 $\gamma' \geqslant 60°$。进行 MATLAB 仿真实验可知，当 $\tau_2 \geqslant 10$，即 $1/\tau_2 \leqslant 0.1$ 时，满足上述条件。选择 $\tau_1 = 200$，$\tau_2 = 10$，并暂时令 $K = 1$。若使 $\omega_c' = 0.5\text{rad/s}$，则有 $\gamma' = 64°$，如图 6.30 所示。

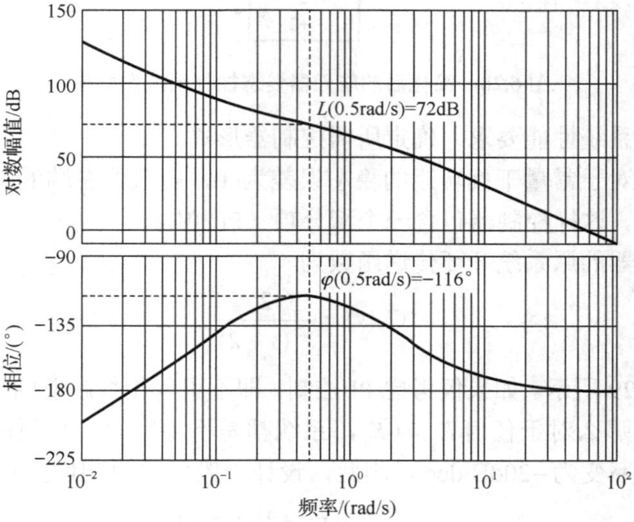

图 6.30　$K = 1$ 时校正后系统的伯德图

（3）确定参数 K 。

当 $K=1$ 时，校正后系统的对数幅值为72dB，即 $|G_c(s)G_0(s)|=3981$，如图 6.29 所示。令 $K^{-1}=3981$，可得 $K=2.5\times10^{-4}$ 。

最终得到控制器为

$$G_c(s)=\frac{0.00025(200s+1)(10s+1)}{s}$$

校正后系统传递函数为

$$G(s)=G_c(s)G_0(s)=\frac{0.0005(200s+1)(10s+1)}{s^3(s+2)}=\frac{(s+0.005)(s+0.1)}{s^3(s+2)}$$

绘制校正后系统的伯德图如图 6.31 所示，系统的阶跃干扰响应如图 6.32 所示。可以看到，校正后系统相位裕量 $\gamma'=64°$，且其对于常量干扰的稳态误差为零，PID 控制器 $G_c(s)$ 满足期望的要求。

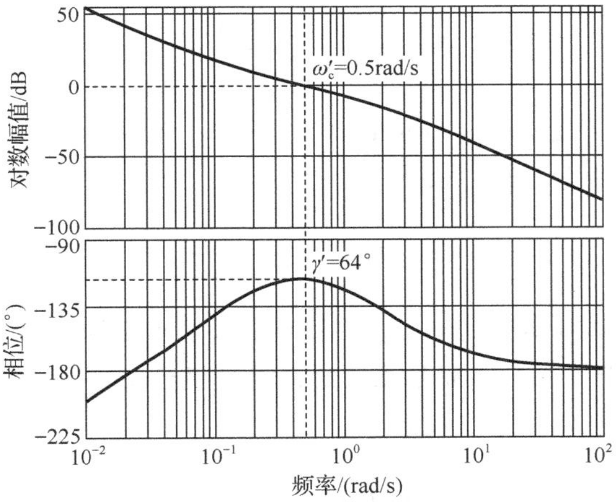

图 6.31　$K=2.5\times10^{-4}$ 时校正后系统的伯德图

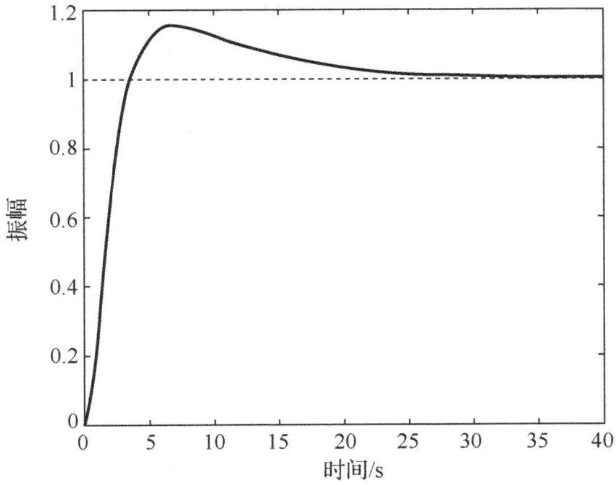

图 6.32　例 6.4 系统的在常值干扰下的阶跃响应

6.6 本章小结

本章介绍了系统校正的频域方法，即根据开环伯德图对线性定常系统进行校正的基本原理与方法。在串联、反馈、复合等三类典型校正方法中，主要讲解了装置简单、设计简便的串联校正方法。在串联校正方法的框架下，串联超前校正的主要作用是改善系统的暂态性能；串联滞后校正的主要作用是改善系统的稳态性能；串联滞后-超前校正则可以结合前面两者的优点，对系统性能进行较为全面的提升。本章还从频域视角重新认识了 PID 控制器，从频率特性的角度分析了相关控制规律的原理，并给出了 PID 参数的频域设计方法。

习题

6.1 已知单位反馈系统的开环传递函数为

$$G_0(s)=\frac{6}{s(0.2s+1)(0.5s+1)}$$

（1）试求该系统的相位裕量与幅值裕量；

（2）在前向通道中加入校正装置

$$G_c(s)=\frac{0.4s+1}{0.08s+1}$$

重新计算系统的相位裕量与幅值裕量，并说明该校正装置对于系统性能的影响。

6.2 图 6.33 展示了三种串联校正网络的对数幅频特性，它们均由最小相位环节组成。考虑单位反馈系统的开环传递函数为

$$G_0(s)=\frac{400}{s^2(0.01s+1)}$$

在上述三种校正装置中，哪一种可使校正后系统的相对稳定性最好？

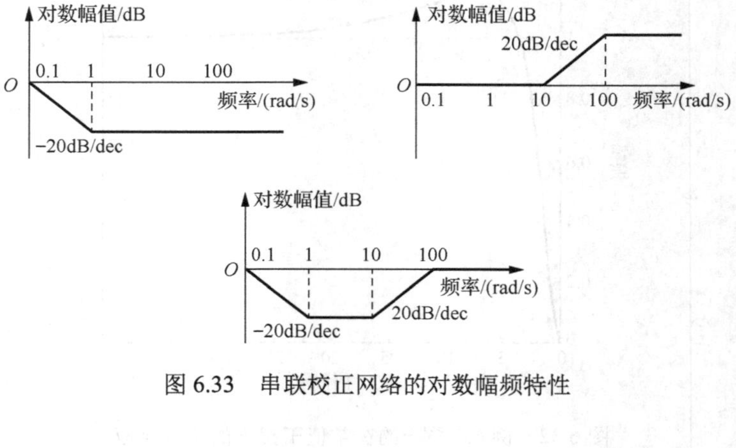

图 6.33　串联校正网络的对数幅频特性

6.3 已知单位反馈系统的开环传递函数为

$$G_0(s)=\frac{40}{s(0.2s+1)(0.0625s+1)}$$

（1）若要求系统的相位裕量为30°，幅值裕量为10～12dB，试设计串联超前校正装置，并求出校正后系统的时域指标；

（2）若要求系统的相位裕量为50°，幅值裕量大于15dB，试设计串联滞后校正装置，并求出校正后系统的时域指标。

6.4 已知单位反馈系统的开环传递函数为

$$G_0(s)=\frac{4(0.5s+1)}{s(s+1)(0.2s+1)(0.1s+1)}$$

给定输入信号 $r(t)=2t$，要求系统的稳态误差为 $e_{ss}=0.25$，校正后相位裕量 $\gamma\geqslant 35°$。

（1）试设计串联滞后校正装置满足以上指标；

（2）采用串联超前校正方法能否满足上述指标？为什么？

6.5 已知单位反馈系统的开环传递函数为

$$G_0(s)=\frac{8}{s(2s+1)}$$

若采用校正装置

$$G_c(s)=\frac{(10s+1)(2s+1)}{(100s+1)(0.2s+1)}$$

对系统进行校正，试绘制校正前后系统的伯德图，并分别计算其相位裕量。

6.6 一类大惯性机械臂的动力学特性可以表示为

$$G_0(s)=\frac{250}{s(s+2)(s+40)(s+45)}$$

若对其采用串联校正方法，要求其阶跃响应的超调量 $\sigma\%<20\%$，调节时间 $t_s<1.2s$（$\Delta=2\%$），速度稳态误差系数 $K_v\geqslant 10$。试问，采用如下串联校正装置能否满足设计需求？

$$G_c(s)=1483.7\frac{s+3.5}{s+33.75}$$

6.7 已知单位反馈系统的开环传递函数为

$$G_0(s)=\frac{K}{s(0.1s+1)(0.01s+1)}$$

试设计串联校正装置，使系统满足如下性能指标:

（1）速度稳态误差系数 $K_v\geqslant 250$。

（2）截止频率 $\omega_c\geqslant 30\text{rad/s}$。

（3）相位裕量 $\gamma\geqslant 45°$。

6.8 已知单位反馈系统的开环传递函数为

$$G_0(s)=\frac{1}{(s+1)(0.5s+1)}$$

为了使系统阶跃响应的稳态误差为零，采用 PI 控制器

$$G_c(s)=K_p+\frac{K_i}{s}$$

试设计合适的控制器参数，是系统阶跃响应的超调量$\sigma\%\leqslant5\%$，调节时间$t_s<6\text{s}$（$\varDelta=2\%$），速度稳态误差系数$K_v\geqslant0.9$。

6.9 已知单位反馈系统的开环传递函数为

$$G_0(s)=\frac{35}{s(0.2s+1)(0.01s+1)(0.005s+1)}$$

若要求系统对于加速度信号的稳态误差为零，且截止频率$\omega_c\geqslant30\text{rad/s}$，相位裕量$\gamma\geqslant40^\circ$，试设计 PID 控制器满足以上性能指标。

7 线性离散系统的分析和校正

近年来，随着脉冲技术、数字式元件、数字计算机的蓬勃发展，数字控制器在很多系统中取代了模拟控制器。特别是在控制系统中，微型计算机作为校正装置或补偿装置得到广泛应用。通常，被控对象使用的是时间上的连续信号，而数字计算机处理的是离散的数字信号。数字信号是指可以由二进制数表示的信号，如计算机中的信号便是数字信号。如果系统中的变量涉及离散时间信号，称这个系统为离散时间系统，简称离散系统。离散时间系统与连续时间系统相比，既有本质上的不同，又有分析和设计方面的相似性。通过 z 变换研究离散系统，可以把连续系统中的许多概念和方法，推广至离散系统。

7.1 离散系统的基本概念

本章之前所涉及的控制系统中，考虑的信号均为时间的连续函数，因此称为连续时间系统，简称连续系统。随着计算机技术的发展，控制系统中开始涉及离散的数字信号，也就是经过采样获得的离散时刻点上的信号，即信号仅定义在离散时间上。系统中的离散时间信号是脉冲序列形式的采样信号，称为采样控制系统或脉冲控制系统；系统中的离散时间信号是数字序列形式的采样信号，称为数字控制系统或计算机控制系统。

无论是采样控制系统还是数字控制系统都包括采样的过程。采样的要求首先是在工程上提出来的，之后随着计算机技术的发展，采用数字计算机已经遍及现代控制系统中。数字计算机只能接受和处理数字信号，而在工程上被控对象模型是时间的连续函数，如温度、流量、液位、电动机的转速等。因而，在离散控制系统中，需要将连续时间信号和数字信号相互转换才能运行。

1. 采样控制系统

采样控制系统是对来自传感器的连续信号在某些时间点瞬时取值。系统中的信号是断续的脉冲信号，两个相邻脉冲之间的信息无法采集。如果系统在有规律的时间间隔上采集离散信息，称为等周期采样系统；反之，若采样信息的时间间隔是时变的，则称为非周期采样系统。本书只介绍等周期采样，当系统中存在几个采样器时，假设它们是同步且等周期的。

2. 数字控制系统

使用处理器负责信号读取、处理运算和结果输出。这种设计意味着控制器的输入和输出只能是离散时间信号。此外，数字控制系统与采样控制系统不同，受限于数字计算的字长，无法处理无限精度的信号。数字控制系统必须将连续时间信号量化为幅值离散的数字信号进行处理。这种在时间和幅值上都离散化的信号被称为数字信号，相应的控制系统即为数字控制系统。

数字控制系统由工作在离散状态下的数字计算机和工作在连续状态下的被控对象两个部分组成。当计算机作为系统的控制器时，其输入和输出只能是二进制的编码信号，即在时间上和幅值上都离散的信号，属于数字量，而系统的被控对象的输入和输出都是连续信号，属于模拟量。因此在计算机控制系统中需要模拟量和数字量之间的转换，将控制器和被控对象连接起来。模拟量到数字量的转换，称模数（analog-digital，A/D）转换，包括两个过程：一是采样过程，每间隔采样周期 T_0 闭合一次对连续信号进行采样；二是量化过程，获得的采样值经过 A/D 转换器量化编码后送给数字控制器。数字量到模拟量的转换称数模（digital-analog，D/A）转换，也包括两个过程：一是解码过程，把离散数字信号转换成离散的模拟信号；二是复现过程，将离散的模拟信号转换成连续的模拟信号，进而控制被控对象。图 7.1 中的 $\overline{e^*(t)}$ 表示时间和幅值上均离散的数字序列信号。

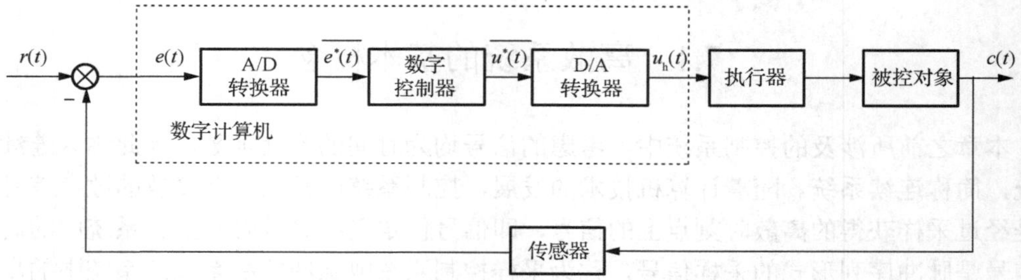

图 7.1 典型数字控制系统

综上所述，离散控制系统可以由图 7.2 表示。按照信号的流向依次是，采样器获取偏差信号 $e(t)$ 的偏差脉冲序列 $e^*(t)$，即 $(e(t_0),e(t_1),e(t_2),\cdots)$，经过控制器产生控制量脉冲序列 $u^*(t)$，即 $(u(t_0),u(t_1),u(t_2),\cdots)$，直接作用或者通过保持器得到连续的控制量 $u_h(t)$ 作用于被控对象，所得输出 $c(t)$ 反馈到输入端，与输入信号 $r(t)$ 形成偏差信号 $e(t)$，实现对系统的控制。$u_h(t)$ 为连续或分段连续信号，$e^*(t)$ 和 $u^*(t)$ 为离散脉冲序列，系统中各部分信号的波形特征如图 7.2 所示。

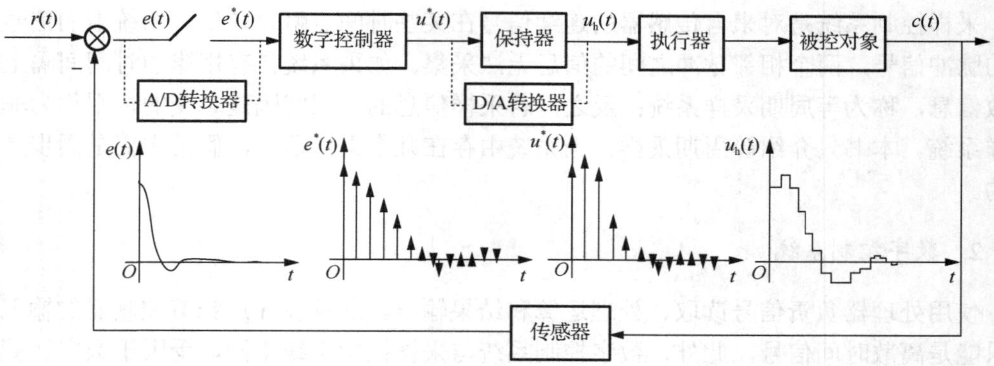

图 7.2 离散控制系统结构图

7.2 信号采样与恢复

离散系统的特点是系统中存在一处或者多处离散信号，如脉冲序列或数字序列的信号。通过采样器将连续信号变成离散信号的过程称为采样过程。通过保持器将离散的信号转换成连续信号的过程称为信号恢复过程。

1. 信号的采样

带有采样开关的采样过程如图 7.3 所示。图 7.3（a）中的连续信号 $x(t)$ 经过采样开关变成离散信号 $x^*(t)$，如图 7.3（b）所示。在 $t=0$ 时，采样开关闭合 τ，此时 $x^*(t)=x(t)$；在 $t=\tau$ 后，采样开关打开，输出 $x^*(t)=0$。一般采样开关闭合时间非常短，只有毫秒到微秒级，远远小于采样周期 T 和系统连续部分的最大时间常数，可以近似为 $\tau=0\text{s}$，连续时间信号 $x(t)$ 在 τ 时间内幅值变化不大，可以采用幅值为 $x(kT_0)$、宽度为 τ 的脉冲序列近似 $x^*(t)$。

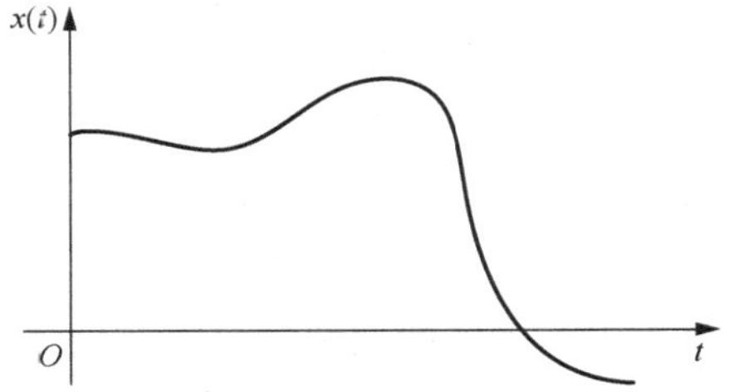

（a）连续信号

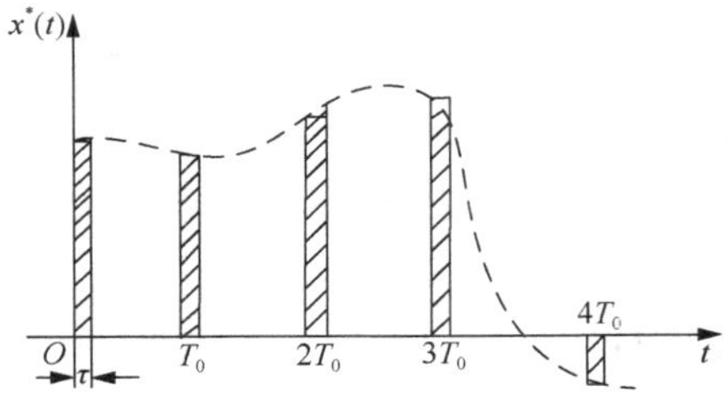

（b）采样得到的信号

图 7.3 采样过程

由图 7.3（b）可得脉冲序列 $x^*(t)$ 表达式为

$$
\begin{aligned}
x^*(t) &= x(0)\big(1(t)-1(t-\tau)\big)+\cdots+x(kT_0)\big(1(t-kT_0)-1(t-kT_0-\tau)\big) \\
&= \sum_{k=0}^{n} x(kT_0)\big(1(t-kT_0)-1(t-kT_0-\tau)\big)
\end{aligned} \tag{7.1}
$$

式中，$1(t-kT_0)-1(t-kT_0-\tau)$ 代表发生在 kT_0 时刻、高度为 1、宽度为 τ 的矩形脉冲波。由于 $\tau \ll T_0$，可以用理想单位脉冲近似代替该矩形波，即

$$
1(t-kT_0)-1(t-kT_0-\tau)=\tau\delta(t-kT_0) \tag{7.2}
$$

在实际系统中，并不存在幅值无穷大且持续时间无穷小的理想单位脉冲。因此，讨论脉冲的面积或强度才具有意义。式（7.2）便是基于这种观点，从矩形脉冲和理想脉冲的面积的角度出发进行考虑的。通过采样开关对连续信号 $x(t)$ 进行采样后，输出的离散时间信号 $x^*(t)$ 可表示为

$$
x^*(t)=\sum_{k=0}^{\infty} x(kT_0)\delta(t-kT_0) \tag{7.3}
$$

式（7.3）表明离散信号是由一系列脉冲组成的，在采样时刻 $t = kT_0$，脉冲的面积为该时刻连续信号 $x(t)$ 的值 $x(kT_0)$，式（7.3）也可以写作

$$x^*(t) = \sum_{k=0}^{\infty} x(t)\delta(t - kT_0) \tag{7.4}$$

因此，采样过程在物理角度上可以理解成脉冲调制过程，其中，采样开关的作用类似于理想单位脉冲发生器，将连续信号 $x(t)$ 调制成脉冲序列 $x^*(t)$。

在离散控制系统的设计中，采样周期的选择是非常关键的。期望离散时间序列能够包含连续信号的全部信息。采样周期越短，采样频率越高，则采样序列中包含连续信号的信息越多。显然，采样周期不能太小，因为采样频率越高，物理上越难以实现，而且计算机处理数据的计算量也越大，增加了系统的实现成本。下面介绍采样周期选取原则。

为了保证采样后的离散时间信号可以无失真地恢复到原来的连续信号，采样的过程中应该满足香农采样定理。采样定理只是给出了采样周期选择的基本原则，并未给出具体的采样周期选择方法。采样周期越小，对控制过程获得的信息就会越多，控制效果也会更好。但是采样周期过小往往需要增加计算机以及 A/D 转换器和 D/A 转换器的字长，提高相应的运算速度，会增加不必要的计算负担，造成复杂控制规律实现的困难。反之，采样周期选得过大，又会给控制过程带来较大误差，降低系统的性能，甚至导致整个控制系统失去稳定性。对于快速随动系统，采样周期的选择将是在系统设计中必须考虑的问题，选取时很大程度上取决于系统的性能指标。应当指出，采样周期选取得当，是信号能够恢复的前提。

2. 信号的恢复

实现信号恢复过程的装置称为保持器。采用保持器不仅是为了实现两种信号之间的变换，更是因为采样器输出的脉冲信号除了包含主频谱分量外，还包含高频分量。这些高频分量相当于在系统的连续部分加入噪声，不仅影响控制质量，在严重情况下还会加剧机械部件的磨损。为了消除高频分量信号对系统输出的影响，需要在采样器后面串联一个信号恢复滤波器，以使脉冲信号复原成连续信号后加到系统的连续部分。最简单的信号恢复滤波器由保持器实现，可将脉冲信号恢复为阶梯信号，常见的保持器有零阶保持器、一阶保持器和二阶保持器，零阶保持器的时域特性如图 7.4 所示。

零阶保持器是把前一个采样时刻 kT_0 采样值 $x(kT_0)$ 一直保持到下一个采样时刻 $(k+1)T_0$，在下一个采样时刻 $(k+1)T_0$ 到来时换成新的采样值 $x\left((k+1)T_0\right)$ 继续保持。零阶保持器的时域特性 $g_{\mathrm{h}}(t)$ 如图 7.4 所示，是一个高度为 1、持续时间为 T_0 的矩形脉冲，可以用两个单位阶跃函数的差表示，保持器在系统中的位置如图 7.5 所示。对零阶保持器的函数表达式 $g_{\mathrm{h}}(t)$ 进行拉普拉斯变换可得零阶保持器的传递函数 $G_{\mathrm{h}}(s)$：

$$G_{\mathrm{h}}(s) = \frac{1}{s} - \frac{\mathrm{e}^{-sT_0}}{s} = \frac{1 - \mathrm{e}^{-sT_0}}{s} \tag{7.5}$$

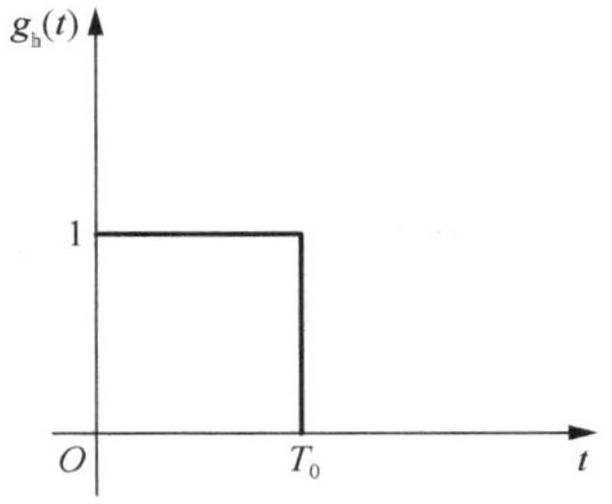

图 7.4 零阶保持器的脉冲响应

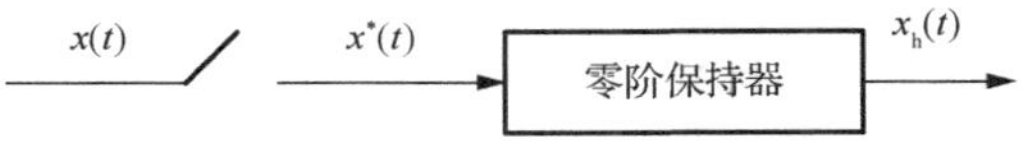

图 7.5 保持器的方框图

令 $s = \mathrm{j}\omega$，可以得到零阶保持器的频率特性为

$$G_h(\mathrm{j}\omega) = \frac{1 - \mathrm{e}^{-\mathrm{j}\omega T_0}}{\mathrm{j}\omega} = |G_h(\mathrm{j}\omega)| \underline{/G_h(\mathrm{j}\omega)} \tag{7.6}$$

通过零阶保持器恢复的信号 $x_h(t)$ 是阶梯状的，这也导致了 $x_h(t)$ 与 $x(t)$ 之间的差异，采样周期越小时，两者之间的差异也越小。由于零阶保持器引入了额外的相位滞后，降低了系统的相对稳定性。由于相位滞后的存在，经零阶保持器恢复的信号 $x_h(t)$ 比原信号 $x(t)$ 时间上平均滞后半个采样周期 $T_0/2$，如图 7.6 中虚线所示。

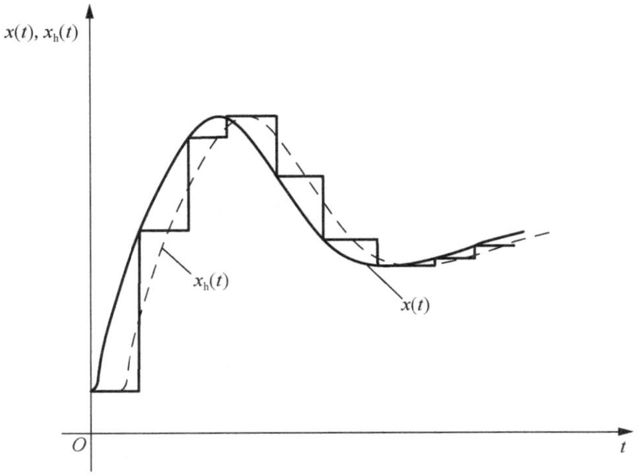

图 7.6 零阶保持器的输出信号

相位上的滞后特性是各阶保持器共有的特性。零阶保持器相比于其他类型的保持器，相位滞后最小且最容易实现，应用也最为广泛。对于通过零阶保持器的高频分量，对系统的被控信号影响不大，这是由于一般系统中的连续部分均具有良好的低通滤波特性，可以抑制绝大部分的高频分量。因此，采用零阶保持器恢复离散信号已经足够，不必选更复杂的高阶保持器。

7.3 线性离散系统的数学模型

为了分析控制系统的性能，需要建立系统的数学模型，描述系统中各变量之间的相互关系。线性离散系统的数学模型有差分方程、脉冲传递函数和离散状态空间表达式。

7.3.1 z 变换

在分析连续时间线性系统的动态性能和稳态性能时，通过拉普拉斯变换得到系统的传递函数，简化了分析难度。然而，在分析离散系统时，由于存在数字或脉冲信号，难以采用连续系统中的拉普拉斯变换分析。因此，采用 z 变换来建立离散系统的数学模型，从而分析系统的性能。

对连续时间函数 $x(t)$ 经过周期 T_0 的采样后，得到离散信号 $x^*(t)$ 为式（7.4）。进行拉普拉斯变换，可得

$$\mathcal{L}[x^*(t)] = X^*(s) = \sum_{k=0}^{\infty} x(kT_0)\mathrm{e}^{-kT_0 s} \tag{7.7}$$

式中，$\mathrm{e}^{-kT_0 s} = \mathcal{L}[\delta(t-kT_0)]$；$X^*(s)$ 是离散函数 $x^*(t)$ 的拉普拉斯变换。复变量 s 包含在指数函数中不便于计算，引入新的变量 $z=\mathrm{e}^{T_0 s}$ 映射关系，代入式（7.7）得到函数 $X(z)$ 为

$$X(z) = \sum_{k=0}^{\infty} x(kT_0) z^{-k}$$

称为离散时间函数 $x^*(t)$ 的 z 变换，记作 $X(z)=Z[x^*(t)]$。

在 z 变换中，得到的是连续时间函数在采样时刻的采样值，并不考虑采样时刻之间的值，z 变换只适用于离散时间函数。从这种意义上来说，连续时间函数 $x(t)$ 与离散时间函数 $x^*(t)$ 具有相同的 z 变换：

$$X(z) = Z[x^*(t)] = Z[x(t)]$$

式中，一般项 $x(kT_0)z^{-k}$ 与离散函数拉普拉斯变换中的一般项 $x(kT_0)\mathrm{e}^{-kT_0 s}$ 具有相同的物理意义，z^{-k} 表示采样脉冲出现的时刻，$x(kT_0)$ 表示该采样脉冲的幅值。因此变量 z 可以看成时序变量。从另外一种意义上看，z 变换是拉普拉斯变换的一种演化，目的是使 $X(z)$ 是 z 的有理函数，便于对离散系统进行分析和设计。

与 s 一样，z 也是一个具有实部和虚部的复变量，在复平面上以实部为横坐标、虚部为纵坐标，这个复平面称为 z 平面。从离散时间函数的拉普拉斯变换到 z 变换是通过复变量 s 平面到复变量 z 平面的映射变换完成的。关于常见 z 变换的典型环节和 z 变换的性质请参见本书附录。

7.3.2 线性常系数差分方程

对于采样控制系统，系统中的一些部件是连续式的。这些连续式部件仍可由微分方程或传递函数描述，但由于系统中某些地方的信号是断续的或是由采样得来的，需要用到差

分方程或是脉冲传递函数描述输入输出采样时刻的值之间的关系。在离散系统中，信号的自变量k是离散的整型值，需要用差分方程描述系统的动态特性。

对于一般的线性离散定常系统，k时刻的输出$y(k)$不但与k时刻的输入$r(k)$有关，也与k时刻以前m个的输入$r(k-1),r(k-2),\cdots,r(k-m)$有关，同时还与$k$时刻以前$n$个的输出$y(k-1),y(k-2),\cdots,y(k-n)$有关。这种关系可用$n$阶后向差分方程描述，即

$$\begin{aligned}&y(k)+a_1y(k-1)+a_2y(k-2)+\cdots+a_{n-1}y(k-n+1)+a_ny(k-n)\\=&b_0r(k)+b_1r(k-1)+\cdots+b_{m-1}r(k-m+1)+b_mr(k-m)\end{aligned}$$

也可写为

$$y(k)=-\sum_{i=1}^{n}a_iy(k-i)+\sum_{j=0}^{m}b_jr(k-j) \tag{7.8}$$

式中，$a_i(i=1,2,\cdots,n)$和$b_j(j=0,1,\cdots,m)$为常系数，$m\leqslant n$。式（7.8）称为n阶线性常系数差分方程，在数学上描述一个线性离散定常系统的静动态特性。

线性离散定常系统也可用n阶前向差分方程描述，即

$$\begin{aligned}&y(k+n)+a_1y(k+n-1)+\cdots+a_{n-1}y(k+1)+a_ny(k)\\=&b_0r(k+m)+b_1r(k+m-1)+\cdots+b_{m-1}r(k+1)+b_mr(k)\end{aligned}$$

也可写为

$$y(k+n)=-\sum_{i=1}^{n}a_iy(k+n-i)+\sum_{j=0}^{m}b_jr(k+m-j) \tag{7.9}$$

在零初始条件下，对式（7.8）进行z变换可得离散系统的输入输出数学模型为

$$\frac{Y(z)}{U(z)}=\frac{\sum\limits_{j=0}^{m}b_jz^{-j}}{\sum\limits_{i=0}^{n}a_iz^{-i}}=\frac{b_0+b_1z^{-1}+\cdots+b_{m-1}z^{-(m-1)}+b_mz^{-m}}{a_0+a_1z^{-1}+\cdots+a_{n-1}z^{-(n-1)}+a_nz^{-n}},\quad a_0=1,m\leqslant n \tag{7.10}$$

同连续系统一样，差分方程的解可以用于分析系统动态和静态性能，展现出输出与输入之间的关系，常系数线性差分方程的求解方法有经典法、迭代法和z变换法。与微分方程的经典解法类似，差分方程的经典解法也要求出齐次方程的通解和非齐次方程的一个特解，过程较为烦琐。因此，仅介绍后两种求解方法。

（1）迭代法。

若已知线性离散定常系统的差分方程式（7.8）或式（7.9），并且给出了输出序列的初值，则可以利用线性递推关系在计算机上计算输出序列的值。

【例 7.1】 已知差分方程

$$y(k)=r(k)+5y(k-1)-6y(k-2)$$

输入序列$r(k)=1$，初始条件$y(0)=0$，$y(1)=1$，用迭代法求输出序列$y(k),k=1,2,3,4$。

解：根据初始条件及递推关系，得

$$
\begin{aligned}
&y(0)=0\\
&y(1)=1\\
&y(2)=r(2)+5y(1)-6y(0)=6\\
&y(3)=r(3)+5y(2)-6y(1)=25\\
&y(4)=r(4)+5y(3)-6y(2)=90
\end{aligned}
$$

（2）z 变换法。

已知离散控制系统的差分方程描述，可以结合附录中 z 变换的位移定理，方程两侧取 z 变换，再根据初始条件以及给定的输入信号的 z 变换表达式，求出 z 变换的 z 反变换表达式，可以求出离散控制系统输出的时域表达式 $y(k)$。

【例 7.2】 已知离散系统的差分方程表达式为

$$y\big((k+1)T_0\big)+2y(kT_0)=5kT_0$$

$y(0)=-1$，求差分方程的解。

解：对差分方程进行 z 变换，得

$$z\big(Y(z)-y(0)\big)+2Y(z)=5\frac{T_0 z}{(z-1)^2}$$

$$Y(z)=\frac{5T_0 z}{(z-1)^2(z+2)}-\frac{z}{z+2}$$

进一步整理得

$$Y(z)=\frac{5T_0 z}{9}\left(\frac{1}{(z+2)}+\frac{3}{(z-1)^2}-\frac{1}{(z-1)}\right)-\frac{z}{z+2}$$

查找 z 变换表，可知

$$y(kT_0)=\frac{5T_0}{9}\big((-2)^k+3k-1\big)-(-2)^k$$

$$y^*(t)=\frac{5T_0}{9}\sum_{k=0}^{\infty}\left(\left(1-\frac{9}{5T_0}\right)(-2)^k+3k-1\right)\delta(t-kT_0)$$

差分方程的解可提供线性离散定常系统在给定输入序列作用下输出序列的响应特性，但脉冲传递函数从不同角度提供了更丰富的分析工具，尤其在频率域分析、稳定性、系统设计等方面。因此，需要研究线性离散定常系统的另一种数学模型——脉冲传递函数。

7.3.3 脉冲传递函数

由于连续系统中的传递函数是系统内部结构的输入输出关系表征，在离散系统中同样希望对系统内部特性进行描述。由于脉冲函数的 z 变换为 1，作为离散系统的输入时，得到的系统输出是系统内部结构的表征。这样引入新的概念，脉冲传递函数实现对系统输出值

的分析即对系统的内部结构特性的分析。

1. 脉冲传递函数定义

在连续系统中，借助拉普拉斯变换通过传递函数对系统进行分析和设计；在对离散系统进行分析和设计时借助 z 变换得到传递函数的数学模型。一个离散开环控制系统如图 7.7 所示。经过采样后，连续信号 $r(t)$ 变成了离散时间信号 $r^*(t)$，作用于传递函数 $G(s)$，输出 $c(t)$ 一般为连续信号。假设在输出端有一个采样周期与输入采样开关周期一致的采样开关，得到离散输出信号 $c^*(t)$。在零初始条件下，控制系统输出的 z 变换与输入的 z 变换之比称为系统脉冲传递函数，即

$$G(z)=\frac{C(z)}{R(z)} \tag{7.11}$$

也称 z 传递函数。这个系统有以下两点需要说明。

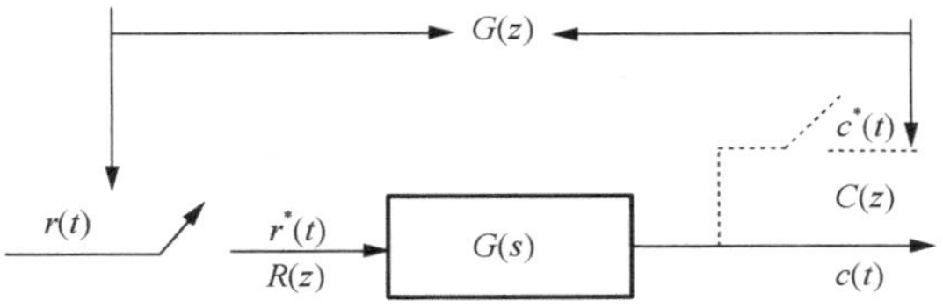

图 7.7 离散开环控制系统

（1）虚设的开关在实际系统中并不存在。z 变换只能表示连续时间函数在采样时刻的采样值，通过脉冲传递函数得到的 $c^*(t)$ 是系统输出的脉冲序列值，即连续输出信号 $c(t)$ 在采样时刻的采样值，故不能反映相邻采样时刻之间输出量 $c(t)$ 的变化情况。当传递函数 $G(s)$ 惯性较大时，输出的变化相对较慢，如果输入端采样周期远远小于输出端的采样周期，用 $c^*(t)$ 描述 $c(t)$ 还是较为合理的。

（2）传递函数 $G(s)$ 代表的是线性环节的传递函数，而脉冲传递函数 $G(z)$ 则表示图 7.7 中线性环节和采样开关组合形成的传递函数。如果没有采样开关，输入的信号是连续时间函数，此时就无法得到 z 传递函数。这种情况下就不能将输入信号和线性环节分开进行 z 变换，只能求输出信号的 z 变换。

【例 7.3】 设图 7.7 中 $G(s)=\dfrac{1}{s(s+1)}$，试求脉冲传递函数和差分方程。

解：系统脉冲传递函数为

$$G(z)=Z\left[\frac{1}{s(s+1)}\right]=\frac{z(1-\mathrm{e}^{-T_0})}{(z-1)(z-\mathrm{e}^{-T_0})}=\frac{z(1-\mathrm{e}^{-T_0})}{z^2-(\mathrm{e}^{-T_0}+1)z+\mathrm{e}^{-T_0}}$$

根据定义 $G(z)=C(z)/R(z)$，有 $C(z)\left(z^2-(\mathrm{e}^{-T_0}+1)z+\mathrm{e}^{-T_0}\right)=R(z)\left(z(1-\mathrm{e}^{-T_0})\right)$，对等号的两侧进行 z 反变换可以得到差分方程为

$$c(k)=(\mathrm{e}^{-T_0}+1)c(k-1)-\mathrm{e}^{-T_0}c(k-2)+(1-\mathrm{e}^{-T_0})r(k-1)$$

2. 开环控制系统的脉冲传递函数

当开环离散系统由多个环节串联组成时，其脉冲传递函数与连续系统的情况存在一定的差异。即便两个开环离散系统的组成环节完全相同，由于采样开关的数量和位置的不同，得到的脉冲传递函数是截然不同的。开环控制系统的脉冲传递函数组合形式分为串联、并联和包含零阶保持器三种情况，其中并联的情况较为简单，不作叙述，主要介绍串联和包含零阶保持器的情况。

1）有串联环节的开环脉冲传递函数

当两个连续环节 $G_1(s)$ 和 $G_2(s)$ 之间没有采样开关时，如图 7.8 所示，后者 $G_2(s)$ 的输入不是脉冲序列 $c_1^*(t)$，而是连续信号 $c_1(t)$，有

$$G(z)=Z\left[G_1(s)G_2(s)\right]=G_1G_2(z) \tag{7.12}$$

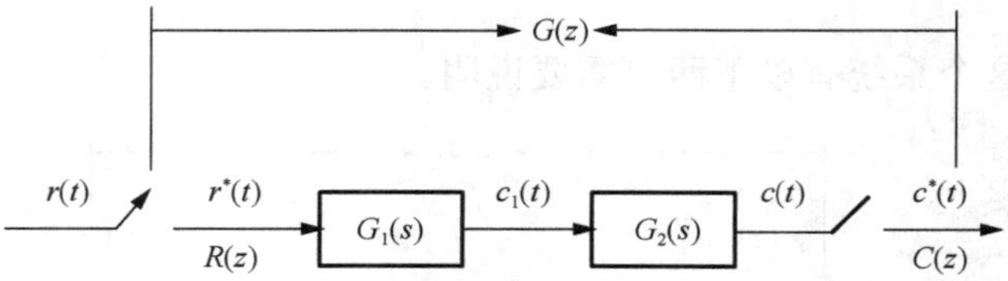

图 7.8　串联环节之间没有采样开关

当两个环节之间存在采样开关时，如图 7.9 所示，根据脉冲函数的定义，$C_1(z)=G_1(z)R(z)$ 和 $C_2(z)=G_2(z)C_1(z)$，故有

$$G(z)=Z\left[G_1(s)\right]Z\left[G_2(s)\right]=G_1(z)G_2(z) \tag{7.13}$$

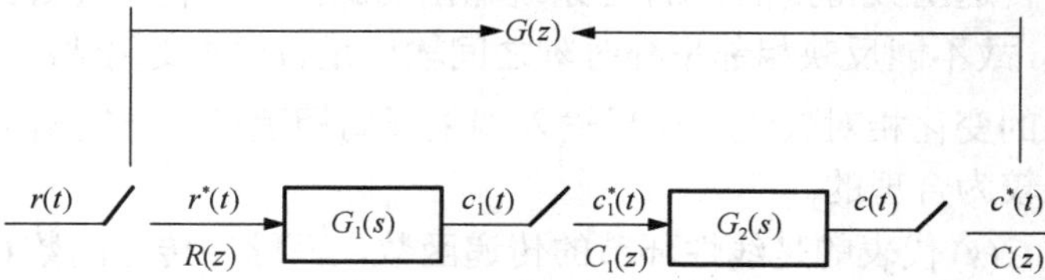

图 7.9　串联环节之间有采样开关

【例 7.4】 设图 7.8 和图 7.9 中均有 $G_1(s)=\dfrac{1}{s}$ 和 $G_2(s)=\dfrac{1}{s+1}$，试求两个系统的脉冲传递函数 $G(z)$。

解： 对于图 7.8 中的系统，有 $G_1(s)G_2(s)=\dfrac{1}{s(s+1)}$，进行 z 变换可得

$$G(z)=G_1G_2(z)=Z\left[\frac{1}{s(s+1)}\right]=\frac{z(1-e^{-T_0})}{(z-1)(z-e^{-T_0})}$$

对于图 7.9 的系统，$G_1(z)=Z\left[\dfrac{1}{s}\right]=\dfrac{z}{z-1}$ 和 $G_2(z)=Z\left[\dfrac{1}{s+1}\right]=\dfrac{z}{z-e^{-T_0}}$，可得

$$G(z)=G_1(z)G_2(z)=\frac{z^2}{(z-1)(z-e^{-T_0})}$$

2）有零阶保持器的开环控制系统脉冲传递函数

在采样开关后串联零阶保持器后，相应的开环传递函数和相频特性均发生了变化，尤其当采样频率小于系统带宽的 20 倍时，往往不能忽略零阶保持器对闭环控制系统性能的影响。在建立相应的离散系统模型时需要将其和被控对象进行串联。

设 $G_p(s)$ 是除零阶保持器之外部分的开环传递函数，令 $G_p(s)/s$ 的拉普拉斯反变换为 $g_p(t)$，则 $(1-e^{-T_0 s})G_p(s)/s$ 的拉普拉斯反变换为 $g_p(t)-g_p(t-T_0)$。再根据附录中延迟定理可知 $Z[g_p(t-T_0)]=z^{-1}Z[g_p(t)]$。故包含零阶保持器系统的脉冲传递函数为

$$G(z)=Z\left[\frac{(1-e^{-T_0 s})}{s}G_p(s)\right]=(1-z^{-1})Z\left[\frac{G_p(s)}{s}\right] \tag{7.14}$$

【例 7.5】 设图 7.8 中的 $G_1(s)=\dfrac{1}{s}$ 和 $G_2(s)=\dfrac{1}{s+1}$，试求有零阶保持器的开环控制系统的脉冲传递函数

解： 由部分分式法展开有

$$\frac{G_1(s)G_2(s)}{s}=\frac{1}{s^2(s+1)}=\frac{1}{s^2}-\frac{1}{s}+\frac{1}{s+1}$$

$$Z\left[\frac{G_1(s)G_2(s)}{s}\right]=\frac{T_0 z}{(z-1)^2}-\frac{z}{z-1}+\frac{z}{z-e^{-T_0}}$$

系统的脉冲传递函数为

$$G(z)=(1-z^{-1})Z\left[\frac{G_1(s)G_2(s)}{s}\right]=\frac{(e^{-T_0}+T_0-1)z+(1-e^{-T_0}(T_0+1))}{(z-1)(z-e^{-T_0})}$$

与例 7.3 相比，可以发现零阶保持器通常不会改变传递函数的阶数，也不会影响传递函数的极点，但会改变系统的零点。

3. 闭环控制系统的脉冲传递函数

由于在闭环控制系统中采样开关可能存在于多个位置，因此闭环离散系统的结构形式没有唯一性。下面介绍一些常见闭环控制系统的脉冲传递函数。

设闭环控制系统的结构图如图 7.10 所示，图中的虚线代表的采样开关是为了便于分析而虚设的，且所有的采样开关都是同步的。可以建立误差方程为

$$E(z)=R(z)-B(z)$$

$$B(z)=GH(z)E(z)$$

式中，$E(z)$ 和 $B(z)$ 分别是 $e(t)$ 和 $b(t)$ 的 z 变换；$GH(z)$ 为串联环节之间没有采样开关的脉冲传递函数。整理得

$$E(z)=\frac{R(z)}{1+GH(z)} \tag{7.15}$$

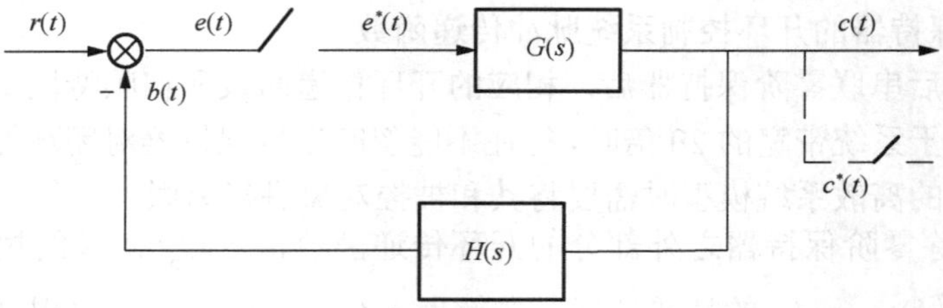

图 7.10　闭环离散系统

输出的 z 变换为 $C(z)=GB(z)R(z)$，即

$$C(z)=\frac{R(z)G(z)}{1+GH(z)} \tag{7.16}$$

采样开关处于不同位置时，离散控制系统的结构图和输出信号的 z 变换如表 7.1 所示。

表 7.1　闭环控制系统结构图及输出信号变换

结构图	$C(z)$
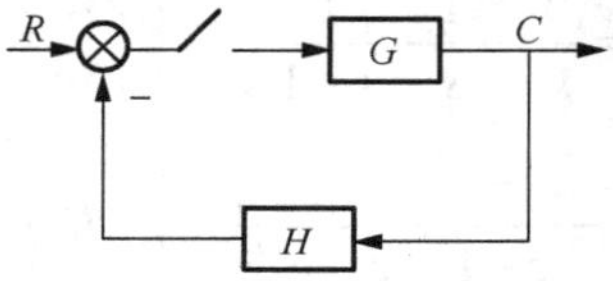	$C(z)=\dfrac{R(z)G(z)}{1+GH(z)}$
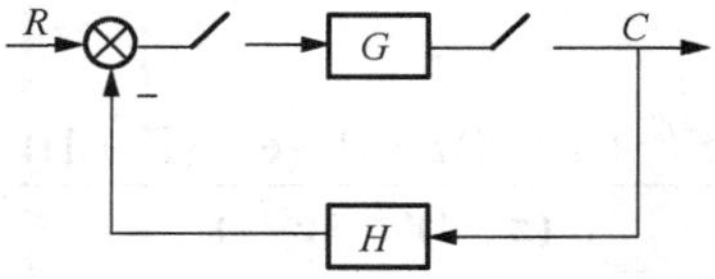	$C(z)=\dfrac{R(z)G(z)}{1+G(z)H(z)}$
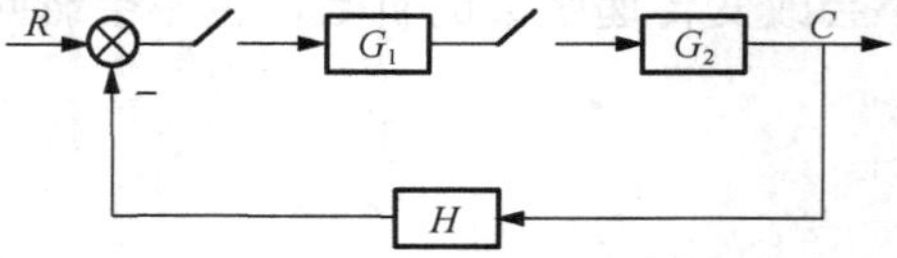	$C(z)=\dfrac{R(z)G_1(z)G_2(z)}{1+G_1(z)G_2H(z)}$
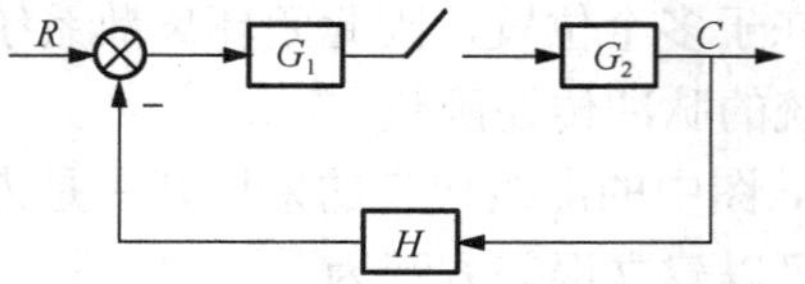	$C(z)=\dfrac{RG_1(z)G_2(z)}{1+G_1G_2H(z)}$
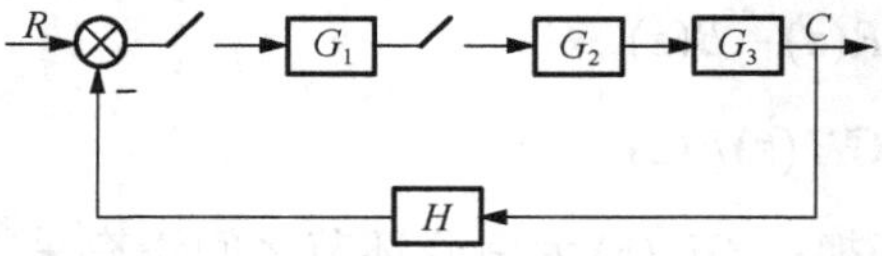	$C(z)=\dfrac{R(z)G_1(z)G_2G_3(z)}{1+G_1(z)G_2G_3H(z)}$
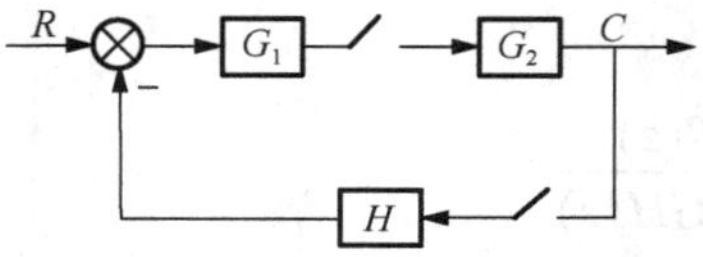	$C(z)=\dfrac{RG_1(z)G_2(z)}{1+G_1H(z)G_2(z)}$

4. z 变换的局限性

z 变换是分析离散系统的有效工具，但也存在着一定的局限性。

（1）z 变换的推导过程中，设定采样开关为理想开关。采样过程在瞬间完成，采样开关的输出是理想脉冲，其面积等于输入信号的幅值。如果采样开关持续时间远小于采样周期，且远小于时间常数，上述假设成立。

（2）无论是开环控制系统还是闭环控制系统，输出多为连续信号 $c(t)$ 而不是采样得到的信号 $c(kT)$ 。这种情况无法反映采样间隔内输出的变化情况。如果想要研究采样间隔内的 $c(t)$ 值，可以采用修正 z 变换或等分采样周期法。

7.4 线性离散系统的性能分析

与线性连续系统分析中的情况类似，稳定性、瞬态（动态）响应和稳态响应也是离散系统分析的重要内容。首先讨论如何在 z 域分析离散系统的稳定性，然后介绍离散系统闭环零极点对瞬态响应和稳态性能影响，最后给出计算离散系统稳态的方法。

7.4.1 稳定性

为了把连续系统在 s 平面上分析稳定性的结果应用到在 z 平面上分析离散系统的稳定性，首先需要研究 s 平面与 z 平面之间的映射关系。

1. s 域到 z 域的映射

离散系统的数学模型是基于 z 变换得来的，由 z 变换的定义 $z=\mathrm{e}^{T_0 s}$ 知，s 域中任意一点 $s=\sigma+\mathrm{j}\omega$ ，到 z 域的基本映射关系为

$$|z|=\mathrm{e}^{\sigma T_0},\quad \angle z=\omega T_0 \tag{7.17}$$

当 σ 取零，ω 从 $-\infty\to+\infty$ 变化时，即取虚轴，映射在 z 平面中的轨迹是以原点为中心的单位圆。当 s 平面上的点沿着虚轴变化时，z 平面上的点沿着单位圆转圈。当 σ 小于零，ω 从 $-\infty\to+\infty$ 变化时，即 s 域左半复平面，映射在 z 平面中的区域是在单位圆内的区域。当 σ 大于零，ω 从 $-\infty\to+\infty$ 变化时，即 s 域右半复平面，映射在 z 平面中的区域是在单位圆外的区域。

2. z 平面内稳定的充分必要条件

由于在连续系统中系统稳定的充要条件是系统的特征根在 s 平面左半平面，那么离散系统稳定的充要条件是系统的闭环极点在 z 平面以原点为中心的单位圆内。单位圆是 z 平面稳定域的边界。根据式（7.17）建立 s 平面的点与 z 平面点的对应关系，如表 7.2 所示，相应的对应关系图如图 7.11 所示。

表 7.2　s 平面与 z 平面对应关系

在 s 平面	在 z 平面
$\sigma_i > 0$ 右半平面（系统的不稳定域）	$\lvert z_i \rvert > 1$ 单位圆的外部
$\sigma_i = 0$ 虚轴上（系统的临界稳定）	$\lvert z_i \rvert = 1$ 单位圆的圆周
$\sigma_i < 0$ 左半平面（系统的稳定域）	$\lvert z_i \rvert < 1$ 单位圆的内部

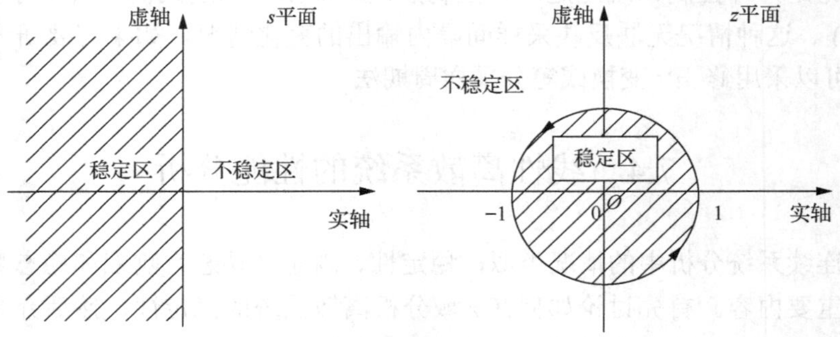

图 7.11　s 平面与 z 平面对应的关系

除了 s 平面和 z 平面相互对应的方法得出离散系统稳定的条件，还可以采用数学分析的方式。在零初始条件下，线性离散系统单位脉冲响应为 $g(k)$，则系统稳定的充要条件为

$$\sum_{k=0}^{+\infty} |g(k)| < +\infty \tag{7.18}$$

即，系统稳定的充要条件是系统的单位脉冲响应绝对可和。假设离散系统的脉冲传递函数为 $G(z)$，其分母阶数 n 高于分子阶数，且 $G(z)$ 中没有重极点，采用部分分式法可以得到系统的单位脉冲响应为

$$Y(z) = G(z) = \sum_{i=1}^{n} \frac{c_i z}{z - p_i} \tag{7.19}$$

对式（7.19）进行 z 反变换得

$$y(k) = g(k) = \sum_{i=1}^{n} c_i p_i^k \tag{7.20}$$

式中，$c_i (i = 1,2,\cdots,n)$ 为部分分式法求得的系数。根据幂级数的收敛条件可知，$|p_i| < 1$ $(i = 1,2,\cdots,n)$ 是式（7.20）成立的充要条件，也即式（7.20）成立的充要条件是全部极点均位于圆心在原点处的单位圆内。结合以上分析，离散系统稳定的充要条件是其闭环传递函数的所有极点均分布在以 z 平面原点为圆心的单位圆内，即特征方程所有特征根的模小于 1。

【例 7.6】 在图 7.10 系统中，设 $G(s) = \dfrac{K}{s(s+1)}$，$H(s) = 1$。取 $K = 10$，$T_0 = 0.1$，试判断闭环离散系统的稳定性。

解：（1）图 7.10 系统的开环脉冲函数为

$$GH(z)=Z\left[\frac{K}{s(s+1)}\right]=\frac{Kz(1-\mathrm{e}^{-T_0 s})}{(z-1)(z-\mathrm{e}^{-T_0})}$$

闭环控制系统的脉冲传递函数为

$$\begin{aligned}G_{\mathrm{B}}(z)&=\frac{G(z)}{1+GH(z)}\\&=\frac{Kz(1-\mathrm{e}^{-T_0})}{z^2-\left(1-K+(1+K)\mathrm{e}^{-T_0}\right)z+\mathrm{e}^{-T_0}}\end{aligned}$$

将 $K=10$、$T_0=0.1$ 代入得

$$G_{\mathrm{B}}(z)=\frac{0.952z}{z^2-0.9532z+0.9048}$$

对应的特征根 $z_{1,2}=0.4766\pm 0.8232\mathrm{j}$，其模值为 0.9755 小于 1，故闭环控制系统稳定。

3. 稳定性判据

在连续系统中采用劳斯判据判别系统的稳定性，主要是利用特征方程系数和符号与特征方程的正实根的个数关系，本质上是判断特征方程的根是否都在左半复平面。在离散系统中需要判断特征方程的根是否都在 z 平面上的单位圆内。虽然劳斯判据不能直接应用于离散系统，但根据 z 变换的映射关系，可以间接使用劳斯判据。

1） w 平面的劳斯判据

引入 z 域到 w 域的变换为

$$z=\frac{w+1}{w-1} \text{ 或 } w=\frac{z+1}{z-1}$$

那么，z 平面上的单位圆对应于 w 平面上的虚轴（即实部为 0，$\mathrm{Re}(w)=0$），z 平面的单位圆内区域对应于 w 平面的左半平面，z 平面单位圆外对应于 w 平面的右半平面。这种变换称为双线性变换，或 w 变换。对应关系如表 7.3 所示。

表 7.3　w 变换对应关系

$\mathrm{Re}(w)$	$\lvert z\rvert$
$\mathrm{Re}(w)=0$，则 $\lvert w+1\rvert=\lvert w-1\rvert$	$\lvert z\rvert=\dfrac{\lvert w+1\rvert}{\lvert w-1\rvert}=1$
$\mathrm{Re}(w)<0$，则 $\lvert w+1\rvert<\lvert w-1\rvert$	$\lvert z\rvert=\dfrac{\lvert w+1\rvert}{\lvert w-1\rvert}<1$
$\mathrm{Re}(w)>0$，则 $\lvert w+1\rvert>\lvert w-1\rvert$	$\lvert z\rvert=\dfrac{\lvert w+1\rvert}{\lvert w-1\rvert}>1$

将 w 变换的数学表达式代入 z 变换的特征方程，变换后可以直接在 w 平面上应用劳斯判据判断离散系统的稳定性。对于线性离散定常系统，除了采用 w 变换，在 w 域中利用劳斯判据判断系统的稳定性外，还可以在 z 域中应用朱利判据判断离散系统的稳定性。

2）朱利判据

朱利判据直接通过特征方程的系数判断特征根是否位于 z 平面的单位圆内，从而判断系统的稳定性。

假设线性离散系统的特征方程为

$$D(z)=a_0+a_1z+\cdots+a_nz^n=0 \tag{7.21}$$

式中，$a_n>0$，且 a_i 均为实数，根据式（7.21）列出朱利矩阵如表 7.4 所示。表中的第一行是特征方程系数，偶数行元素排列是奇数行的逆序，表中元素定义为

$$b_k=\begin{vmatrix}a_0 & a_{n-k}\\ a_n & a_k\end{vmatrix},\quad c_k=\begin{vmatrix}b_0 & b_{n-k-1}\\ b_{n-1} & b_k\end{vmatrix},\quad d_k=\begin{vmatrix}c_0 & c_{n-k-2}\\ c_{n-2} & c_k\end{vmatrix},\cdots$$

$$q_0=\begin{vmatrix}p_0 & p_3\\ p_3 & p_0\end{vmatrix},\quad q_1=\begin{vmatrix}p_0 & p_2\\ p_3 & p_1\end{vmatrix},\quad q_2=\begin{vmatrix}p_0 & p_1\\ p_2 & p_3\end{vmatrix}$$

系统（7.21）稳定的充要条件是

$$\left.\begin{aligned}&\Delta(z)\big|_{z=1}=\Delta(1)>0\\&(-1)^n\Delta(z)\big|_{z=-1}=(-1)^n\Delta(-1)>0\end{aligned}\right\} \tag{7.22}$$

同时满足

$$\left.\begin{aligned}&|a_0|<a_n\\&|b_0|>|b_{n-1}|\\&|c_0|>|c_{n-2}|\\&\quad\vdots\\&|q_0|>|q_2|\end{aligned}\right\}\text{共}\,(n-1)\,\text{个条件} \tag{7.23}$$

表 7.4 朱利矩阵

行数	z^0	z^1	z^2	z^3	…	z^{n-k}	…	z^{n-1}	z^n
1	a_0	a_1	a_2	a_3	…	a_{n-k}	…	a_{n-1}	a_n
2	a_n	a_{n-1}	a_{n-2}	a_{n-3}	…	a_k	…	a_1	a_0
3	b_0	b_1	b_2	b_3	…	b_{n-k}	…	b_{n-1}	
4	b_{n-1}	b_{n-2}	b_{n-3}	b_{n-4}	…	b_{k-1}	…	b_0	
5	c_0	c_1	c_2	c_3	…	c_{n-2}			
6	c_{n-2}	c_{n-3}	c_{n-4}	c_{n-5}	…	c_0			
⋮	⋮	⋮	⋮	⋮					
$2n-5$	p_0	p_1	p_2	p_3					
$2n-4$	p_3	p_2	p_1	p_0					
$2n-3$	q_0	q_1	q_2						
$2n-2$	q_2	q_1	q_0						

7.4.2 瞬态响应

离散系统的动态特性是通过外部输入信号作用下的输出曲线反映出来的。通常给定输入为单位阶跃信号。瞬态响应分析的是闭环零极点对瞬态响应的定性分析，而非定量的计算。这是因为离散系统的定量分析比连续系统的更为复杂。在连续时间线性系统中，闭环极点在复平面的位置与系统的瞬态响应有着密切关系。闭环极点决定了瞬态响应各分量的类型。在离散时间线性系统中，得到系统的数学模型后，通过 z 变换可以得出系统在各种典型输入信号作用下的瞬态响应，从而确定系统的瞬态性能。下面讨论 z 平面上零极点分布与离散系统瞬态性能之间的关系。

假设闭环控制系统的脉冲传递函数表示为

$$G_{\mathrm{B}}(z)=\frac{M(z)}{N(z)}=\frac{b_m z^m+b_{m-1}z^{m-1}+\cdots+b_0}{z^n+a_{n-1}z^{n-1}+\cdots+a_0}=b_m\frac{\prod\limits_{i=1}^{m}(z-z_i)}{\prod\limits_{l=1}^{n}(z-p_i)},\quad m<n$$

输入为单位阶跃变换时，输出的 z 变换为

$$C(z)=G_{\mathrm{B}}(z)R(z)=\frac{M(z)}{N(z)}\left(\frac{z}{z-1}\right)$$

假设不存在重极点，通过部分分式法展开得

$$\begin{aligned}\frac{C(z)}{z}&=\lim_{z\to1}\left(\frac{N(z)}{M(z)(z-1)}(z-1)\right)\frac{1}{z-1}+\sum_{l=1}^{n}\lim_{z\to p_i}\left(\frac{N(z)}{M(z)(z-1)}(z-p_l)\right)\frac{1}{z-p_l}\\&=\frac{N(1)}{M(1)}\times\frac{1}{z-1}+\sum_{l=1}^{n}\frac{c_l}{z-p_l}\end{aligned}$$

通过查 z 反变换表得到系统的输出为

$$c(k)=Z^{-1}\left[\frac{N(1)}{M(1)}\times\frac{z}{z-1}\right]+Z^{-1}\left[\sum_{l=1}^{n}\frac{c_l z}{z-p_l}\right]=\frac{N(1)}{M(1)}+\sum_{l=1}^{n}c_l p_l^k \tag{7.24}$$

式中，第一项 $\frac{N(1)}{M(1)}$ 是输出的稳态分量；第二项 $\sum\limits_{l=1}^{n}c_l p_l^k$ 是输出的瞬态分量。极点 p_l 的位置和对应分量的瞬态响应序列关系分析如下。

1. 实轴上的单极点

当系统极点 p_l 的位置在实轴上时，由式（7.24）可知对应的瞬态响应分量为 $c_l p_l^k$，结合指数函数的基本性质可以分析出瞬态响应的基本形式。以 $p_l>1$ 为例，随着 k 不断增大，瞬态响应的值以指数形式递增。系统实数极点分布和对应瞬态响应序列关系如图 7.12 所示。

2. 共轭复数极点

设 p_l 和 $\overline{p}_l$ 是一对共轭复数极点，记为 $p_l=|p_l|\mathrm{e}^{\mathrm{j}\theta_l}$，$\overline{p}_l=|p_l|\mathrm{e}^{-\mathrm{j}\theta_l}$，$0<\theta_l<\pi$，其相应系

数 c_l 和 $\overline{c}_l$ 亦必为共轭复数，记为 $c_l=|c_l|\mathrm{e}^{\mathrm{j}\varphi_l}$ ，$\overline{c}_l=|c_l|\mathrm{e}^{-\mathrm{j}\varphi_l}$ ，则这对共轭复数极点所对应的瞬态响应分量为

$$
\begin{aligned}
y(k) &= Z^{-1}\left[\frac{c_l z}{z-p_l}+\frac{\overline{c}_l z}{z-\overline{p}_l}\right] \\
&= |c_l||p_l|^k\left(\mathrm{e}^{\mathrm{j}(k\theta_l+\varphi_l)}+\mathrm{e}^{-\mathrm{j}(k\theta_l+\varphi_l)}\right) \\
&= 2|c_l||p_l|^k\cos(k\theta_l+\varphi_l)
\end{aligned}
$$

可见，共轭复数极点对应的瞬态分量 $y(k)$ 出现振荡，且 θ_l 越大，$y(k)$ 振荡越快。共轭复数极点分布和对应的瞬态响应序列关系如图 7.13 所示。

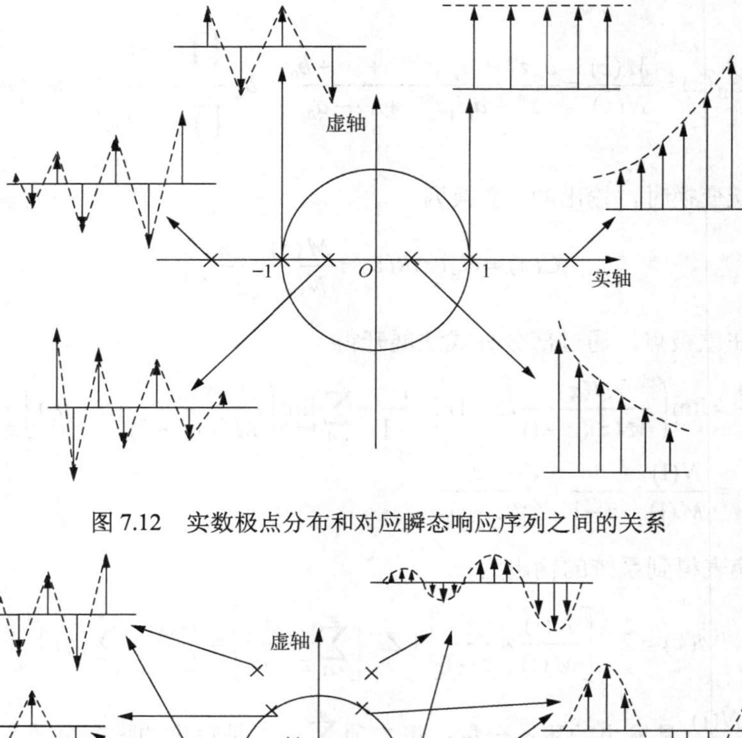

图 7.12　实数极点分布和对应瞬态响应序列之间的关系

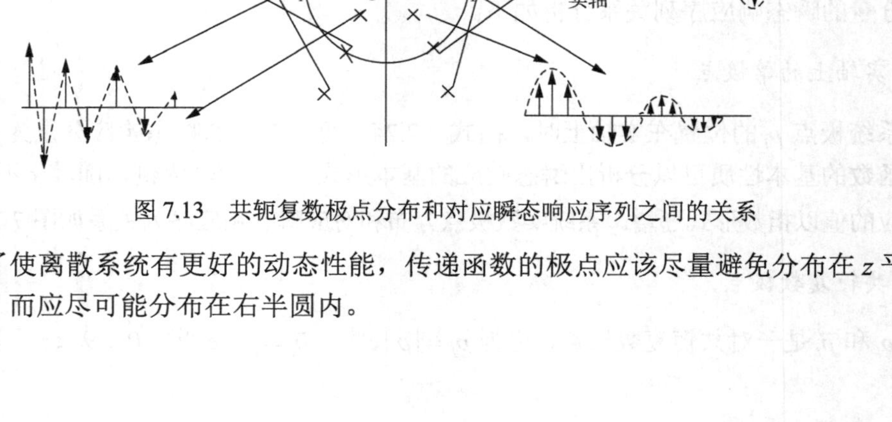

图 7.13　共轭复数极点分布和对应瞬态响应序列之间的关系

为了使离散系统有更好的动态性能，传递函数的极点应该尽量避免分布在 z 平面的左半圆内，而应尽可能分布在右半圆内。

7.4.3 稳态误差

在连续系统中，分析典型输入信号作用下，系统响应的稳态误差。同样地，对于离散系统，使用采样时刻的稳态误差评价控制系统性能。系统的稳态误差取决于系统的外部作用形式和系统本身的结构，下面讨论系统在采样瞬时的稳态误差以及相应的稳态误差系数。

假设单位负反馈的采样系统，如图 7.14 所示，对应误差信号的 z 变换为

$$E(z) = R(z) - C(z) = G_e(z)R(z) = \frac{1}{1+G(z)}R(z) \tag{7.25}$$

假设 $G_e(z)$ 中所有极点全部在 z 平面的单位圆内，利用终值定理可以得出采样时刻的稳态误差为

$$e(\infty) = \lim_{t\to\infty} e(t) = \lim_{z\to 1}\frac{(z-1)R(z)}{1+G(z)} \tag{7.26}$$

由 z 变换的定义 $z = e^{Ts}$ 可知，开环传递函数 $G(s)$ 的积分环节与之对应的脉冲传递函数 $G(z)$ 包含相应的极点。与连续系统类似，在离散系统中以 $G(z)$ 包含 $z=1$ 的极点的个数划分控制系统的型号，常见的有 0 型、Ⅰ型和Ⅱ型离散控制系统。

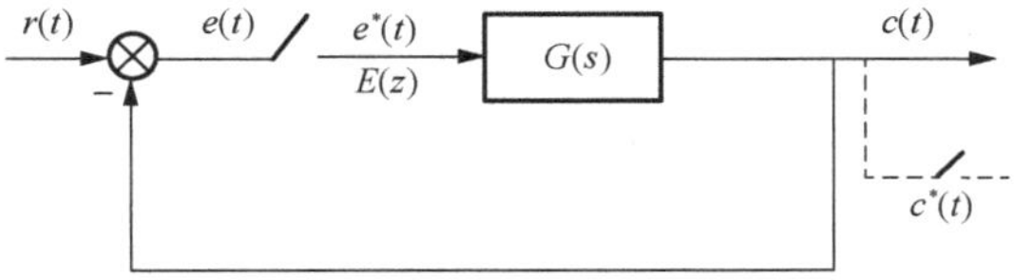

图 7.14 单位反馈离散系统

下面分别介绍三种典型单位输入信号作用下不同类型离散系统的稳态误差及稳态误差与稳态误差系数之间的关系。

1. 单位阶跃输入 $r(t) = 1(t)$

当输入为单位阶跃函数 $R(z) = Z[1(t)] = z/(z-1)$ 时，由式（7.26）得

$$e(\infty) = \lim_{z\to 1}\frac{z-1}{1+G(z)}\times\frac{z}{z-1} = \frac{1}{1+\lim\limits_{z\to 1}G(z)} = \frac{1}{1+K_p} \tag{7.27}$$

式中，$K_p = \lim\limits_{z\to 1}G(z)$ 定义为系统的位置稳态误差系数。对于 0 型系统，$K_p \neq 0$ 为有限值，因而存在一定的稳态误差；对于Ⅰ型及Ⅰ型以上系统，$K_p \to \infty$，对应的稳态误差为零。

2. 单位斜坡输入 $r(t) = t$

当输入为单位斜坡函数 $R(z) = Z[t] = T_0 z/(z-1)^2$ 时，由式（7.26）得

$$e(\infty) = \lim_{z\to 1}\frac{z-1}{1+G(z)}\times\frac{T_0 z}{(z-1)^2} = \frac{T_0}{\lim\limits_{z\to 1}\left((z-1)(1+G(z))\right)} = \frac{1}{K_v} \tag{7.28}$$

式中，$K_v = \lim\limits_{z\to1}\big((z-1)G(z)\big)/T_0$ 定义为系统的速度稳态误差系数。对于 0 型系统，输入为单位斜坡函数时，$K_v = 0$，所以 $e(\infty)\to\infty$；Ⅰ型系统，$K_v \neq 0$ 为有限值，存在常值速度误差；Ⅱ型系统及以上系统，$K_v \to \infty$，稳态误差为 0。

3. 单位抛物线输入 $R(t) = t^2/2$

当输入为单位抛物线函数 $R(z) = Z\left[t^2/2\right] = T_0^2 z(z+1)/(z-1)^3$ 时，由式（7.26）得

$$e(\infty) = \lim_{z\to1}\frac{z-1}{1+G(z)}\times\frac{T_0^2 z(z+1)}{(z-1)^3} = \frac{T_0^2}{\lim\limits_{z\to1}\big((z-1)^2(1+G(z))\big)} = \frac{1}{K_a} \tag{7.29}$$

式中，$K_a = \lim\limits_{z\to1}\big((z-1)^2 G(z)\big)/T_0^2$ 定义为系统的加速度稳态误差系数。对于 0 型及Ⅰ型系统，输入为单位抛物线函数时，$K_a = 0$，所以 $e(\infty)\to\infty$；Ⅱ型系统，$K_a \neq 0$ 为有限值，存在常值加速度误差。

与连续系统相比较，式（7.28）和式（7.29）意味着离散系统的速度和加速度误差，除了与输入信号和系统内部结构有关外，还与采样周期有关。表 7.5 给出的是典型输入下不同单位反馈离散系统的稳态误差。

表 7.5　系统型号及稳态误差

系统型号	位置误差	速度误差	加速度误差
0 型	$1/(1+K_p)$	∞	∞
Ⅰ型	0	$1/K_v$	∞
Ⅱ型	0	0	$1/K_a$

0 型及Ⅰ型系统不能承受单位加速度函数作用，Ⅱ型系统在单位加速度函数作用下存在误差，只有Ⅲ型及以上系统在单位加速度函数作用下的稳态位置误差为零。

7.5　线性离散系统控制器设计

线性离散系统的两种控制器设计方法是模拟化设计和数字化设计。模拟化设计方法是将控制系统按模拟系统分析，求出数字部分等效的连续环节，然后按照连续系统理论设计校正装置，再对该校正装置进行离散化。而数字化设计方法直接将系统按离散系统进行分析，求出脉冲传递函数后，根据离散系统理论设计控制器。后者可以实现比较复杂的控制律，更具一般性，因此本节只介绍数字设计法。

1. 数字控制器的脉冲传递函数

考虑一个带有数字控制器的单位负反馈离散系统，如图 7.15 所示。

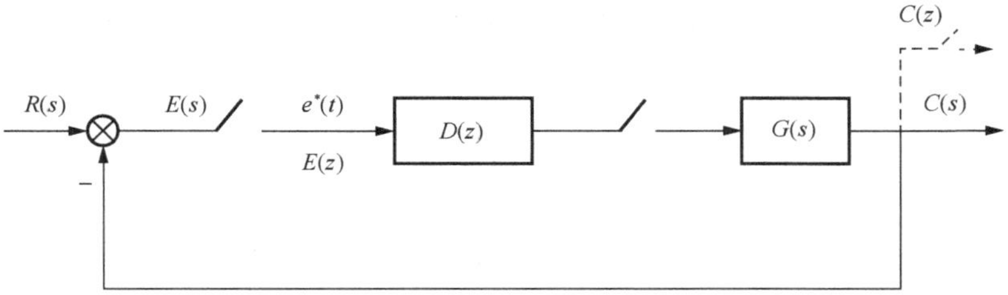

图 7.15 带有数字控制器的离散系统结构图

根据带有数字控制器 $D(z)$ 的离散系统结构图 7.15 可知

$$C(z)=R(z)D(z)G(z)-C(z)D(z)G(z)$$

进一步推导出系统的闭环脉冲传递函数为

$$G_{\mathrm{B}}(z)=\frac{C(z)}{R(z)}=\frac{D(z)G(z)}{1+D(z)G(z)} \tag{7.30}$$

又因 $E(z)=R(z)-C(z)$，则闭环误差脉冲传递函数为

$$G_{\mathrm{Be}}(z)=\frac{E(z)}{R(z)}=\frac{1}{1+D(z)G(z)} \tag{7.31}$$

根据式（7.30）和式（7.31）可得

$$D(z)=\frac{G_{\mathrm{B}}(z)}{G(z)\left(1-G_{\mathrm{B}}(z)\right)} \tag{7.32}$$

离散系统的数字控制器设计是根据系统性能指标的要求，得出闭环脉冲传递函数或误差脉冲传递函数，再结合式（7.32）确定数字控制器的脉冲传递函数，并加以实现。

2. 最少拍系统设计

离散系统一种常见的设计是最少拍设计，这里一拍指一个采样周期。在实际应用中，常常遇到要求离散随动控制系统的输出尽快跟踪参考输入。最少拍系统是满足这一要求设计的系统。最少拍系统是指对典型输入信号具有最快响应速度，在有限拍内完成过渡，达到稳态误差为零，实现精准跟踪。

三种常见的典型输入信号的 z 变换可以表示为

$$R(z)=\frac{A(z)}{(1-z^{-1})^{v}}$$

式中，$A(z)$ 是 z^{-1} 的多项式，并不包括 $1-z^{-1}$。在典型输入信号的作用下系统的稳态误差为零，即

$$\begin{aligned}e_{\mathrm{ss}}^{*}(\infty)&=\lim_{z\to1}(1-z^{-1})E(z)=\lim_{z\to1}(1-z^{-1})G_{\mathrm{Be}}(z)R(z)\\&=\lim_{z\to1}(1-z^{-1})G_{\mathrm{Be}}(z)\frac{A(z)}{(1-z^{-1})^{v}}=0\end{aligned}$$

由上式可知，只有在$G_{Be}(z)$包含$(1-z^{-1})^{v}$的因子且与典型输入信号z变换分母相消时，系统的稳态误差才能为零。那么，闭环误差的脉冲传递函数形式为

$$G_{Be}(z)=A(z)(1-z^{-1})^{v}T(z)$$

式中，$T(z)$是不包含$(1-z^{-1})^{v}$因子的多项式，一般取$T(z)=1$。

下面通过单位阶跃函数输入的例子，讨论最少拍系统在该输入下控制器$D(z)$的确定方法。结合单位阶跃函数的z变换，同时令$v=1$，$A(z)=1$，取$T(z)=1$，则

$$G_{Be}(z)=1-z^{-1},\quad G_{B}(z)=z^{-1}$$

根据式（7.32）有

$$D(z)=\frac{G_{B}(z)}{G(z)\big(1-G_{B}(z)\big)}=\frac{z^{-1}}{G(z)(1-z^{-1})}$$

系统的输出和误差为

$$C(z)=G_{B}(z)R(z)=z^{-1}+z^{-2}+\cdots+z^{-n}+\cdots$$

$$E(z)=G_{Be}(z)R(z)=1$$

最少拍系统设计的基本原则：在带有零阶保持器的广义被控对象无延迟且在z平面的单位圆上和单位圆外无零极点的前提下，选择闭环脉冲传递函数，使得系统在典型输入信号的作用下，在最少的采样周期内达到输出完全跟踪输入的目的，并确定所需要的离散控制器的脉冲传递函数$D(z)$。三种典型输入信号作用下的数字控制器的脉冲传递函数$D(z)$如表7.6所示。

表 7.6　典型信号的最少拍设计结果

输入信号	$R(z)$	$G_B(z)$	$G_{Be}(z)$	$D(z)$	调节时间
$1(t)$	$\dfrac{1}{1-z^{-1}}$	z^{-1}	$1-z^{-1}$	$\dfrac{z^{-1}}{(1-z^{-1})G(z)}$	T_0
t	$\dfrac{T_0z^{-1}}{(1-z^{-1})^2}$	$2z^{-1}-z^{-2}$	$(1-z^{-1})^2$	$\dfrac{z^{-1}(2-z^{-1})}{(1-z^{-1})^2G(z)}$	$2T_0$
$t^2/2$	$\dfrac{T_0^2z^{-1}(1+z^{-1})}{2(1-z^{-1})^3}$	$3z^{-1}-3z^{-2}+z^{-3}$	$(1-z^{-1})^3$	$\dfrac{z^{-1}(3-3z^{-1}+z^{-2})}{G(z)(1-z^{-1})^3}$	$3T_0$

3. *无波纹最少拍系统设计*

有的系统经最少拍设计后在采样时刻达到跟踪效果，但在非采样时刻数字控制器输出的波形存在较大波动，即在非采样时刻存在波纹，故希望设计出无波纹最少拍系统。无波纹最少拍系统的设计要求是：在某一种典型输入作用下设计的系统，其输出响应经过尽可能少的采样周期后，不仅在采样时刻实现输出的完全跟踪，在非采样时刻也不存在波纹。

1）最少拍系统产生波纹的原因

假设单位负反馈离散系统如图 7.16 所示。采样周期$T_0=1$，电机与减速器时间常数

$T_m = 1$，$K_v / i = 10$，按照单位斜坡输入设计最少拍系统，得数字控制器为

$$D(z) = \frac{0.543(1-0.368z^{-1})(1-0.5z^{-1})}{(1-z^{-1})(1+0.717z^{-1})}$$

误差信号为

$$E_1(z) = G_{Be}(z)R(z) = (1-z^{-1})^2 \frac{T_0 z^{-1}}{(1-z^{-1})^2} = T_0 z^{-1}$$

零阶保持器的输入序列为

$$\begin{aligned} E_2(z) = D(z)E_1(z) &= \frac{0.543z^{-1} - 0.471z^{-2} + 0.1z^{-3}}{1-0.283z^{-1} - 0.717z^{-2}} \\ &= 0.543z^{-1} - 0.317z^{-2} + 0.4z^{-3} - 0.114z^{-4} + 0.255z^{-5} - 0.01z^{-6} + 0.18z^{-7} - \cdots \end{aligned}$$

可以看出，经过两拍之后，零阶保持器的输入序列并不是常值脉冲，而是围绕平均值上下波动，那么保持器的输出也围绕平均值上下波动。图 7.16 中的被控对象为电机，保持器的输出加载在电机上，会使得电机的转速不平稳，产生输出波纹。无波纹输出要求输入序列在有限个采样周期内达到相对稳定。为了满足这一要求，除了完成最少拍系统设计外，对被控对象传递函数和闭环控制系统脉冲传递函数也有一定的要求。

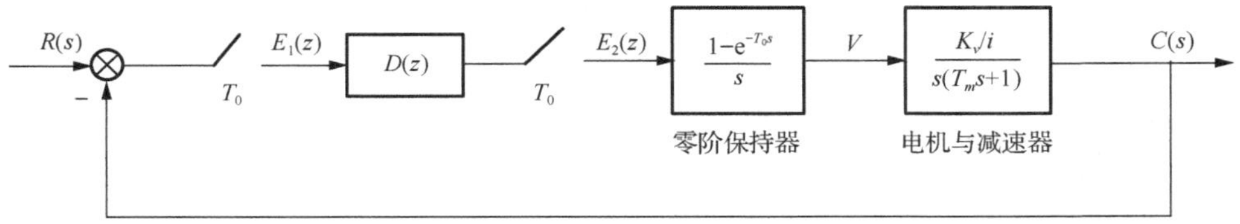

图 7.16 单位负反馈离散系统结构图

2）无波纹最少拍系统的必要条件

对于图 7.16 所示的离散系统，为了获得平滑的无波纹输出 $c^*(t)$，被控对象 $G(s)$ 必须能够给出与输入 $r(t)$ 同样平滑的输出 $c(t)$。如果针对单位斜坡输入 $r(t)=t$ 设计最少拍系统，那么 $G(s)$ 的稳态输出也必须是斜坡函数，$G(s)$ 至少含有一个积分环节，使得被控对象在零阶保持器常值输出信号作用下的稳态输出为等速变化量；如果针对单位抛物线输入信号 $r(t)=t^2/2$ 设计最少拍系统，那么 $G(s)$ 至少包含两个积分环节。如果输入信号形式为

$$R(t) = R_0 + R_1 t + \frac{1}{2}R_2 t^2 + \cdots + \frac{1}{(q-1)!}R_{q-1}t^{q-1}$$

那么无波纹最少拍系统设计的必要条件是，被控对象 $G(s)$ 至少含有 $q-1$ 个积分环节。这个条件不是充分的，即当 $G(s)$ 满足上面条件时，最少拍系统不一定无波纹。

3）无波纹最少拍系统的附加条件

结合 z 变换的定义，$E_2(z)$ 写成

$$E_2(z) = \sum_{n=0}^{\infty} e_2(nT)z^{-n} = e_2(0) + e_2(T)z^{-1} + \cdots + e_2(kT)z^{-k} + \cdots$$

若经过 k 个采样周期后，脉冲序列 $e_2(nT)$ 进入稳态，有

$$e_2(kT)=e\big((k+1)T\big)=\cdots=常值（可为0）$$

结合最少拍系统产生波纹原因，此时最少拍系统无波纹。因此，无波纹最少拍系统要求 $E_2(z)$ 是 z^{-1} 的有限多项式。由表 7.6 发现，在设计最少拍系统时 $G_{Be}(z)$ 的零点可以完全对消 $R(z)$ 的极点，那么

$$E_2(z)=D(z)E_1(z)=D(z)G_{Be}(z)R(z) \tag{7.33}$$

表明，只要 $D(z)G_{Be}(z)$ 是 z^{-1} 的有限多项式，$E_2(z)$ 就是 z^{-1} 的有限多项式。此时，在典型输入作用下，经过有限拍后，$e_2(nT)$ 就会达到相应的稳态值，保证系统无波纹输出。结合式（7.32）可以得到

$$D(z)G_{Be}(z)=\frac{G_B(z)}{G(z)}$$

假设广义被控对象的脉冲传递函数表示为

$$G(z)=\frac{P(z)}{Q(z)}$$

式中，$P(z)$ 为零点多项式；$Q(z)$ 为极点多项式，那么，有

$$D(z)G_{Be}(z)=\frac{G_B(z)Q(z)}{P(z)} \tag{7.34}$$

由于极点多项式 $Q(z)$ 总是有限的，并不会妨碍 $D(z)G_{Be}(z)$ 是 z^{-1} 的有限多项式，然而 $G(z)$ 的零点多项式 $P(z)$ 则不然。$D(z)G_{Be}(z)$ 是 z^{-1} 的有限多项式的条件是 $G_B(z)$ 的零点应该抵消 $G(z)$ 的全部零点，即

$$G_B(z)=P(z)M(z) \tag{7.35}$$

式中，$M(z)$ 为待定 z^{-1} 多项式。式（7.35）是无波纹最少拍系统的附加条件。

【例 7.7】 在图 7.15 中控制系统的开环传递函数为

$$G_K(s)=\frac{2}{(s+1)(s+2)}$$

当采样周期为 1s 时，在单位阶跃输入下设计无波纹最少拍控制器。

解：在图 7.15 中设计的最少拍控制器 $D(z)$ 为

$$D(z)=\frac{G_B(z)}{G(z)\big(1-G_B(z)\big)}=\frac{1-(1-z^{-1})^q}{G(z)(1-z^{-1})^q}$$

系统的开环脉冲传递函数为

$$G(z)=\frac{0.3996z^{-1}(1+0.368z^{-1})}{(1-0.3676z^{-1})(1-0.1356z^{-1})}$$

$G(z)$ 中包含 z^{-1} 因子，零点 $z=-0.368$，极点 $p_1=0.3676$，$p_2=0.1356$，故闭环脉冲传递函数应包含 z^{-1} 和 $G(z)$ 的全部零点，即

$$G_B(z)=az^{-1}(1+0.368z^{-1})$$

而 $G_{Be}(z)$ 应由输入、$G(z)$ 的不稳定极点和 $G_B(z)$ 的阶次共同决定，选择

$$G_{Be}(z)=(1-z^{-1})(1+bz^{-1})$$

根据 $G_B(z)=1-G_{Be}(z)$，将 $G_B(z)=az^{-1}(1+0.368z^{-1})$ 和 $G_{Be}(z)=(1-z^{-1})(1+bz^{-1})$ 代入解出 $a=0.731$，$b=0.269$，因此

$$D(z)=\frac{1.83(1-0.3676z^{-1})(1-0.1356z^{-1})}{(1-z^{-1})(1+0.269z^{-1})}$$

在 MATLAB 中观察系统的输出响应。输入程序如下，得到阶跃响应输出曲线如图 7.17 所示。

```
clear all
np=[0 0 2];
dp=[1 3 2];
hs=tf(np,dp);
hz=c2d(hs,1);
num1=[1 -0.5033 0.0498];                  %常规数字控制器参数
den1 = [0.3996 -0.2525 -0.1471];
num2=[1.83 -0.9208 0.0912];               %无波纹最少拍控制器
den2 =[1 -0.731 -0.269];
dz1 = tf(num1,den1,-1);
dz2= tf(num2,den2,-1);
sys1 = dz1*hz;
sys2 = feedback(sys1,1);
sys2 = (1-sys2)*dz1                       %常规 D(z)输出
sys3 = dz2*hz;
sys4 = feedback(sys3,1);
sys4 = (1-sys4)*dz2                       %无波纹最少拍 D(z)输出
step(sys2,20);
step(sys4,20);
```

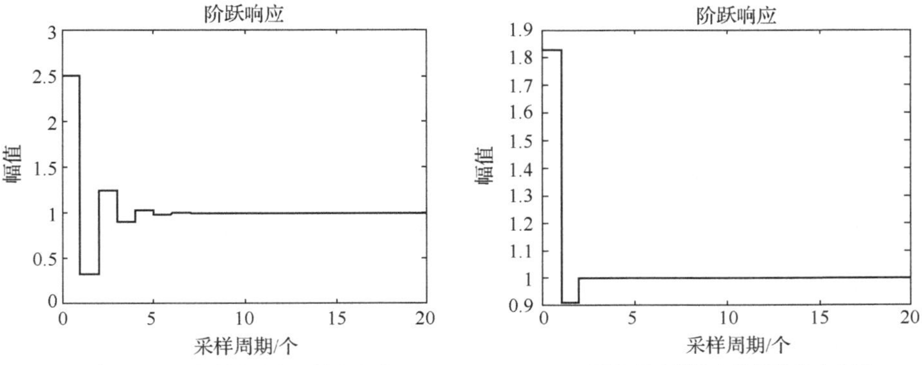

（a）有波纹最少拍数字控制器输出曲线　（b）无波纹最少拍数字控制器输出曲线

图 7.17　例 7.7 阶跃响应曲线

7.6 本章小结

本章主要介绍了离散系统的基本概念、采样过程和保持器的作用，并阐述了香农采样定理在设计离散系统中的重要性。在离散系统的数学模型方面，差分方程用于描述时域行为，而脉冲传递函数用于描述离散信号之间的传递关系。关于线性离散系统的稳定性，关键条件是确保所有闭环极点位于单位圆内。还可以用劳斯判据和朱利判据来判断系统的稳定性。在计算离散系统稳态误差时，常用稳态误差系数法。本章还介绍了数字控制器在离散系统中起到关键作用，负责确保系统满足特定性能指标，对系统进行校正和调节。

习　题

7.1 试根据定义

$$E^*(s)=\sum_{n=0}^{\infty}e(nT_0)\mathrm{e}^{-nsT_0}$$

确定下列函数的 $E^*(s)$ 和闭合形式的 $E(z)$。

（1）$e(t)=\sin(\omega t)$。

（2）$E(s)=\dfrac{1}{(s+a)(s+b)(s+c)}$。

7.2 求理想脉冲序列 $\delta_T(t)=\sum_{k=0}^{\infty}\delta(t-kT_0)$ 的 z 变换。

7.3 试求下列函数的 z 变换 $X(z)$。

（1）$x(t)=t$。

（2）$x(t)=\cos(\omega t)$。

（3）$x(t)=t^2$。

（4）$x(t)=a^n$。

（5）$x(t)=1-\mathrm{e}^{-at}$。

（6）$x(t)=t\mathrm{e}^{-at}$。

7.4 试求下列拉普拉斯变换的 z 变换 $X(z)$。

（1）$X(s)=\dfrac{s+1}{s^2}$。

（2）$X(s)=\dfrac{1-\mathrm{e}^{-s}}{s^2(s+1)}$。

（3）$X(s)=\dfrac{s+3}{(s+1)(s+2)}$。

（4）$X(s)=\dfrac{1}{(s+a)^2}$。

7.5 求解下列差分方程。

（1）$c(k+3)+6c(k+2)+11c(k+1)+6c(k)=0$，已知 $c(0)=c(1)=1$，$c(2)=0$。

（2）$c(k+2)+5c(k+1)+6c(k)=\cos\left(k\dfrac{\pi}{2}\right)$，已知 $c(0)=c(1)=0$。

（3）$c(k+2)-6c(k+1)+8c(k)=r(k)$，已知 $r(t)=1(t)$，初始条件为 $c(0)=0$，$c(1)=0$。

7.6 已知 $X(z)=Z[x(t)]$，试证明下列关系式成立。

（1）$Z\left[a^k x(t)\right]=X\left(\dfrac{z}{a}\right)$。（2）$Z[tx(t)]=-T_0 z\dfrac{\mathrm{d}X(z)}{\mathrm{d}z}$，其中 T_0 是采样周期。

7.7 设开环控制系统结构图如图 7.18 所示，试求其开环脉冲传递函数 $G(z)$。

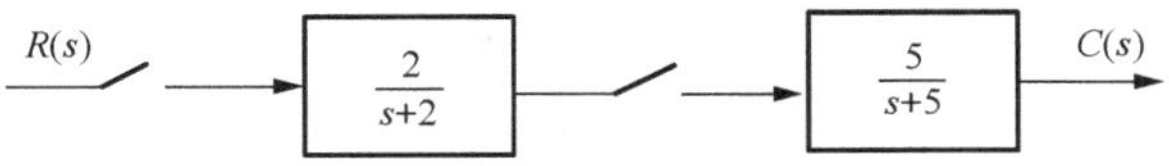

（a）

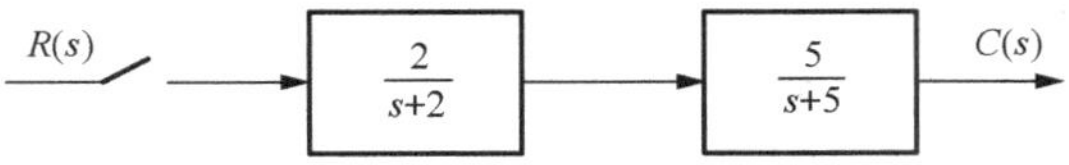

（b）

图 7.18　题 7.7 开环控制系统结构图

7.8 试求闭环离散系统（图 7.19）的输出 z 变换 $C(z)$。

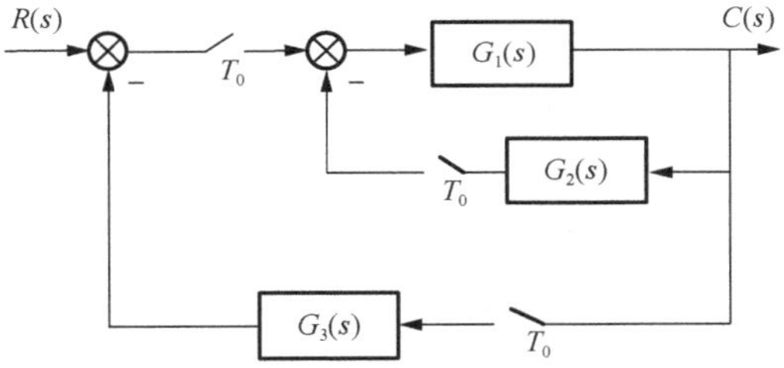

（a）

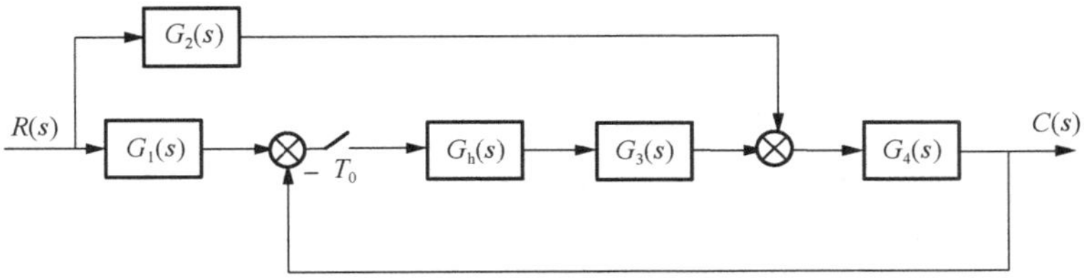

（b）

图 7.19　题 7.8 闭环离散系统

7.9 设有单位反馈误差采样的离散系统，连续部分传递函数为

$$G(s)=\frac{1}{s^2(s+5)}$$

输入 $r(t)=1(t)$，采样周期 $T_0=1\text{s}$。试求输出 z 变换 $C(z)$。

7.10 已知闭环离散系统的特征方程，判断下列系统的稳定性。

（1）$D(z)=(z+1)(z+0.5)(z+2)=0$。

（2）$D(z)=z^4+0.2z^3+z^2+0.36z+0.8=0$。

（3）已知误差采样的单位反馈离散系统，采样周期$T_0=1\text{s}$，开环传递函数为

$$G_K(s)=\frac{22.57}{s^2(s+1)}$$

7.11 已知离散系统如图 7.20 所示，采样周期$T_0=1\text{s}$，$G_h(s)$为零阶保持器，

$$G_0(s)=\frac{K}{s(0.2s+1)}$$

试求:

（1）当$K=5$时，分别在z域和w域中分析系统的稳定性。

（2）确定使系统稳定的K值范围。

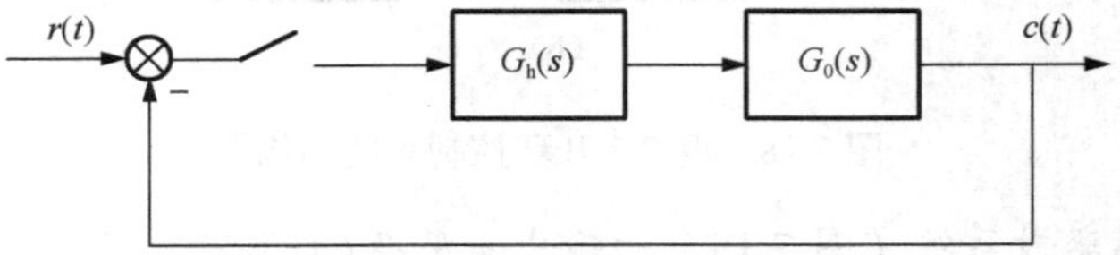

图 7.20 题 7.11 离散系统结构图

7.12 设离散系统如图 7.21 所示，其中采样周期$T_0=0.2$，$K=10$，$r(t)=1+t+t^2/2$，试用稳态误差系数法求稳态误差。

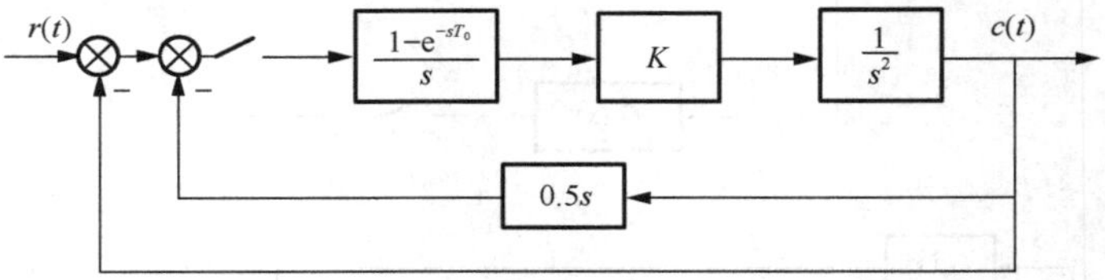

图 7.21 题 7.12 离散系统结构图

7.13 已知离散系统如图 7.22 所示，其中$K=1$，$T_0=0.1$，试求稳态误差系数K_p、K_v、K_a，并求系统稳态误差$e_{ss}(\infty)$。

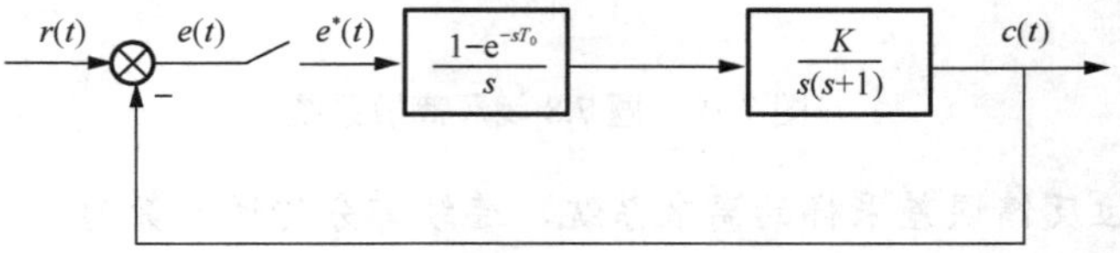

图 7.22 题 7.13 离散系统结构图

7.14 已知采样系统如图 7.23 所示，采样周期$T_0=1\text{s}$，连续部分传递函数为

$$G_0(s)=\frac{1}{s(s+1)}$$

试求：当$r(t)=1(t)$时，系统无稳态误差、过渡过程在最少拍内结束的数字控制器$D(z)$。

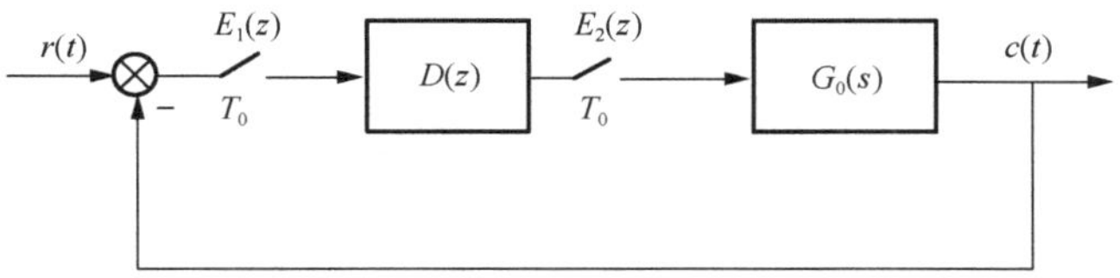

图 7.23 题 7.14 离散系统结构图

7.15 试按照无波纹最少拍系统设计方法，计算题 7.14 的数字控制器 $D(z)$。

参考文献

胡寿松, 2019. 自动控制原理[M]. 7 版. 北京：科学出版社.
刘金琨, 沈晓蓉, 赵龙，等, 2020. 系统辨识理论及 MATLAB 仿真[M]. 2 版. 北京：电子工业出版社.
钱学森，宋健, 2011. 工程控制论[M]. 3 版. 北京：科学出版社.
孙晶, 2017. 控制工程基础(英文版)[M]. 北京：科学出版社.
王建辉, 顾树生, 2014. 自动控制原理[M]. 2 版. 北京：清华大学出版社.
王天威, 2022. 控制之美[M]. 北京：清华大学出版社.
王万良, 2020. 自动控制原理[M]. 3 版. 北京：高等教育出版社.
王艳舞, 2023. 自动控制原理[M]. 北京：高等教育出版社.
萧德云, 2014. 系统辨识理论及应用[M]. 北京：清华大学出版社.
胥布工, 2016. 自动控制原理[M]. 2 版. 北京：电子工业出版社.
徐国凯, 张涛, 王娟, 等, 2017. 自动控制原理[M]. 3 版. 北京：清华大学出版社.
Franklin G F, Powell J D, Emami-Naeini A, 2014. 自动控制原理与设计[M]. 李中华，等译. 6 版. 北京：电子工业出版社.
Golnaraghi F, Kuo B C, 2020. 自动控制系统（10 版）[M]. 李少远，邹媛媛，译. 北京：机械工业出版社.
Levine W S, 2011. Control System Fundamentals[M]. Boca Raton: CRC Press.
Ogata K, 2011. Modern Control Engineering[M]. New York: Pergamon Press.

附录 A　常见函数的拉普拉斯变换与 z 变换对照表

序号	$f(t)$	$F(s)$	$F(z)$
1	$\delta(t)$	1	1
2	$\delta(t-kT)$	e^{-kT}	z^{-k}
3	$1(t)$	$\dfrac{1}{s}$	$\dfrac{z}{z-1}$
4	t	$\dfrac{1}{s^2}$	$\dfrac{Tz}{(z-1)^2}$
5	t^2	$\dfrac{2}{s^3}$	$\dfrac{T^2z(z+1)}{(z-1)^3}$
6	e^{-at}	$\dfrac{1}{s+a}$	$\dfrac{z}{z-\mathrm{e}^{-aT}}$
7	$t\mathrm{e}^{-at}$	$\dfrac{1}{(s+a)^2}$	$\dfrac{Tz\mathrm{e}^{-aT}}{(z-\mathrm{e}^{-aT})^2}$
8	$\sin(\omega t)$	$\dfrac{\omega}{s^2+\omega^2}$	$\dfrac{z\sin(\omega T)}{z^2-2z\cos(\omega T)+1}$
9	$\cos(\omega t)$	$\dfrac{s}{s^2+\omega^2}$	$\dfrac{z(z-\cos(\omega T))}{z^2-2z\cos(\omega T)+1}$
10	$\mathrm{e}^{-at}\sin(\omega t)$	$\dfrac{\omega}{(s+a)^2+\omega^2}$	$\dfrac{z\mathrm{e}^{-2aT}\sin(\omega T)}{z^2-2z\mathrm{e}^{-2aT}\cos(\omega T)+\mathrm{e}^{-2aT}}$
11	$\mathrm{e}^{-at}\cos(\omega t)$	$\dfrac{s+a}{(s+a)^2+\omega^2}$	$\dfrac{z\mathrm{e}^{-2aT}(z-\cos(\omega T))}{z^2-2z\mathrm{e}^{-2aT}\cos(\omega T)+\mathrm{e}^{-2aT}}$
12	a^k		$\dfrac{z}{z-a}$
13	$t-\dfrac{1}{a}(1-\mathrm{e}^{-at})$	$\dfrac{a}{s^2(s+a)}$	$\dfrac{Tz}{(z-1)^2}-\dfrac{(1-\mathrm{e}^{-aT})z}{a(z-1)(z-\mathrm{e}^{-aT})}$
14	$\mathrm{e}^{-at}-\mathrm{e}^{-bt}$	$\dfrac{b-a}{(s+a)(s+b)}$	$\dfrac{z}{z-\mathrm{e}^{-aT}}-\dfrac{z}{z-\mathrm{e}^{-bT}}$
15	$\dfrac{\mathrm{e}^{-at}}{(b-a)(c-a)}+\dfrac{\mathrm{e}^{-bt}}{(a-b)(c-b)}+\dfrac{\mathrm{e}^{-ct}}{(a-c)(b-c)}$	$\dfrac{1}{(s+a)(s+b)(s+c)}$	$\dfrac{z}{(b-a)(c-a)(z-\mathrm{e}^{-aT})}+\dfrac{z}{(a-b)(c-b)(z-\mathrm{e}^{-bT})}+\dfrac{z}{(a-c)(b-c)(z-\mathrm{e}^{-cT})}$

附录B　z变换基本性质表

序号	性质定理	关系表达式
1	线性定理	$Z[af_1(t)\pm bf_2(t)]=aF_1(z)\pm bF_2(z)$，其中 a 、 b 均为常数
2	延迟定理	$Z[f(t-kT)]=z^{-k}F(z)$，其中 $f(t)=0$， $t<0$
3	超前定理	$Z[f(t+kT)]=z^{k}\left(F(z)-\sum_{i=0}^{k-1}f(i)z^{-i}\right)$
4	位移定理	$Z[\mathrm{e}^{\mp aT}f(t)]=F(z\mathrm{e}^{\pm aT})$
5	初值定理	$f(0)=\lim_{z\to\infty}F(z)$，其中 $\lim_{z\to\infty}F(z)$ 存在
6	终值定理	若 $(1-z^{-1})F(z)$ 的全部极点位于 z 平面以原点为圆心的单位圆内，则有 $\lim_{k\to\infty}f(k)=\lim_{z\to1}(z-1)F(z)=\lim_{z\to1}(1-z^{-1})F(z)$
7	卷积定理	$Z[x(k)*y(k)]=X(z)Y(z)=Y(z)X(z)$ 其中，卷积定义为 $x(k)*y(k)=\sum_{i=0}^{\infty}x(i)y(k-i)=\sum_{i=0}^{\infty}x(k-i)y(k)$